LE DEPARTEMENT DU

Bas-Rhin

DEUX SIECLES D'HISTOIRE
1790-1990

Le Bas-Rhin

CONSEIL GÉNÉRAL DU BAS-RHIN

Preface

Lorsqu'on demande à un Bas-Rhinois ce qui le caractérise en premier lieu, il vous répondra «être un Alsacien».

Voilà sans doute ce qui explique que si l'on trouve des milliers d'ouvrages consacrés à l'Alsace, aucun livre depuis le Reichsland n'a été consacré au Bas-Rhin...

Au moment où les départements célèbrent leur bicentenaire, il n'est que justice de consacrer un ouvrage de référence à cette belle terre, à cette entité vivante qu'est le Bas-Rhin.

Peu de départements ont connu, en deux siècles d'histoire, une destinée plus singulière que celle du Bas-Rhin.

Ce qui était, à sa naissance considéré comme handicap, est devenu, au fil des ans, atout pour son développement. Le Bas-Rhin présente, en effet, une orientation nord-sud que déterminent les axes du Massif Vosgien et de la Forêt Noire.

Adossé au Rhin, à la frontière allemande, le Bas-Rhin pouvait jadis être perçu comme un glacis défensif ponctué par les fortifications qui jalonnent la vallée.

Mais longtemps préjudiciable aux relations rapides avec Paris, cette orientation est devenue l'atout de demain, c'est-à-dire non pas charnière entre France et Allemagne, mais tremplin vers toute l'Europe rhénane.

Il est vrai aussi que l'histoire a forgé les aptitudes des hommes à savoir forcer la réussite.

Ce beau pays, ce vrai pays est en effet habité par des hommes qui savent le prix de la souffrance et du labeur, des hommes qui, dans leur terroir tant de fois supplicié par d'autres hommes venus d'au-delà du fleuve, sont et demeurent étonnamment fraternels...

Leur patriotisme ardent s'ouvre vers l'Europe, terre de coopération humaine qui est non seulement à notre porte, mais déjà à notre portée.

Voilà ce qui explique le dynamisme d'un territoire à l'agriculture forte de sa diversité, à l'industrie diversifiée, aux universités sans cesse revivifiées et ouvertes sur le monde, à la vie culturelle forte de ses traditions et de son aptitude à la création, voilà ce qui explique somme toute notre fierté d'être ce que nous sommes et de vous faire partager notre plaisir d'être acteurs du futur.

DANIEL HOEFFEL
PRESIDENT DU CONSEIL GENERAL DU BAS-RHIN

▲ Département du Bas-Rhin, décrété le 13 janvier 1790 par l'Assemblée Nationale, divisé en 4 districts et en 30 cantons. Source Archives Nationales NN 280/1.

GEOLOGIE
Henri NONN

-1-
GEOGRAPHIE ET GEOLOGIE

Le cadre naturel alsacien est constitué pour l'essentiel d'une petite partie du fossé rhénan et du versant oriental vosgien, avec au Sud, les contreforts jurassiens du Haut-Sundgau et, au Nord-Ouest, un fragment des paysages lorrains en «Alsace Bossue». Le fossé rhénan constitue un important accident qui traverse le vieux bâti hercynien et coupe en deux le môle Vosges/Forêt-Noire (montagne de l'ère primaire dont l'arasement ensuite a fourni une contribution partielle aux cycles sédimentaires du Secondaire). Dès le début du Tertiaire, ces deux massifs s'exondent tandis qu'un affaissement d'abord esquissé modestement et lentement se renforce à l'Oligocène pour passer à un approfondissement subsident de grande ampleur, alors même que les reliefs encadrants «ressuscitent». Une technique complexe et instable complique alors les rapports entre fossé et massifs bordiers, combinée à des conditions paléoclimatiques et sédimentaires; on leur doit d'une part des traits du modelé vosgien et d'autre part les caractères des dépôts piégés dans le fossé: dépôts d'altération des massifs émergés, sédimentations lacustres et lagunaires (sel gemme et sylvinite du Bassin potassique dans le Haut-Rhin, couches gréseuses imprégnées de pétrole autour de Pechelbronn dans le Bas-Rhin) que recouvrent des marnes, des molasses et des argiles de la deuxième moitié du Tertiaire, sauf au Sud par suite d'un basculement du fossé. Pendant ce temps, la surrection progressive de la vieille montagne hercynienne, qui était usée déjà à la fin du Primaire, ainsi que de sa première couverture faite de grès triasique, génère un volume soumis à des processus d'aplanissements inégalement réalisés que gauchissent les mouvements tectoniques. Sur ses flancs, s'incisent et s'évasent variablement des vallées amenant eaux et débris au fossé. C'est dans la partie méridionale de la région que les reliefs ont été les plus accentués (Hautes-Vosges haut-rhinoises): en revanche, au Nord du Champ du Feu, le relèvement n'a fait resurgir que la couverture de grès triasique: d'où une opposition entre «Vosges cristallines» au Sud et «Vosges gréseuses au Nord; mais quoi qu'il en soit, l'ampleur de la dénivellation géologique créée par la combinaison «soulèvement vosgien-affaissement rhénan» a été considérable: les dénivellations topographiques visibles de nos jours n'en sont qu'une expression très atténuée. Ajoutons que les jeux tectoniques différentiels se sont encore poursuivis au Quaternaire. C'est au Quaternaire ancien que le Rhin s'oriente définitivement vers la Mer du Nord, alors qu'il s'écoulait au Pliocène vers l'axe rhodanien. L'affaissement du fossé persistant, vont dès lors s'y accumuler des alluvions venues des Alpes (sur 150-200 m d'épaisseur aux environs de Strasbourg et encore 60 m plus au Nord du département), pendant qu'au pied des Vosges les affluents du Rhin et de l'Ill étalent des cônes de déjection venant s'imbriquer dans les terrasses rhénanes. Tous ces sédiments recèlent d'abondantes nappes phréatiques qui constituent l'une des richesses de la région. Autre richesse due aux temps quaternaires froids: les dépôts de loess dans cette plaine, déposés du Sundgau à l'Alsace du Nord, qui recouvrent de quelques mètres à quelques dizaines de mètres les terrains affleurants en limons fertiles. Jusqu'à nos jours les mouvements tectoniques se prolongent, révélés par une activité sismique encore manifestée aux temps historiques. On leur doit la déformation tardive de la terrasse caillouteuse fluvioglaciaire rhénane de la Hardt (subsidence en Alsace moyenne) où elle disparaît entre Colmar-Neuf-Brisach et Benfeld-Rhinau, permettant alors l'étalement des alluvions fines récentes du «Ried Centre Alsace» où la nappe subaffleure. Se constitue là un «Landgraben» largement inondable jusqu'à nos jours, hiatus longtemps efficace dans les relations entre Haute et Basse Alsace; se marque encore par effondrement tardif le «Bruch de l'Andlau», ried des rivières des Vosges moyennes au droit d'Obernai.

Voici campées brièvement les conditions majeures de la mise en place des composantes des paysages régionaux: massif ancien rajeuni, abruptement interrompu vers l'Est par une «faille vosgienne»; fragments variés de roches sédimentaires secondaires et tertiaires, en frange irrégulièrement représentée et étroite, composant les «collines sous-vosgiennes», qui assurent une courte et discontinue transition avec le fossé, lui-même délimité par une

1 GEOGRAPHIE ET GEOLOGIE

«faille rhénane», subparallèle à la faille vosgienne où se diversifient les éléments de la Plaine. L'Alsace se trouve dès lors proposer, malgré son exiguïté, un échantillonnage varié de conditions naturelles et une grande palette de paysages, dont la variété sur des courtes distances apporte un attrait apprécié et de riches nuances issues de leur mise en valeur par l'homme.

Gros plan sur les Vosges gréseuses du Nord. ▶

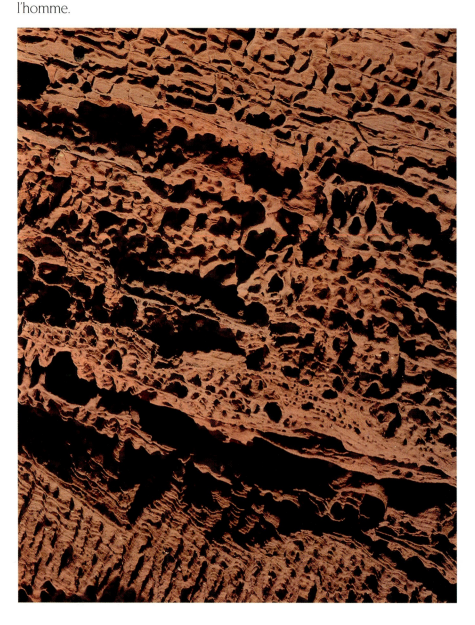

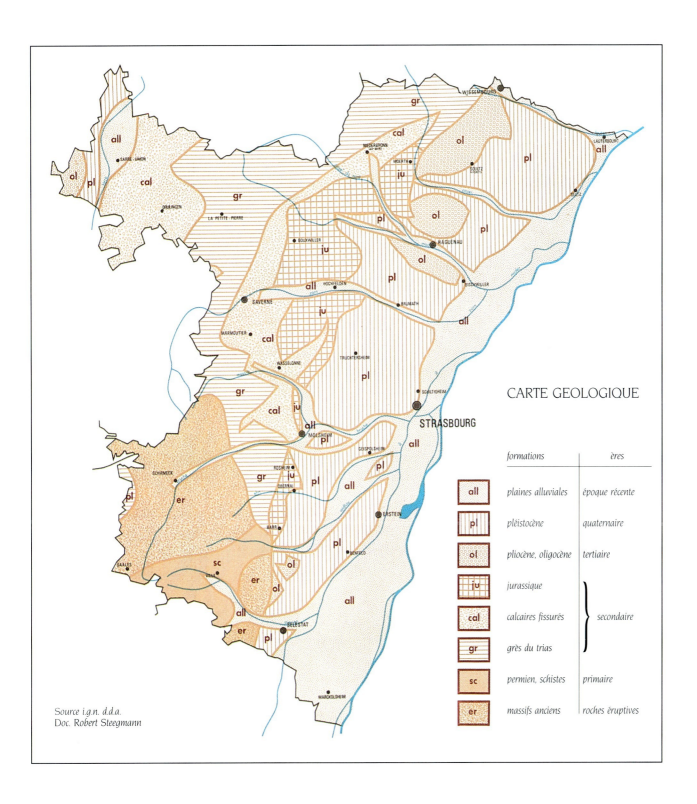

GEOLOGIE

GEOGRAPHIE ET GEOLOGIE

Les paysages naturels du Bas-Rhin
Henri NONN

On a vu que «les Vosges» sont moins élevées dans le Bas-Rhin que dans la partie méridionale du massif; elles offrent deux familles de paysages. Entre le Val de Sainte-Marie-aux-Mines et le Nideck, leur substrat et leurs formes sont assez complexes. Des versants de la Lièpvrette au Champ du Feu, c'est un fragment de socle couronné de sa corniche gréseuse triasique, se tenant entre 1100 et 700 m d'altitude, qui sert d'écrin boisé sur une largeur de 15 à 17 km à une bonne partie du Val de Villé et du Val de Bruche. Le Val de Villé, vieille zone subsidente du bâti hercynien (où furent piégés des sédiments houillers et permiens) y dessine une ample conque très ouverte à l'intérieur de l'espace vosgien mais verrouillée par des reliefs vers l'aval. Il contraste avec le môle compact et lourd du Champ du Feu (1100 m), dernière unité granitique et dernier sommet majeur du massif. Ses sommets et hauts versants fournissent aux Bas-Rhinois des pistes de ski et terrains de randonnée ou de promenade. Ses versants sont longs et pentus; parfois cependant s'y sont réalisés des alvéoles évasés, perchés (Ban de la Roche, Grendelbruch), raccordés à la Vallée de la Bruche par des gorges étroites, oeuvres de petits cours d'eau. A l'Ouest et au Nord, il est cerné de roches primaires et permiennes, pour partie volcaniques. De telles roches sous-tendent certains bas de versants incisés dans la vallée de la Bruche, de Saales à Wisches (on y a autrefois exploité des minières comme à Framont - Grandfontaine), mais les reliefs dominants sont le fait d'une corniche de grès triasique qui court du Climont au Rocher de Mutzig (1 010 m) en passant par le Donon (1 009 m) en un front continu qui fait face au massif du Champ du Feu. A l'aval de Wisches, s'opposent un versant bruchois méridional imposant, ample de 400-500 m, fait de granites de Grendelbruch et de roches dinantiennes et permiennes qui s'y accolent, et un versant septentrional plus varié: à la base, des épaulements laniérés de grès permien boisé, que verrouillent au Nord les roches volcaniques dures du Nideck (pentes escarpées, cascades, paysages sauvages) d'âge fini-primaire, elles-mêmes surmontées du grès triasique du Schneeberg (960 m). Pour déboucher dans la plaine d'Alsace, la Bruche a encore à recouper un champ de fractures sous-vosgien, y faisant alterner rétrécissements et élargissements.

La haute vallée de la Bruche. Ph. G. et M.T. Fischer. ▼

Le reste des Vosges bas-rhinoises appartient aux «Vosges gréseuses», puisque désormais n'affleurent plus que les grès et conglomérats de la couverture triasique du massif. D'abord réduite à un faîte dissymétrique (plan incliné vers la Lorraine de Dabo à Phalsbourg) dont le pan abrupt tombe brutalement, côté alsacien, du Grand Rosskopf (811 m) au Hirschberg (555 m) et au Koepfel de Saverne (402 m); cette entité reprend progressivement de la largeur au Nord de Saverne en un entablement qui se relève vers le Nord: massifs de La Petite Pierre, du Lichtenberg (415 m), de la forêt de Falkenstein (522 m) et du Grand Wintersberg (580 m). Cette table de grès disséquée se maintient autour de 540-500 m jusqu'au Fleckenstein et à la frontière avec le Palatinat en s'élargissant vers le pays de Bitche en terre lorraine, et davantage encore en territoire allemand. Elle garde une légère inclinaison vers l'Ouest, tournant son talus abrupt faillé vers l'Alsace: coupure nette de Saverne à Niederbronn, plus complexe au-delà, car devancée par un jeu de fractures individualisant le «bassin de Lembach» et dégageant le bloc gréseux soulevé du Hochwald (504 m), dominant de quelque 200 m sur 14 km de long, de Woerth à Wissembourg, le pays de Hanau. Les Vosges gréseuses allient des formes de plateau rigide disséqué, avec vallées à flancs raides parfois «armés» de conglomérats faisant corniches, et celles d'ensembles de buttes ou de crêtes étroites. A défaut d'altitude forte, l'aspect de massif tient à la généralité du manteau de forêts et au système mal relié des vallées qui s'y enchâssent.

L'extension importante des «collines sous-vosgiennes» apporte dans le Bas-Rhin d'autres compositions de milieux physiques. A la différence du Haut-Rhin, où leur manifestation est restreinte, les espaces compris entre faille vosgienne et faille rhénane sont d'étendue suffisante pour permettre la composition de véritables «pays». Dans le vaste fuseau du «champ de fractures de Saverne», étiré sur 80 km de Wissembourg à Barr avec un maximum de largeur de 20 km à hauteur des cours de la Zorn et de la Moder, on distingue trois entités. C'est d'abord le «Pays de Hanau», fait de collines entre Woerth et le Sud de Bouxwiller. Celles-ci sont dessinées dans un substrat de terrains secondaires variés: ici des roches coquillières (grès

GEOGRAPHIE ET GEOLOGIE

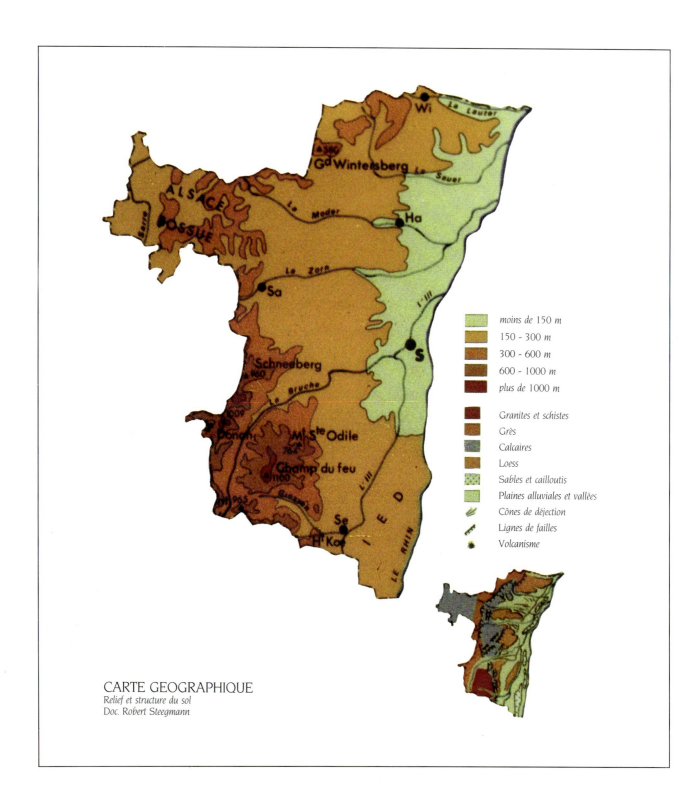

CARTE GEOGRAPHIQUE
Relief et structure du sol
Doc. Robert Steegmann

LES PAYSAGES NATURELS
DU BAS-RHIN

GEOGRAPHIE ET GEOLOGIE

calcaire), là des grès de Lias ou du calcaire bajocien en blocs allongés et basculés vers l'Est donnent les croupes principales et les interfluves les plus larges; vers Bouxwiller, une couverture de calcaire lacustre tertiaire recèle des lignites pyriteux jadis exploités. Les dépressions les plus marquées correspondent aux affleurements de marnes triasiques (environs de Niederbronn-Reichshoffen, Nord de Saverne). La multiplicité des expositions, ajoutée à la diversité des sols rarement fertiles, assortie d'une assez forte humidité climatique, faute de net abri vosgien, ont orienté l'agriculture vers une polyculture morcelée à laquelle se mêlent les vergers et les prairies. Au sud d'une ligne Neuwiller-lès-Saverne - Hochfelden, et jusqu'à la forêt de Westhoffen, s'étend ce que nous appellerons le «pays de Saverne-Marmoutier». Sur 20 km d'extension méridienne et environ 10 km de large, il s'individualise nettement par rapport à l'escarpement rigide des grès triasiques vosgiens. D'autant que des marnes y ont été affouillées juste à son pied. En revanche, des calcaires du Trias moyen et supérieur y sous-tendent bientôt les nettes collines des environs de Singrist et de Wasselonne; la forêt du Tannenwald, elle, forme une saillie issue d'un bloc relevé de grès vosgien. Par contre, entre Marmoutier, Wasselonne et Dettwiller, prédominent des formes molles en rapport avec un compartiment marneux où a pris place une agriculture diversifiée. Ce trait l'oppose à l'inculte cône alluvial quaternaire de la Zorn étalé entre Saverne et Dettwiller. La partie orientale de cette partie du champ de fracture, quoique ayant les mêmes assises géologiques secondaires mais recouvertes de limons loessiques, doit être distinguée: elle constitue une autre contrée: l'Arrière-Kochersberg.

Entre Marlenheim et Ottrott, un autre élément sous-vosgien peut être distingué; c'est ce qu'E. Juillard dénomme le «Vignoble de Molsheim». Il se compose tout d'abord d'un sous-ensemble ouvert en éventail entre les blocs gréseux de la Forêt de Westhoffen et ceux qui dominent Mutzig; on le désigne sous le nom de «fossé de Balbronn»; des affleurements marneux et des épandages de dépôts de piedmont en font une entité à topographie ondulée, de petite agriculture et de vergers; elle est verrouillée au Sud par des tables gréseuses soudées aux Vosges, portant les forêts de Gresswiller

◀◀ *Page précédente. Paysage du Kochersberg. Ph. Kuhn S.A.*

et de l'Eichwald. Par delà la Bruche, un couloir de roches tendres au pied de l'abrupt vosgien souligne une succession de buttes égrénées du Nord au Sud: le Scharrach (360 m), le Katzenberg (371 m), le Bischenberg (361 m) et le Mont National (327 m); leur socle calcaire secondaire est surmonté, dans les deux derniers reliefs cités, d'un conglomérat détritique oligocène résistant; ce sont des micromilieux édaphiques remarquables. La vigueur relative de ces buttes et leurs pentes bien orientées proposent des expositions propices à la vigne et aux vergers. D'Obernai à Barr, ces collines sous-vosgiennes se réduisent à de simples éléments accolés au relief vosgien, recoupés par d'amples glacis, désormais très largement complantés en vigne. On entre alors dans le vrai «Vignoble».

Si en plaine, dans le Sud de l'Alsace, s'observe une disposition surtout méridienne des unités morphologiques, le Bas-Rhin connaît plutôt, au Nord du «Ried Centre Alsace» (ou «Grand Ried» ello-rhénan), une alternance d'entités naturelles disposées d'abord Sud-Ouest - Nord-Est, puis Ouest-Est. A partir de Benfeld et jusqu'à Fegersheim, soit sur 16 km de long et 4 de large, réapparaît un élément de terrasse couverte de loess aux riches terroirs: c'est la «Plaine d'Erstein» d'E. Juillard, encadrée de rieds humides en contrebas. A l'Est, le Grand Ried s'avance jusqu'à Strasbourg, rassemblant les plaines alluviales du Rhin et de l'Ill à peine séparées par des bourrelets de rive échappant aux champs d'inondations et fixant les villages: ainsi de Marckolsheim à Gersthem, ou de Wittisheim à Rossfeld. Des alternances de sols gris (Ill), noirs, bruns ou blonds (Rhin), ont conditionné les formes de l'occupation humaine qui gagne progressivement sur les zones non tourbeuses et qui, de nos jours (avec l'incidence de l'abaissement de la nappe phréatique consécutif aux aménagements rhénans) y réduit les prairies au bénéfice des labours et surtout du maïs. Il y subsiste d'amples surfaces boisées (Illwald, Riedwald, Forêt d'Osthouse), ainsi que des marais hygrophiles où une végétation spécifique et un peuplement faunistique exceptionnels multiplient des sites écologiquement rares («Brunnenwasser», rivières phréatiques telles que Blind ou Zembs, prairies et plans d'eau); sans parler de la forêt inondable du Rhin (ripisylve luxuriante), maintenue sur une largeur

▲ *Collines sous-vosgiennes, glacis du piedmont alsacien, entre Barr et Andlau.* Ph. H. Nonn.

moyenne de 4-5 km, mais qui a connu dans les années 1960 d'importantes amputations engendrées par les travaux du Grand Canal d'Alsace, par la préparation d'une zone industrielle de 60 ha à Marckolsheim, puis par l'aménagement du bassin de compensation de Plobsheim (700 ha). A l'Ouest, la tectonique récente est responsable de la constitution du «Bruch de l'Andlau» (6 500 ha), allongé Sud Ouest-Nord Est sur 20 km, et s'ouvrant en éventail vers les abords de Strasbourg. Sa pente très faible (< 1 ‰) explique l'étalement des eaux de la Scheer, de l'Andlau et de l'Ehn; une microtopographie complexe laisse dominer une humidité entretenue par des sols argileux et par la proximité de la nappe phréatique: d'où une place majeure aux bois, prés et pâturages, une ancienne culture de chanvre, et des travaux d'assainissement (XVIIe et surtout XIXe s.). Les deux rieds cernant la Plaine d'Erstein comportent enfin un trait paysager spécifique; celui des gravières, multipliées récemment au point qu'il a fallu en réglementer l'ouverture, l'entretien ou l'usage.

Entre le Bruch de l'Andlau et la Bruche inférieure, il y a place pour une autre petite unité où l'essentiel vient d'épandages successifs quaternaires de sables et graviers accumulés par la Bruche et la Mossig. Si leur lisière méridionale est recouverte de loess et permet le développement d'une campagne labourée (de Dorlisheim à Blaesheim et Meistratzheim), pays du chou à choucroute, ils forment ailleurs la «Hardt de Molsheim» aux sols médiocres tardivement et incomplètement cultivés (XIXe s.), où maintenant s'étendent les zones d'activités du «Parc de la Plaine de la Bruche» d'une part et de Molsheim d'autre part, ainsi que les terrains de l'aéroport et de la base aérienne d'Entzheim (alt. 150 m). Au Nord d'une ligne Molsheim-Strasbourg, la plaine a conservé sur une largeur d'une vingtaine de kilomètres de larges extensions de marnes d'âge tertiaire, qui génèrent des ensembles de collines revêtues d'un épais manteau de loess, mais que coupent d'Ouest en Est de larges dépressions fluviales. Alternent ainsi des «ackerlands» fertiles, à l'agriculture intensive, et des couloirs d'alluvions venus des Vosges. Seule la plaine rhénane garde l'orientation méridienne, large de 6 à 8 km environ, à moins que s'y confondent les cours inférieurs des rivières affluentes.

Entre Bruche et Zorn, s'étendent «l'Arrière-Kochersberg et le Kochersberg». Si leur soubassement sédimentaire est à l'Ouest d'âge secondaire (intégré au champ de fractures de Saverne) - et les cotes d'altitude maintenues vers 270-250 m -, d'âge tertiaire à l'Est (alt. entre 200 et 170 m avec un compartiment diagonalement relevé Sud Ouest-Nord Est pour les séparer (Kochersberg, 301 m), c'est la présence généralisée du loess qui y imprime les aspects physionomiques caractéristiques. Celui-ci donne la couleur des terres, adoucit les pentes dues aux petits vallons qui s'y dessinent et qui prennent des formes en berceau. Point de forêts - çà et là seulement quelques bosquets -, mais partout des champs en openfield intégral et un semis dense de petits villages très proches - 2 km -, ceinturés de vergers.

A quelques variantes près, ces traits caractérisent l'espace des «collines de Brumath», développées entre la Zorn et la Moder (au Sud d'une ligne Dauendorf-Gries) et entre Pays de Hanau et vallée rhénane: collines vallonnées se tenant entre 230 et 180 m, à croupes convexes et versants doux, qui sont les restes d'un ensemble de marnes oligocènes auxquels s'accolent des lambeaux de haute terrasse rhénane; le tout est couvert de loess auquel est due une vocation agricole affirmée, sauf sur les franges Est et Sud tôt tournées vers les agglomérations voisines et fortement affectées par l'urbanisation (habitat, activités). A leur pied oriental s'étend la zone alluviale basse de la Zorn (140-135 m) vers Hoerdt, venant en collusion avec le ried rhénan. (130-125 m).

Une importante césure interrompt alors la continuité de ces «ackerlands». Elle est le fait de l'immense «forêt de Haguenau», ou Forêt Sainte. Celle-ci occupe un complexe de cônes alluviaux plio-quaternaires édifiés par la Moder, la Zinsel du Nord et la Sauer. Large d'une dizaine de kilomètres, elle a constitué longtemps une barrière végétale. Autrefois plus étendue, il en subsiste, après les défrichements menés au cours des siècles, près de 20 000 ha dont 13 500 en forêt indivise. Sur ses sables reposant sur un niveau argileux peu profond, voire affleurant, s'est constitué un massif de pineraies de pin sylvestre et de chênaies; exploité maintenant rationnellement, il l'est également comme espace de nature et de détente. Les lacis du réseau des cours d'eau et ceux des opérations d'assainissement en assurent le drainage.

Lui succède vers le Nord «l'Unterwald», «l'Outre-Forêt», le plus étendu des «ackerlands» où l'on retrouve le paysage de collines loessiques (170-180 m) à substrat oligocène avec manteau limoneux, aux vallonnements plus marqués, au droit d'une ligne Wissembourg-Surbourg le séparant du Pays de Hanau. Bastion de labours d'openfield sillonné de routes étroites entre ses villages proches, il se différencie surtout par l'aspect plus modeste de ses fermes, la plus grande division des terres (habitudes de «démocratie rurale») où les exploitations engendrent un paysage agraire plus morcelé. Quoique fidèle aux traditions, ce pays est en profonde mutation de nos jours.Sa limite septentrionale est constituée par le système alluvial de la rivière frontalière, la Lauter, et ses épandages portant la basse forêt du Mundat et le Bruchwald. A l'Est, l'Outre-Forêt vient cerner la partie la plus étroite en terre alsacienne du Ried du Nord (confluence Sauer-Rhin, ancien méandre du fleuve que rejoint la vieille Lauter à Lauterbourg, aujourd'hui annexe portuaire et site industriel).

Reste à caractériser le «Ried du Nord», en aval de Strasbourg. Comme dans le Grand Ried, les dépôts alluvionnaires récents du fleuve, avec les variations des positions du lit à l'époque du «Rhin sauvage», donnent une microtopographie complexe. Un bourrelet de rive assez large y porte l'alignement des villages égrenés de La Wantzenau à Roppenheim. A l'Ouest, des dépressions marginales n'y sont que médiocrement drainées et ont des sols argileux ou tourbeux: là où se combinent les Rieds de la Zorn et du Rhin à hauteur de Herrlisheim-Kurtzenhouse, par exemple, ou au Nord-Est de Bischwiller au débouché de la Moder (marais de Schirrhein-Schirrhoffen). Plus près du fleuve, la zone d'inondations comportait des chenaux multiples, des bras secondaires anastomosés, au sein d'un lit majeur où se décèle encore le dessin d'arcs et de grands méandres recoupés. Ces traits ont été transformés lors de la correction et de l'endiguement du fleuve par Tulla (1842-1862); l'abaissement de la nappe phréatique a alors permis une plus grande occupation agricole dans le Ried du Nord (maraîchage, cultures), autrefois servant de pâturages communaux pour les localités des «ackerlands» voisins. Avec aussi le déclin des métiers de la pêche, de l'orpaillage, de la batellerie, le Ried du Nord a fourni précocement une main-d'oeuvre ouvrière travaillant sur place, ou à Bischwiller, à Soufflenheim, voire dans l'agglomération strasbourgeoise. Il est aussi depuis plusieurs décennies affecté par l'urbanisation diffuse ou en lotissements. Comme en amont de Strasbourg, les gravières s'y sont multipliées, plusieurs devenant bases de loisirs. Quant à la forêt rhénane, touchée par les aménagements du fleuve et l'extraction de granulats, elle a perdu près de 20% de son extension. C'est pourquoi de récentes interventions réglementaires ont été conduites qui établissent un «schéma des gravières» et un «zonage de protection de la forêt rhénane», valable pour l'ensemble Ried du Nord et Grand Ried.

Quelques mots du climat

La position en latitude, entre 47 et 49° N, place l'Alsace au coeur de la région tempérée, caractérisée par la large prédominance du flux d'Ouest (redoux en hiver), mais elle est à 800 km de l'Océan, ce qui y atténue la vigueur de la plupart des perturbations océaniques; toutefois l'apport humide y demeure important, qu'il se manifeste par les brouillards ou les nuages bas en saison froide ou par des développements orageux discontinus en belle saison. Reste que, pour qui vient d'Europe du Nord ou du Centre, son climat apparaît clément; alors que pour qui vient de nos régions atlantiques, s'y ressent l'accentuation de la continentalité, exprimée par un régime thermique offrant un écart de 18,1°C entre les températures mensuelles extrêmes (de 27° entre les températures extrêmes moyennes sous abri entre janvier et juillet en plaine); souvent aussi par un printemps légèrement tardif, un été chaud et orageux mais un automne agréable avant un hiver froid. Mais l'Alsace, en fait, n'est pas plus désavantagée à cet égard que la Lorraine ou la Bourgogne du Nord, comme on le croit à tort parfois! Marqués sont les effets d'oppositions entre Vosges et Plaine; les reliefs régénèrent les perturbations et font des Vosges une montagne humide, alors que la pluviosité de la plaine abritée se réduit à 550 mm de précipitations en Alsace

GEOGRAPHIE ET GEOLOGIE

centrale, par effet de foehn et d'écran (ombre pluviométrique); elles ne s'élèvent à 800 mm ou plus qu'au Nord de la Zorn et en Outre-Forêt (Strasbourg 620 mm), et au Sud dans le Sundgau. En matière d'ensoleillement, frimas et brumes en Plaine de novembre à mars contrastent souvent alors avec la montagne, tandis que le contraire se produit en été et surtout au printemps à l'avantage de la Plaine. Le gel y survient en moyenne sur l'année durant 80 jours (contre 120 à 1 000 m d'altitude) et le nombre de jours à maximum supérieur à 25° s'évalue autour de 45 en plaine contre 10 seulement au-delà de 1 000 m. En résumé, notre climat a un caractère composite combinant traits océaniques, traits continentaux et effets d'abri. Si les amplitudes thermiques annoncent l'Europe centrale quoique avec moins de rigueur, la combinaison des influences climatiques assure à l'Alsace des aptitudes agricoles extrêmement variées.

Avec un massif vosgien très arrosé et un fleuve rhénan puissant, la région possède un réseau hydrographique bien fourni et divers dans ses régimes et ses modes d'écoulements. Les rapports entre les rivières et le système phréatique y sont complexes, avec l'intérêt de donner à ce dernier une puissance appréciée, malgré sa sensibilité écologique.

La plaine d'Alsace vue du Mont Sainte-Odile.
Ph. H. Nonn. ▶▶

LA BASSE ALSACE DES ORIGINES A 1789

DE L'EPOQUE ROMAINE A L'HUMANISME
Roland OBERLE

L'irruption dans le nord de la Basse Alsace du prince suève Arioviste détermine la première intervention romaine. Jules César le chasse en 58, mais accepte de laisser sur place un peuple germanique, les Triboques, qui avaient accompagné l'envahisseur dans son entreprise. Dorénavant et pour cinq siècles, la Basse Alsace voit cohabiter les Médiomatriques et les Triboques sous l'autorité de Rome.

A l'ombre des Aigles: la Basse Alsace romaine

Voie naturelle entre le pays du Rhône et ceux du Rhin inférieur, l'Alsace représente pour les Romains une position idéale. Dès l'an 12 avant J.C., dans le système fortifié mis en place par Drusus, le camp d'Argentorate abritait une aile de cavalerie auxiliaire forte de 500 Trévires. La route Bâle-Strasbourg continue sur Seltz et Mayence. A la suite du désastre subi par Varus (9 ap. J.C.), Tibère réorganise la défense sur le Rhin. Le camp d'Argentorate s'agrandit pour recevoir la IIe Légion Augusta qui y demeurera jusqu'en 43.

L'offensive romaine, qui conduit à partir de 73 à la conquête des Champs Décumates, fait perdre au pays son caractère de région frontière. C'est le temps de la Paix romaine, le temps de l'épanouissement social et économique de la Basse Alsace. A côté de Strasbourg, Argentorate, d'autres agglomérations s'affirment: Tres Tabernae (Saverne), Brumath, véritable capitale résidentielle de la Basse Alsace, et Seltz, place militaire, puis bourg artisanal et commercial. A Argentorate, les éléments italiens et espagnols se mêlent aux autochtones dans la ville civile qui flanque le camp romain. Agriculteurs et éleveurs trouvent des débouchés faciles dans l'alimentation des garnisons et des troupes de passage. Le commerce des vins et huiles d'Italie, d'Espagne et de Grèce est très actif. Il en va de même de l'industrie stimulée par les demandes massives de l'armée. La métallurgie prospère autour de Strasbourg, de Niederbronn et de Sarre-Union, métallurgie du fer mais aussi du cuivre et du bronze. Aux confins de la Lorraine se trouvent des

La Basse Alsace qui deviendra en 1790 le département du Bas-Rhin n'émerge vraiment des incertitudes préhistoriques qu'avec le néolithique. Entre 1600 et 1500 avant J.C. les Protoceltes s'installent dans la région de Haguenau, puis dans toute la Basse Alsace. Ils sont suivis entre 1200 et 750 par des envahisseurs celtiques et illyriens, les «peuples des champs d'urnes». A partir du Ve s., la région se vide de ses habitants pris dans un grand mouvement de migration celtique vers la vallée du Danube, la Bohême et les Balkans. Aux IIIe et IIe s. des tribus gauloises venues de l'Ouest, les Médiomatriques, viennent combler ce vide.

◀ *Déesse tutélaire de la ville de Saverne ou Cybèle (?) début IIIᵉ s. Ph. Inventaire Général.*

ateliers de verriers. D'importants ateliers de potiers, où se côtoient maîtres indigènes, grecs, italiens, orientaux, prospèrent en Basse Alsace. Celui de Heiligenberg diffuse des produits jusqu'en Pologne et en Tchécoslovaquie. D'autres fonctionnent à Ittenwiller et Schiltigheim.

Civilisation brillante, vie spirituelle marquée du sceau de l'éclectisme avec la persistance des panthéons médiomatriques et triboques qui trouvent au Donon leur haut-lieu, l'affirmation du panthéon gréco-romain qui introduit une iconographie déjà très hellénisée, et poussée précoce des cultes orientaux: culte de Mitra dès la fin du Ier s. à Koenigshoffen et culte de Cybèle et Attis, mais extrême discrétion du christianisme.

Dès 260, après une trentaine d'années de harcèlement, les Germains réoccupant le Limes, la Basse Alsace redevient zone frontière et partout le système défensif est modernisé et renforcé. Désormais, les barbares profitant des guerres civiles que se livrent les prétendants au trône impérial, viennent menacer de plus en plus fréquemment les territoires alsaciens. En 355 la situation devient dramatique du fait de l'alliance entre les Francs et les Alamans. Le César Julien leur inflige deux défaites consécutives dans la région de Brumath puis dans les collines de Hausbergen (357). Vingt ans plus tard, tout est à recommencer et l'empereur Gratien doit repousser les Alamans, en Haute Alsace cette fois-ci. Enfin, en 406-407 c'est la ruée des Barbares et la Basse Alsace doit reconnaître de nouveaux maîtres, les Alamans.

Du royaume franc au Saint Empire 450-1000

Vers la fin du Ve s., les Alamans achèvent leur installation et imposent à la Basse Alsace leur langue propre, un idiome évidemment germanique qui va se substituer, au fil des générations au parler celtique et roman en vigueur jusque-là. Seul le Val de Villé échappe à cette substitution. La carte linguistique est ainsi dessinée pour tous les siècles à venir, «Argentorate» devient «Strateburg».

Dès le début du VIe s., les Alamans doivent s'incliner devant la puissance du royaume franc de Clovis et la Basse Alsace passe sous la domination des Mérovingiens. Les vainqueurs entreprennent immédiatement la conversion au christianisme des Alamans demeurés païens, oeuvre accomplie sous la direction des évêques de Strasbourg, Arbogast, Florent puis Ansoald. Eglises et monastères se multiplient dans les villes comme dans les campagnes.

Avec les zizanies qui divisent les successeurs de Clovis, le royaume est morcelé. L'Alsace fait partie de celui d'Austrasie et trouve sa première unité politique dans le cadre du duché d'Alsace qui réunit pour la première fois le Sundgau (Haute Alsace) et le Nordgau (Basse Alsace). Unité politique sous la direction du duc et du comte, mais aussi religieuse sous l'égide de l'évêque de Strasbourg.

Le duché d'Alsace atteint son apogée avec son troisième duc Adalric (ou Atic, ou Etichon), le père de sainte Odile et fondateur de l'abbaye de Hohenbourg, son fils Adalbert, fondateur de l'abbaye Saint-Etienne à Strasbourg, et son petit-fils Liutfrid (722-740) qui favorisa la réforme bénédictine en soutenant l'oeuvre de Pirmin.

La mort de Liutfrid marque la fin du duché. Pépin le Bref coupe à nouveau l'Alsace en deux. La Basse Alsace redevient le Nordgau sous la direction spirituelle de l'évêque de Strasbourg évincé de la Haute Alsace au profit de l'évêque de Bâle. Les régions de Wissembourg et Lauterbourg dépendent de l'évêque de Spire et la juridiction de l'évêque de Strasbourg s'étend jusqu'à la Forêt-Noire: pour mille ans, la carte religieuse de la Basse Alsace est tracée.

Avec Charlemagne, la région bénéficie des effets de la renaissance carolingienne: longue période de paix, grande stabilité intérieure et remarquable prospérité matérielle, agriculture active, commerce florissant. Strasbourg qui n'est encore qu'une bourgade de 3 000 habitants renforce sa vocation batelière et commerçante.

L'avènement du faible Louis le Pieux ouvre une nouvelle ère de troubles et de désordres. C'est à Marlenheim que ses fils révoltés le font enfermer. C'est à Strasbourg, le 14 février 842, que Charles le Chauve et Louis le Germanique scellent leur pacte contre leur aîné Lothaire.

A partir du partage de Verdun (843), et pour plus d'un siècle, la Basse Alsace devient l'enjeu des rivalités entre les royaumes de France et de Germanie, sur fond d'invasions hongroises. La région revient au premier plan grâce à Othon le Grand dont les alliances bourguignonnes renforcent l'importance stratégique du domaine alsacien.

Aux alentours de l'an mil, la Basse Alsace présente l'aspect d'un monde essentiellement rural dominé par les grandes abbayes de Wissembourg, Seltz, Marmoutier, Andlau, Niederhaslach, Neuwiller, Erstein, avec de grands domaines et des communautés vivant en autarcie économique, où le troc devient la règle générale avec la raréfaction du numéraire. Strasbourg demeure la seule ville, et encore bien modeste.

<u>Le Landgraviat de la Basse Alsace et le morcellement féodal XIe-XVe s.</u>
Au XIIe s. apparaît le Landgraviat de Basse Alsace voulu par l'empereur Lothaire III. Les fonctions de Landgrave sont exercées successivement par les Eguisheim-Dabo, les Hunebourg et les sires de Werd.

Etat féodal fractionné en plusieurs centaines de territoires, incapable de prendre les mesures nécessaires pour défendre ses frontières ou même pour rétablir l'ordre, le Saint Empire romain germanique ne peut s'opposer à l'apparition en Alsace d'une noblesse de souche locale avide de se tailler un territoire. Parmi ces dynastes qui surgissent dès le XIe s., la famille la plus puissante est celle des Eguisheim-Dabo qui réussit progressivement à contrôler une grande partie de l'Alsace en s'appuyant sur une ligne de châteaux forts: Eguisheim - Bernstein - Guirbaden - Dabo.

Lorsque l'empereur Henri IV entra en conflit avec le pape Grégoire VII, au cours de la Querelle des Investitures, il confia l'Alsace à la puissante famille des Hohenstaufen. En 1079, les Hohenstaufen ducs d'Alsace et de Souabe, entrent en conflit avec les Eguisheim-Dabo, principal soutien de la papauté. Frédéric de Hohenstaufen, dit le Borgne, aidé par les évêques de Strasbourg et de Bâle qui sont restés dans le camp de l'empereur contre le pape, entreprend le grignotage progressif des possessions des Eguisheim.

Les territoires dépendant des Hohenstaufen se situaient autour de Wissembourg et de Haguenau dont le château fut le centre administratif et le lieu de résidence de Frédéric le Borgne. Encore qu'il soit difficile d'en établir la preuve formelle, on peut estimer qu'il mena une politique très cohérente de construction d'une couronne de châteaux destinés à protéger ses possessions et sa capitale.

Appuyés sur ce réseau de forteresses, les Hohenstaufen prennent rapidement l'avantage sur leurs adversaires, les possessions des Eguisheim tombant une à une entre leurs mains, en particulier le Guirbaden qui succombe en 1162.

Le XIIe s. est, avant tout, pour la Basse Alsace, le siècle des Hohenstaufen. L'établissement de la puissante dynastie mettait provisoirement fin à une instabilité chronique, à des conflits féodaux incessants et assurait aux Alsaciens des villes et des campagnes paix et sécurité. Les villes connaissent alors un développement rapide grâce à la prospérité de l'artisanat et au progrès du commerce. Ce développement profite directement au monde rural qui voit augmenter les besoins alimentaires des cités en pleine expansion démographique. Dès le XIIe s. les paysans alsaciens prennent l'habitude de venir aux marchés des villes pour y écouler le surplus de leur production.

Avec Frédéric II, les Hohenstaufen allaient connaître leur apogée en Alsace entre 1212 et 1250. Mais déjà le danger se précise: l'évêque de Strasbourg indisposé par la politique brutale du duc Otton a progressivement quitté à partir de 1197 l'alliance des Hohenstaufen et recueilli une partie de l'héritage des Eguisheim, tout particulièrement les châteaux de Guirbaden et Bernstein. Solidement appuyés en Alsace du Nord sur les châteaux du Haut-Barr, du Griffon et de La Petite-Pierre, les évêques de Strasbourg deviennent de redoutables adversaires pour les Hohenstaufen.

La mort de Frédéric II précipite la chute des Hohenstaufen. Pendant vingt-trois ans (l'Interrègne), le trône du Saint Empire reste inoccupé. En Alsace, la noblesse en profite pour accroître ses avantages et la bourgeoisie se lance dans le mouvement d'émancipation des villes. Avec l'ouverture de la route du Saint-Gothard, Strasbourg devient la plaque tournante du commerce rhénan: le chariot lui apporte les produits orientaux, italiens, et ses bateliers les distribuent jusqu'en Hollande en même temps que le vin d'Alsace déjà fort réputé. La ville s'agrandit, les marchands enrichis sont avides d'exercer aussi le pouvoir politique. Le 8 mars 1262 c'est l'affrontement avec leur maître, l'évêque de Strasbourg Walter de Geroldseck. Les Strasbourgeois sont désormais maîtres de leur destin. Progressivement les nobles sont évincés à leur tour, et les bourgeois se donnent une constitution de type démocratique. Jusqu'en 1681, Strasbourg est ville libre impériale, dotée d'une indépendance quasi totale.

D'autres cités de Basse Alsace, Haguenau, Rosheim, Sélestat, Obernai et Wissembourg entrent en 1354 dans une alliance offensive et défensive avec cinq villes de Haute Alsace: la Décapole était née, les dix cités devenant villes impériales sous l'autorité nominale du Landvogt résidant à Haguenau.

Du XIe au XIIIe s., la Basse Alsace a connu un remarquable épanouissement culturel symbolisé par le manuscrit du Hortus Deliciarum, le Tristan de Gotfried de Strasbourg, les chefs d'oeuvres de l'architecture et de la sculpture romane à Andlau, Sélestat, Rosheim, Neuwiller, la floraison de l'art gothique à Sélestat, Haguenau, Wissembourg et la prestigieuse cathédrale de Strasbourg.

Le XIVe s. est pour la Basse Alsace le siècle des calamités. La peste noire introduite dans les ports italiens exerce ses ravages en 1349. Dans les campagnes comme dans les villes la panique est à son comble. Pendant que les flagellants sillonnent la région, on s'attaque aux juifs tenus pour responsables de l'épidémie, comme déjà en 1336 les bandes de «Bras de cuir» (Armleder) qui avaient massacré les juifs de la région de Molsheim. Le sinistre fléau connaît d'importantes résurgences en 1358, 1363 et 1381. Bien que les statistiques nous fassent défaut, il est évident que les victimes furent nombreuses et que la population rurale tout particulièrement connut un recul sensible. Aux XIVe et XVe s., 233 villages disparaissent et, même en considérant que certains d'entre eux furent rayés de la carte par suite des ravages de la guerre ou des caprices du Rhin, le plus grand nombre de ces disparitions doit être attribué aux méfaits de la peste.

Ceux que l'épidémie a épargnés sont en butte aux invasions des mercenaires en rupture de contrat sur les champs de bataille de la guerre de Cent ans. Incapables de s'entendre, les seigneurs alsaciens ne font rien pour les arrêter.

La bataille de Hausbergen en 1262. Peinture de L. Schnug. Doc. Archives municipales de Strasbourg. ▶▶

2 LA BASSE ALSACE DES ORIGINES A 1789

▲ *Le Bundschuh, emblème des paysans décidés à lutter contre l'oppression seigneuriale.* BNUS, *réserve.*

HUMANISME ET REFORME
Roland OBERLE

E'n cette année 1478, l'Alsace tout entière pousse un immense soupir de soulagement. La mort du grand duc d'Occident, Charles le Téméraire, survenue devant Nancy le 5 janvier 1477, la délivre de la menace de l'hégémonie bourguignonne. Pour faire échec à cette menace, Sélestat, Strasbourg d'abord, Obernai et Rosheim ensuite s'étaient engagées dans la lutte au côtés des Suisses et du duc de Lorraine. Strasbourg en particulier avait consenti un gros effort de guerre à Morat et à Nancy.

Le bouillonnement des idées, troubles sociaux et religieux

En 1493, un certain nombre de paysans de Nothalten, Blienschwiller, Scherwiller, Dambach et Soultz, groupés autour de Jean Ulmann, ancien Stettmeister de Sélestat, prêtent serment de lutter contre l'oppression seigneuriale. Poussés à bout par la misère due à deux années de récoltes désastreuses, ils prennent pour emblème le Bundschuh, soulier à lacets, la chaussure du paysan par opposition aux bottes de la noblesse. Le programme des révoltés comporte des revendications précises: réforme des juridictions auxquelles sont soumis les paysans, et expulsion des juifs, et d'autres, moins nettes, plus vaguement formulées, mais où l'on voit poindre toutes les aspirations qui finiront par déboucher sur la Réforme: assainissement du monde ecclésiastique, révision des structures politiques.

La conjuration découverte, la répression est brutale. Après avoir pillé un certain nombre de couvents de la région de Sélestat, les révoltés sont anéantis par les troupes épiscopales, Ulmann et deux autres meneurs, écartelés vifs, les autres mutilés et condamnés à de lourdes amendes.

La férocité de la répression n'empêchera pas le mouvement de renaître sur la rive droite du Rhin dès 1502. En 1514 et 1517, des paysans et vignerons, de la région d'Obernai essentiellement, prennent part à des menées révolutionnaires.

Les avatars de l'humanisme alsacien

Les humanistes alsaciens de la première génération, Geiler, Brant, Wimpheling, Jérôme Gebwiller, Murner, avaient entrepris, tout en respectant l'héritage médiéval, un retour à l'antiquité surtout latine, afin de parvenir à réformer l'Eglise en formant les fidèles. Ceux de la seconde génération, représentés par le Sélestadien Beatus Rhenanus, le collaborateur préféré d'Erasme, avaient entrepris et mené à bien une découverte minutieuse du monde gréco-romain, car ils estimaient que le seul moyen de sauver le christianisme était de le retremper dans ses sources originelles latines et grecques en se débarrassant de tout le fatras de la scolastique et, en général, de l'héritage médiéval.

Les Sapidus, Capiton, Jacques Sturm, Beatus Rhenanus prennent assez nettement leurs distances avec les anciens, qui mettaient tant d'espoirs en eux. Disciples d'Erasme, ils adhèrent à son projet de restauration de l'Eglise primitive et mettent en cause l'état monastique lui-même. La plupart d'entre eux adoptent la Réforme à la grande indignation de Wimpheling. A celui-ci qui reprochait à Jacques Sturm d'avoir trahi et d'être passé à l'hérésie, le futur Stettmeister de Strasbourg répond: «Si je suis un hérétique, c'est par vous que je le suis devenu».

Avec la Réforme qui jette les Alsaciens dans deux camps rivaux, l'humanisme subit une profonde évolution. Le travail de recherche, de découverte, est relégué au second plan, les partisans des deux religions rivales se mettent au service de leur confession pour chercher à convaincre et surtout à former les jeunes générations: l'enseignement prend le pas sur la recherche.

La guerre des paysans

A la fin du XVe s., l'instabilité des prix, la spéculation sur les grains, l'enrichissement des gros paysans, ceux du Kochersberg notamment, l'appauvrissement des petits, la pression fiscale des seigneurs, touchés par la crise économique, et leur accaparement des commuaux, des forêts, des droits de pêche et de chasse, tous ces éléments, avec l'espoir que la réforme de Luther fait naître en eux, expliquent que les conditions d'un mouvement de revendication de la campagne alsacienne sont réunies. D'une part, des coqs de village enrichis qui tiennent à préserver leur prospérité, de l'autre les paysans pauvres exaspérés par la précarité de leur situation et les empiétements seigneuriaux: la guerre des Paysans est d'autant plus inévitable que depuis plusieurs mois les Rustauds d'outre-Rhin donnent l'exemple.

Le 14 avril 1525 l'insurrection éclate partout à la fois. Les principales cibles sont les abbayes et monastères ainsi que les juifs. Les couvents pris et pillés servent de quartier général aux bandes armées (Stephansfeld, Altorf, Marmoutier, Ebersmunster). Les chefs de l'insurrection, Erasme Gerber, Georges Ittel, prévôt de Rosheim, tentent de réaliser l'alliance avec les villes où ils comptent de nombreux partisans parmi les corporations qui vivent de la terre. Par ailleurs, alors que les chefs du protestantisme alsacien (Bucer, Zell, Capiton), multiplient les appels au calme, Luther prend officiellement et violemment position contre la révolte. C'est la fin d'un rêve et le début de la répression.

Dès le mois de mai 1525, le duc de Lorraine paraît en Alsace à la tête de ses troupes qui écrasent les armées paysannes à Saverne, Lupstein et Scherwiller. La bande de Wissembourg résista plus longtemps, mais en septembre tout était terminé et la répression, modérée sur les terres des Deux-Ponts, fut sanglante partout ailleurs.

La Réforme

Si nous en croyons le chroniqueur Specklin, les 95 thèses de Luther furent placardées pour la première fois à Strasbourg en 1518. Quoi qu'il en soit, les idées du réformateur de Wittenberg se répandent avec rapidité en Alsace grâce à l'extraordinaire essor de l'imprimerie.

A ses débuts, la Réforme alsacienne est d'essence purement strasbourgeoise et s'incarne dans la personne du Sélestadien Bucer. Dès 1524, la majeure partie de la population adhère aux idées nouvelles, cinq ans plus tard la messe est abolie. Autour de Bucer, Mathieu Zell de Kaysersberg, le Haguenovien Capiton et Hedion organisent le protestantisme.

La seigneurie de Deux-Ponts avec Bischwiller embrasse le Réforme à la même période, puis c'est au tour de Wissembourg et de Landau (1534-1536), des possessions des Fleckenstein et des Hanau (1540).

Lorsqu'en 1558 Ferdinand Ier succède officiellement à Charles Quint, le protestantisme s'est imposé dans de nombreuses localités alsaciennes. A Strasbourg, c'est la fin de «l'Interim» imposé par Charles Quint en 1549 et qui rétablissait, pour une durée de dix ans, le culte catholique à la cathédrale,

▼ *La guerre des paysans éclate en 1525.* BNUS, *réserve.*

Saint-Pierre le Jeune et Saint-Pierre le Vieux. A l'expiration du délai de dix ans, le culte catholique disparaît officiellement à Strasbourg. En définitive, l'Interim n'avait été qu'une courte parenthèse dans le cheminement triomphant de la Réforme, et cependant, il avait totalement modifié le visage du protestantisme strasbourgeois.

En effet, le luthéranisme qui s'était installé dans la ville libre de 1530 à 1549 sous la houlette de Martin Bucer, resté fidèle à l'humanisme en adhérant à la Réforme, de Jean Sturm, premier recteur de la Haute Ecole, le Gymnase protestant fondé en 1538, et érudit d'une large ouverture d'esprit et du Stettmeister Jacques Sturm, se caractérisait par son rayonnement et sa tolérance. Rayonnement par la qualité exceptionnelle de l'enseignement dispensé à la Haute Ecole par Jean Sturm et ses collègues, tolérance qui faisait de Strasbourg une ville-refuge pour tous les dissidents religieux, qu'ils fussent luthériens, calvinistes, spiritualistes ou anabaptistes. La victoire de Charles Quint sur les protestants de la Ligue de Smalkalde à Mühlberg, entraîna l'exil de Bucer, fondateur de l'église strasbourgeoise, qui s'en alla soutenir la Réforme en Angleterre. Privé de son chef, de son guide spirituel, le protestantisme strasbourgeois était cependant assez solidement implanté pour ne pas voir son existence remise en cause, mais, sous la direction de Marbach (1549-1581) puis de Pappus, il se replie dans une position défensive, s'enferme dans une orthodoxie sourcilleuse, devient rigoureux et intolérant. Les sectes sont pourchassées, les calvinistes sont tracassés, les réfugiés huguenots se voient interdire de célébrer leur culte. Jean Sturm cherche désespérément à lutter contre cette tendance, mais, en 1581, après quarante trois ans de loyaux services, il est écarté de la direction de la Haute Ecole par Pappus.

Avec Strasbourg, Wissembourg est la seule ville de Basse Alsace où le protestantisme ait totalement triomphé, mais, après avoir surmonté les appréhensions de désordres sociaux que le mouvement avait fait naître au cours de la guerre des Paysans, les grandes familles princières se lancèrent elles aussi dans la Réforme. La paix d'Augsbourg autorisant le prince à imposer sa religion à ses sujets, de véritables églises protestantes, fortement

Jean Sturm, premier recteur du gymnase protestant créé en 1538. BNUS, réserve.

influencées par le modèle strasbourgeois, se constituent sur les terres des Hanau-Lichtenberg avec Bouxwiller, du Comte Palatin et de la grande majorité de la noblesse de Basse Alsace, grande ou petite. Partout, le luthéranisme se taille la part du lion, seules les terres palatines et Bischwiller, rattaché aux Deux-Ponts depuis 1542 pratiquent le calvinisme.

Contre-Réforme et guerres de religion

Demeuré la religion des deux tiers de l'Alsace, le catholicisme se trouvait dans un marasme plus préoccupant qu'avant la Réforme. Le clergé séculier est d'une insigne médiocrité. Les curés, ignorants du dogme, d'une valeur morale et spirituelle très inégale, aventuriers en quête de bonnes fortunes, souvent ivrognes, presque toujours concubinaires, sont plus versés dans les arcanes de l'escrime que dans celles du droit canon.

▼ *Procession autour de la cathédrale.* BNUS, réserve.

Il devenait urgent d'appliquer dans la pratique les résolutions du Concile de Trente, mais la situation de l'évêché de Strasbourg était fortement compliquée par le fait que, élus par les chanoines du Grand Chapitre de la cathédrale dont un certain nombre était acquis au protestantisme, seuls les candidats ayant donné des gages à la Réforme se trouvaient désignés. Ce fut le cas pour Erasme de Limbourg, évêque en 1541 et Jean de Manderscheid (dont la mère était protestante) qui lui succéda en 1568. Cependant, sans doute davantage poussés par le goût de l'autorité que par les convictions religieuses, ces deux prélats menèrent à bien une entreprise de redressement suffisamment importante pour qu'elle inquiétât les protestants. Ils rétablirent une certaine discipline et mirent au pas les abbayes bénédictines. Mais les séminaires indispensables à la formation de prêtres dignes de ce nom et capables de rivaliser moralement et intellectuellement avec les pasteurs ne pourront être mis en place qu'au XVIIe s.

Cependant, en 1580, les Jésuites s'installent à Molsheim et prêchent et confessent dans tout le diocèse. Leur vocation pédagogique les amène à s'occuper en priorité des jeunes dont ils font souvent des catholiques convaincus et motivés. Leur collège de Molsheim, où ils appliquent des méthodes pédagogiques nouvelles, acquiert un grand prestige. De leur côté, Capucins et Récollets suivent les Jésuites, travaillent surtout en milieu populaire, mais sont très estimés aussi par les élites. Grâce à leurs efforts, le catholicisme regagne du terrain, une vingtaine de villages protestants bascule dans son camp et, à Haguenau, les protestants deviennent minoritaires. L'inquiétude des protestants se manifeste par des attaques de plus en plus acerbes contre les ordres religieux.

En 1584, l'archevêque-électeur de Cologne Gebhard de Truchsess passe au protestantisme avec onze de ses chanoines qui, comme lui, étaient également chanoines de la cathédrale de Strasbourg. Les chanoines restés fidèles au catholicisme décident d'exclure les transfuges mais, avec l'appui inconditionnel du Magistrat de Strasbourg, ceux-ci réussissent à s'emparer du Bruderhof, siège de l'administration épiscopale (à l'emplacement du grand Séminaire). Une véritable petite guerre, le «Diebeskrieg» en résulte, où les protestants reçoivent le renfort des lansquenets envoyés en France pour soutenir les Huguenots et qui, au passage, pillent les villages catholiques. Les troupes du duc de Bouillon ravagent le Kochersberg et dévastent sans distinction les terres catholiques de l'évêché aussi bien que les domaines protestants de Strasbourg ou de Hanau-Lichtenberg.

En 1592, à la mort de Jean de Manderscheid, le Diebeskrieg fait place au Bischofskrieg, la guerre des Evêques. En effet, alors que les chanoines protestants désignent Jean-Georges de Brandebourg, les catholiques élisent le cardinal Charles de Lorraine à l'évêché de Strasbourg. La guerre des Evêques qui dura de 1592 à 1604 dépasse largement le cadre d'une simple querelle pour l'évêché de Strasbourg. Le choix des chanoines protestants témoigne de leurs préoccupations politiques: Jean-Georges de Brandebourg n'avait que quinze ans, mais il appartenait à l'une des puissantes familles protestantes d'Europe dont les alliances se ramifiaient jusqu'au parti protestant français dirigé par le futur Henri IV.

Du côté catholique, le choix de Charles de Lorraine, déjà évêque de Metz, appartenant à l'illustre famille des Guise qui se trouve à la tête de la Ligue catholique dans le royaume de France, prend lui aussi une résonance politique. Si le Magistrat de Strasbourg se détermina pour le Margrave de Brandebourg, les raisons de ce choix semblent elles aussi plus politiques

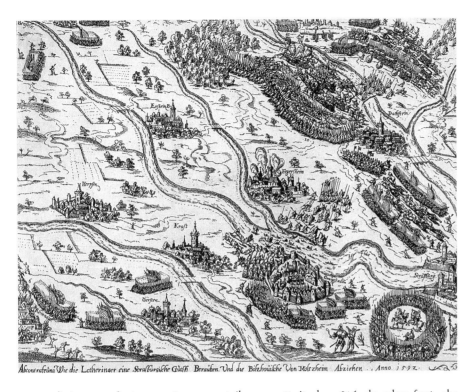

◄ *Fegersheim en flamme. Coll. part.*

que religieuses: fort prosaïquement il se mettait du côté de plus fort, du moins, de celui qu'il estimait tel.

La Basse Alsace devient le champ de bataille des troupes du cardinal de Lorraine et des forces protestantes, surtout des mercenaires à la solde de Strasbourg. Le château du Kochersberg fut repris par les catholiques et la garnison passée par les armes. Guerre d'escarmouches, de pillages, d'incendies où chacun des deux antagonistes prend tour à tour un avantage qui n'a jamais rien de décisif. La ville de Strasbourg, ayant pris position dans cette affaire qui, somme toute ne la concernait pas, en sortit complètement ruinée au plan économique et financier et ne se remettra jamais plus de cette épreuve.

▼ *La prise du château du Kochersberg par les catholiques lors des affrontements des troupes du cardinal de Lorraine et des protestants. BNUS, réserve.*

HUMANISME ET REFORME ▶

DANS LA MOUVANCE FRANÇAISE

Roland OBERLE

Le conflit qui éclate à Prague en mai 1618, semble, à première vue, ne pas concerner les Alsaciens. Pourtant dès 1621, Mansfeld fait irruption en Basse Alsace.

La guerre de Trente ans

Mansfeld occupe Wissembourg, Lauterbourg et Haguenau où il installe son quartier général. Les secteurs d'Obernai et Rosheim sont ravagés par la soldatesque pillant, brûlant et assassinant, en discréditant la cause protestante. Les généraux au service de l'Empereur et de la Sainte Ligue catholique ayant sérieusement malmené les troupes de la Ligue évangélique, la diplomatie de Richelieu et l'or français déterminent l'entrée en guerre du roi de Suède Gustave Adolphe en 1632. A Strasbourg, qui a signé une alliance avec les Suédois, la diplomatie du roi de France est très active. Le maréchal suédois Horn à la tête d'une troupe de mercenaires recrutés dans toute l'Europe et qui n'ont de «suédois» que le nom, submerge la Basse Alsace, prend Erstein, Obernai, Rosheim et Benfeld qui devient leur capitale en Alsace. En 1632 toutes les zones catholiques sont entre ses mains et subissent les exactions des mercenaires.

La France apparaît alors comme l'ultime recours à la fois pour les catholiques et les protestants qui, à mesure que les Suédois perdent pied en Alsace après la mort de Gustave Adolphe, souhaitent l'aide de la France face aux vigoureuses contre-attaques des Impériaux. En 1634 Haguenau, Saverne, Reichshoffen sont «protégées» par la France. La même année les Suédois abandonnent à la France tous les territoires qu'ils occupent en Basse Alsace sauf Benfeld. Les troupes françaises relativement disciplinées offrent un contraste évident avec les mercenaires impériaux ou suédois. Après la défaite suédoise de Nördlingen, Richelieu pousse en avant le nouveau généralissime de la ligue protestante, Bernard de Saxe-Weimar. Les années 1634-1639 sont pour la population les plus terribles de toutes, massacres, destructions, villages entiers rayés de la carte, résurgence de la peste: la Basse Alsace se dépeuple dramatiquement.

A la mort de Bernard de Saxe en 1639, Richelieu rachète en bloc son armée et reprend possession de ce fait de l'ensemble de la région.

Les traités de Westphalie mettent fin au conflit en 1648. Le bilan est terrible: la Basse Alsace a perdu plus de la moitié de ses habitants; 90% du terroir agricole sont retournés à la friche; dans les villages en ruine les loups errent en grand nombre.

La formation de la province d'Alsace

Depuis que les traités de Westphalie avaient soumis une grande partie de l'Alsace à la domination française, le pouvoir royal avait déployé dans les nouveaux territoires une prudence d'autant plus grande qu'il y avait trouvé un véritable imbroglio juridique, politique et religieux. Le traité de Munster donnait au roi les Landgraviats de Haute et Basse Alsace, le Sundgau, Brisach. Mais les seigneurs ecclésiastiques et laïques, les dix villes impériales relevant immédiatement de l'Empire conservaient leurs liens avec lui, le Roi n'ayant sur eux qu'un unique moyen de pression: la Landvogtey de Haguenau, où des grands baillis français, le Comte d'Harcourt, le Cardinal puis le duc Mazarin, prenaient la succession des archiducs autrichiens. Ambigu à souhait, le traité de Munster allait permettre aux adversaires de la France de jouer un jeu subtil destiné à maintenir les seigneurs et les villes libres dans une quasi-indépendance. Durant la première moitié du siècle, les relations politiques entre l'Alsace et l'Empire avaient été extrêmement limitées et des villes comme Strasbourg et Colmar sont, en fait, absolument indépendantes. La présence française, considérée comme une menace, détermine un retour vers l'Empire qui n'est surprenant qu'en apparence. De 1649 à 1674, les Etats de la province font preuve d'un zèle subit pour leur anciens suzerains, ils siègent avec une remarquable régularité à la Diète de Ratisbonne. L'Empire est devenu la planche de salut, l'ultime recours contre les ambitions de Louis XIV. Parallèlement à ce mouvement de retour aux sources qu'il ne faut cependant pas considérer comme un éveil de l'idée unitaire allemande, les Etats immédiats et surtout les villes de la Décapole, réservent aux représentants du pouvoir royal un accueil des plus mitigé. Le marquis de la Meilleraye, duc Mazarin, gouverneur d'Alsace et grand bailli de Haguenau, essuie à cet égard maintes vexations: Sélestat prête son serment annuel à Sa Majesté Impériale Léopold 1er, à lui seul et à nul autre. En 1673 la

2 LA BASSE ALSACE DES ORIGINES A 1789

Réception de Louis XIV à Strasbourg, le 23 octobre 1681. BNUS, réserve. ▶

Le roi Louis XV devant le portail de la cathédrale de Strasbourg. Gravure de J.M. Weiss, 1744. ▼

situation s'est dégradée à un tel point que, de son quartier général de Brisach, le prince de Condé lance ce cri d'alarme: «Je ne puis m'empêcher de dire que l'autorité du Roi va se perdant absolument en Alsace. Les dix villes impériales, bien loin d'être soumises au Roi, sont presque ennemies. Haguenau a fermé insolemment la porte au nez de M. de Mazarin. Je crois que le Roi devrait prendre le temps qu'il jugerait à propos pour mettre Haguenau à la raison».

En 1673, en pleine guerre de Hollande, Louis XIV se décide brusquement à mettre un terme à cette situation fort gênante pour son prestige. Il prend en personne la tête d'une expédition militaire: Sélestat et Haguenau sont occupées et leurs fortifications démantelées. Peu auparavant il avait fait passer l'Alsace du département des Affaires étrangères à celui de la Guerre, c'est-à-dire à Louvois.

Louvois devient donc le vrai maître de la province et, estimant Poncet de la Rivière peu qualifié pour l'opération de prise en main qu'il projette, il le remplace par un homme qui a toute sa confiance: La Grange. Louvois fait interdire au maladroit duc Mazarin de rentrer en Alsace et le remplace par l'énergique baron de Montclar, qui reçoit le titre de commandant militaire; «Louvois, La Grange, Montclar, trois hommes, une autorité» (G. Livet).

Absorbé par ses tâches militaires, La Grange ne négligeait pas pour autant ses attributions d'intendant de justice, police et finances en Alsace. Il réussit, après de nombreuses démarches, à faire du Conseil de Brisach une cour souveraine dont les décisions n'étaient plus susceptibles d'être jugées en appel au Parlement de Metz.

La participation à l'action religieuse menée par Louvois fut, sans conteste, la partie la plus délicate de son rôle. Il obéit aux ordres du ministre sans mettre dans ses interventions aucun fanatisme.

Cependant les principales préoccupations de La Grange se situent dans le domaine économique où malgré les exigences de la situation militaire et les rappels à l'ordre du Contrôleur général des Finances, il a avant tout le souci du bien-être de ses administrés et ses interventions en leur faveur sont innombrables.

La paix française

A l'exception d'une incursion du duc Charles de Lorraine lors de la guerre de succession d'Autriche, en 1744, l'Alsace connaît un siècle de paix. En Basse Alsace, la région de Haguenau, l'Outre-Forêt, le grand Ried jouissent d'un vigoureux essor démographique. Strasbourg passe de 28000 habitants en 1681 à 50000 en 1789.

Les campagnes connaissent les prémisses de la révolution agricole avec la diffusion de la culture de la pomme de terre, des betteraves et du trèfle. La culture du chanvre, du tabac, de la garance se répand. La jachère tend à disparaître, les prairies artificielles progressent parallèlement avec l'engraissement du bétail à l'étable.

La Basse Alsace ressent aussi les premiers frémissements de la révolution industrielle avec les entreprises qui travaillent, à Strasbourg et Bischwiller, la laine, le lin, le chanvre et le coton, avec les tanneries, les fabriques de tabac. Dans les villes, les initiatives modernes se heurtent surtout à l'immobilisme et à la sclérose du séculaire système des corporations.

Intégrée dans une province «à l'instar de l'étranger effectif», la Basse Alsace et surtout Strasbourg commercent librement avec l'étranger, les barrières douanières étant fixées sur les Vosges.

Les magasins de la douane regorgent de marchandises venues des Indes, d'Angleterre, de Hollande, de Silésie, de Suisse, le commerce de transit fait la richesse de la ville (Ponteil). L'Intendant Mégret de Sérilly apporte toute sa sollicitude au développement économique de la Basse Alsace: dégrèvement des charges pécuniaires et des corvées, actions en faveur de la culture des céréales, du chanvre et des plantes fourragères, reprise en mains de l'exploitation des forêts, aide au développement de la pépinière de Dachstein, installation d'un haras à la Robertsau. La manufacture royale de Klingenthal, créée en 1729, rivalise avec Châtellerault et Saint-Etienne. De nouveaux chemins vicinaux sont tracés entre le centre viticole et les débouchés des vallées vosgiennes.

Par ailleurs, Mégret de Sérilly remet de l'ordre dans les finances municipales de certaines localités et inaugure l'enseignement du français dans les établissements secondaires avec l'aide des Jésuites français.

La manufacture d'armes de Klingenthal vers 1825, lithographie de Engelmann. Cabinet des Estampes.

Dans le domaine de la pratique religieuse, les protestants, sans être ouvertement brimés, continuent à subir les effets du soutien royal aux catholiques. L'installation du simultaneum dans les églises ouvrait des plaies que deux siècles de coexistence auront du mal à cicatriser. Cependant, dès 1750, on note un apaisement dans la politique religieuse des rois de France, surtout de Louis XVI qui se veut très tolérant.

A mesure que le temps passe, la population s'attache à la monarchie française: «Le peuple, reconnaît un mémorialiste anonyme du milieu de XVIIIe s., y a gagné de n'avoir qu'un seul maître au lieu de cent qu'il avait auparavant. Les petits Etats de l'Empire y ont gagné de n'être plus à la main des grands, et ceux-ci, dispensés de se ruiner en entretien de troupes, devenus incomparablement plus riches qu'ils n'ont jamais été, sentent ce que c'est que de rendre hommage à un roi de France... Que dirai-je des défrichements qui ont fait succéder la fertilité aux ronces et aux épines, fruits lamentables d'une guerre de trente ans; de nos villes et de nos campagnes auparavant désertes, qui se sont repeuplées en peu d'années; du commerce et des arts, si longtemps fugitifs, qui sont revenus habiter ces contrées désormais paisibles sous le règne de Louis le Grand et de ses descendants; de la police, enfin de la législation qui ont acquis un degré de perfection qu'elles n'avaient pas auparavant».

Le siècle des Lumières apporte aussi à la Basse Alsace un rayonnement incomparable des arts et des lettres. Bâtiments publics et maisons particulières adoptent l'encadrement mouluré des fenêtres, le toit «à la mansarde». Le balcon à la française orné de belles ferronneries supplante le traditionnel oriel. Grâce au Cardinal Armand Gaston de Rohan, le style Régence fait une entrée en force à Strasbourg, illustré par le prestigieux architecte Robert de Cotte et par Joseph Massol: château des Rohan, hôtel de Hanau, collège des Jésuites (lycée Fustel), par le sculpteur Robert le Lorrain, le céramiste Joseph Hannong. Vers 1768, c'est le style Louis XV qui s'impose avec l'architecte Blondel (Aubette), les ferronniers Pertois et Falckenhauer.

Strasbourg devient alors un foyer de rayonnement artistique et universitaire vers l'Empire et l'Europe centrale. Les princes allemands, possessionés en

▲ *Façade sur l'Ill du palais épiscopal des Rohan à Strasbourg. Ph. D. Gaymard.*

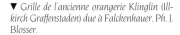

▼ *Grille de l'ancienne orangerie Klinglin (Illkirch Graffenstaden) due à Falckenhauer. Ph. J. Blosser.*

Alsace ou non, viennent y former leur goût. A la cour des Rohan au château de Saverne, ils ont le sentiment d'être admis dans un Versailles miniature où on ne s'exprime qu'en français.

<u>Conclusion: la Basse Alsace en 1789</u>

Ainsi que Félix Ponteil l'a excellemment souligné, le bilan de la monarchie française en Alsace est nettement positif: «A la veille de 1789, l'Alsace maintient son caractère de morcellement territorial. Les anciennes seigneuries subsistent, les dix villes libres conservent leur antique constitution; les Strasbourgeois, dans leurs vingt tribus, élisent toujours leurs trois cents échevins. Le serment à la constitution continue à être prêté par les bourgeois. Les Alsaciens commercent toujours avec l'Empire, puisque la frontière douanière est maintenue aux Vosges. La langue allemande subsiste, comme les autres coutumes et les autres privilèges.

Mais, à l'ombre de la paix française - il n'y a pas d'invasion de 1745 à 1792 - l'Alsace a pris conscience de son unité. La royauté française a réalisé ce que ni les seigneurs du Moyen Age, ni Bernard de Saxe-Weimar n'avaient réussi. Elle a vraiment créé la province d'Alsace, avec Strasbourg pour capitale. Les intendants qu'elle a nommés dans la province ont pour la plupart occupé longtemps leur poste, prenant la connaissance exacte des particularités des problèmes alsaciens. Leur politique réaliste a contribué à l'essor économique et au rapprochement franco-alsacien. La France a eu le souci des intérêts généraux du pays. Elle l'a outillé. Comme l'écrit en 1806 Arnold, l'auteur du Pfingstmontag,: «L'Alsace, arène ensanglantée des luttes les plus longues et les plus obstinées entre deux monarchies puissantes, redevient, sous l'égide tutélaire de la France, ce qu'elle avait été sous les successeurs d'Auguste, une des parties les plus florissantes de l'Europe».

A ce tableau, fort idyllique, il convient cependant d'apporter quelques touches sombres qui sont d'ailleurs bien plus liées aux pesanteurs purement alsaciennes qu'à l'action de la monarchie. Dans les villes, le système des corporations totalement sclérosé ne répond plus aux nécessités économiques du siècle. Les institutions démocratiques des villes, Strasbourg, Haguenau, Sélestat, Obernai, sont depuis longtemps confisquées par un

◀ *Emblème révolutionnaire du début de la République. Collection particulière.*

noyau de familles se succédant à elles-mêmes dans la magistrature municipale grâce au népotisme. La grande majorité des bourgeois rêve de mettre à bas ce monopole. La révolte urbaine de juillet 89 n'aura pas d'autre motif. A la campagne, le joug des redevances seigneuriales devient intolérable, le niveau d'endettement du paysan, considérable. Les jacqueries de juillet-août 1789 dirigées contre les grandes abbayes et les juifs seront l'aboutissement du malaise des ruraux.

Histoire de l'institution
Christian WOLFF

DEUX SIECLES DE DEPARTEMENT: 1790-1990

Faisant suite en 1789 aux Etats généraux, l'Assemblée constituante supprima toutes les institutions de l'Ancien Régime afin de les remplacer par une organisation nouvelle. Son principe fut, en brisant les anciens cadres provinciaux, de pourvoir tous les services publics et la représentation nationale d'une assise territoriale commune. Son oeuvre, achevée seulement en 1800 par la Constitution de l'an VIII, aboutit progressivement, sur la base de deux décrets fondamentaux.

Le département et ses structures

Le premier décret du 22 décembre 1789, présenté au roi le 16 janvier 1790, institue les assemblées représentatives et les corps administratifs. Il prévoit la division du royaume en départements, en districts et en cantons et fixe les principes et les formes des élections. Les assemblées électorales sont désormais à deux échelons: les assemblées primaires réunissent les citoyens actifs pour nommer les électeurs proprement dits, ceux-ci forment à leur tour les assemblées d'élections.

Le second, des 15 janvier, 16 et 26 février 1790, présenté au roi le 4 mars, détermine 83 départements, dont il répartit le nombre par province, en désigne le chef-lieu où doit se réunir l'assemblée départementale. Il subdivise en outre les départements en 544 districts, 4710 cantons et 40411 communes. Ce nouveau découpage ne s'était pas fait sans difficultés. L'esprit cartésien de certains députés les poussait à un quadrillage géométrique de la France; le pragmatisme des autres, Mirabeau en tête, l'emporta et on s'efforça de tenir compte des limites séculaires des provinces, des diocèses, des bailliages, etc.

La Constituante décréta ensuite, le 8 juillet 1790, la création d'un conseil général élu dans chaque département, chaque district et chaque commune. Le conseil général du département s'est seul maintenu jusqu'à nos jours sous cette dénomination. Son évolution mérite donc que nous y revenions plus loin. Le roi y est représenté par le procureur général syndic, élu pour

«On peut gouverner de loin mais on n'administre bien que de près.»
Décret du 25 mars 1852

«Toute réforme ne vaut que par la manière et l'esprit avec lesquels elle est appliquée.»
Daniel Hoeffel, 13 janvier 1982

quatre ans; il requiert l'application des lois et assiste, avec voix consultative, aux séances: c'est la préfiguration du préfet.

Le conseil général du district se composait de douze membres, également flanqués d'un procureur syndic, ancêtre du sous-préfet. Le canton n'avait pas d'autorité à sa tête, mais servait d'unité administrative, judiciaire et électorale de base, car l'assemblée primaire se réunissait à son chef-lieu. Le conseil général de la commune succédait à la municipalité, instituée à la fin de l'Ancien Régime. La loi du 14 décembre 1789 régissait l'organisation administrative de la commune, terme substitué désormais à ceux de paroisse et de communauté jusqu'alors en usage.

Les trois types de conseils généraux n'avaient aucun caractère représentatif, mais étaient de simples organes administratifs, dont les assemblées pouvaient être dissoutes par la Constituante et les actes annulés par le roi.

Le roi nomma deux ou trois commissaires dans chaque département, chargés de surveiller et d'orienter les opérations électorales. Pour pouvoir convoquer les assemblées d'électeurs, il fallut à la hâte dresser, dans chaque commune, la liste des citoyens actifs. La valeur de la journée de travail, base du critère, varia d'un canton à l'autre, selon son niveau économique. Les citoyens actifs, dits électeurs primaires, désignèrent les électeurs du deuxième degré qui siégèrent en mai-juin 1790 au chef-lieu du département pour élire les conseillers généraux. Jamais depuis le début du XVIIe s., la décentralisation administrative n'avait été aussi grande en France.

<u>Le Bas-Rhin, sa formation, ses limites, ses divisions administratives, de 1790 à 1990</u>

Les députés de la province d'Alsace à la Constituante proposent le 30 décembre 1789 sa division en deux départements, qu'ils appellent départements de Strasbourg et de Colmar. Ils suggèrent les limites des districts, les chefs-lieux des cantons et la répartition des communes par canton, sous réserve des modifications que la Constituante adoptera à la demande des départements eux-mêmes.

Le département de Strasbourg est finalement dénommé Bas-Rhin dans le décret-loi des 15 janvier, 16 et 26 février 1790, approuvé par le roi le 4 mars.

▼ *Emblème du département du Bas-Rhin en 1797. Archives départementales.*

Il comprend quatre districts: ceux de Strasbourg, lieu de réunion de l'assemblée départementale des électeurs, Benfeld, Haguenau et Wissembourg, et 30 cantons. Saverne, ancienne capitale d'un important territoire, était abaissée au rang de simple chef-lieu de canton.

Les limites du Bas-Rhin et ses divisions administratives ont subi en deux siècles de nombreuses modifications.

Les limites

En 1790, le département s'étire entre les Vosges et le Rhin. Au sud, ses limites avec le Haut-Rhin suivent à peu près le tracé actuel, ainsi qu'à l'est où le Rhin encore non canalisé forme une frontière quelque peu indécise. A l'ouest, la haute vallée de la Bruche et deux territoires non encore français (la principauté de Salm et le comté de Sarrewerden) sont extérieurs au Bas-Rhin. C'est au nord, au contact du Palatinat sur lequel le département empiète fortement que la frontière est la plus capricieuse, façonnant des enclaves étrangères et des exclaves en terre du Saint Empire.

Les modifications ultérieures de ces limites sont essentiellement dues d'abord à une période d'adaptation, de 1790 à 1795, puis aux conséquences des guerres de Napoléon, de 1814 à 1833, enfin à celles de la guerre de 1870.

Voyons-en le détail.

Au sud, le hameau d'Illhaeusern, jusqu'alors dépendant de la ville de Guémar, est réuni en 1790 au Bas-Rhin et forme une commune pour soi. Mais à la demande des habitants, formulée la même année, il est rendu au Haut-Rhin en 1795, rattaché à Guémar et ne redevient définitivement une commune dans ce département qu'en 1833.

A l'ouest, lorsque la principauté indépendante de Salm, devenue française le 2 mars 1793, passe au département des Vosges, district de Senones, elle englobe les communes de Saulxures, Plaine, La Broque et Grandfontaine sur la rive gauche de la Bruche. Puis, les communes de Wisches, Russ, Barembach, Schirmeck, Rothau, Natzwiller, Neuviller-la-Roche, Waldersbach et Wildersbach, se trouvant trop éloignées de Benfeld, leur chef-lieu de district, demandent à faire partie du district de Senones. Après avis favorable

La préfecture du Bas-Rhin vers 1830. D'abord hôtel du préteur royal Klinglin, construit au XVIIIe s. aux frais de la Ville, devenu ensuite hôtel de l'Intendance d'Alsace, puis hôtel du préfet, le Conseil général s'y réunit de 1790 à 1990, tantôt dans le bâtiment central, tantôt dans l'aile face au théâtre. Ph. BNUS. ▼

du Directoire du Bas-Rhin (15 janvier 1795), elles sont rattachées aux Vosges par la Convention, le 18 février. Ainsi toute la haute vallée de la Bruche restera dans ce département jusqu'en 1871.

Plus au nord, les sujets du comté de Nassau-Sarrewerden et de la seigneurie d'Asswiller demandent à devenir français: le décret du 14 février 1793 exauce leur voeu, mais leur appartenance au Bas-Rhin n'est finalement décidée que le 27 novembre suivant, lors de l'annexion de la seigneurie de Diemeringen.

Le traité de Paris, en 1814, rectifie le tracé de la frontière nord, entre le Bas-Rhin et le Palatinat: toutes les enclaves françaises, comprises dans les cantons de Dahn, de Bergzabern et de Landau cessent d'être françaises, mais le canton de Kandel et neuf communes de l'ancien département du Mont-Terrible le demeurent et deviennent bas-rhinois. Pour peu de temps, car après les Cent Jours, le traité de Vienne fixe la Lauter comme frontière, sauf sur le finage de Wissembourg. Quelques aménagements ultérieurs touchent trois autres communes de ces confins: Niedersteinbach dépendant du canton de Dahn de 1790 à 1815, puis de la Bavière en 1815, et Obersteinbach, réunie d'abord à la Moselle, passée en 1814 à l'Autriche, puis en 1816 à la Bavière, redeviennent françaises le 5 juillet 1825. Mais Obersteinbach n'est détachée de la Moselle que le 29 avril 1833: c'est la plus récente acquisition du Bas-Rhin. Près de Wissembourg, le village de Weiler est coupé en 1815 par la frontière qui suit la Lauter: en 1825-1826 il redevient français en entier.

La rectification du cours du Rhin, au long du XIXe s., permet de corriger aussi la frontière orientale du département.

En 1871, la désastreuse guerre franco-prussienne laisse Bismarck imposer ses conditions: pour le Bas-Rhin la frontière avec l'Allemagne est désormais déplacée sur la ligne vosgienne de partage des eaux, des abords du Donon à la limite du Haut-Rhin. Du coup, la haute vallée de la Bruche est entièrement annexée. Le retour de l'Alsace-Lorraine à la France, confirmé en 1919 par le traité de Versailles, ne modifiera plus ces limites, pas plus que l'occupation de 1940-1945: la velléité de la France de s'approprier après 1945 la forêt allemande de l'Obermundat, avec les sources d'eau potable nécessaire à la ville de Wissembourg, est restée sans lendemain.

Les divisions administratives

A l'intérieur du département, le pouvoir central a plusieurs fois remodelé les contours des districts, devenus arrondissements en 1800, cercles (Kreis) de 1871 à 1918 et à nouveau de 1940 à 1944. Parallèlement, le nombre des cantons a augmenté, de nouvelles communes sont apparues, d'autres ont disparu. Ces changements répondent à des conceptions administratives et politiques du moment, à des pressions locales ou à des considérations électorales, démographiques et économiques.

Première retouche en novembre 1793, avec la création d'un cinquième district à Neu-Sarrewerden, comprenant les cantons récemment annexés et formés de Diemeringen, Drulingen, Harskirchen, Neu-Sarrewerden et Wolfskirchen, plus celui de Bouquenom, en partie constitué de communes françaises depuis longtemps, mais détachées du canton de Bitche en Moselle. En juin 1794, Neu-Sarrewerden et Bouquenom sont fusionnés sous le nom de Sarre-Union, qui devient le siège du district et du canton. Le canton de La Petite-Pierre est en même temps ôté au district de Wissembourg, trop distant, et rattaché à celui de Sarre-Union. Mais en 1795, la Constitution de l'an III supprime les districts dans toute la France.

La Constitution de l'an VIII (1800) réorganise complètement l'administration, selon la volonté de Bonaparte, nouveau maître du pays.

Dans chaque département est nommé un préfet qui y représente l'Etat. Les districts ressuscitent sous l'appellation d'arrondissements, dirigés chacun par un sous-préfet, et dont les contours et les chefs-lieux sont partiellement changés, en tout cas pour le Bas-Rhin. Désormais, celui-ci compte quatre arrondissements:

1. Strasbourg, dont l'arrondissement est administré par le secrétaire général de la Préfecture, avec les cantons de Bischwiller, Fort-Louis (alors Fort-Vauban) supprimé en 1801 et réuni à Bischwiller, Haguenau, Brumath, Oberhausbergen, Strasbourg-Nord, Est, Ouest et Sud, Geispolsheim, Truchtersheim, Molsheim, Wasselonne. En 1832 Schiltigheim va remplacer Oberhausbergen.

Ferdinand Felix Charles Eckbrecht de Durckheim, comte de Montmartin, sous-préfet de Wissembourg de 1840 à 1844, futur préfet du Haut-Rhin. Caricature du baron Eugène Le Bel, juge au tribunal de Wissembourg. Portrait ancien d'Alsace. Ph. BNUS. ▼

2. Wissembourg, qui comprend outre deux cantons du Palatinat, Bergzabern et Billigheim (supprimé en 1801), ceux de Wissembourg, Lauterbourg, Soultz-sous-Forêts et Niederbronn. S'y ajoutent les cantons de Seltz et de Woerth, créés en 1802.

3. Barr, groupant les cantons de Rosheim, Obernai, Erstein, Barr, Benfeld, Villé, Sélestat et Marckolsheim. A la suite d'une rivalité acharnée, le chef-lieu de l'arrondissement est transféré en 1806 à Sélestat, ville mieux desservie par les routes et où le sous-préfet trouve plus aisément à se loger avec ses bureaux.

4. Saverne, dont le ressort, nouveau, s'étend sur les cantons de Bouxwiller, La Petite-Pierre, Drulingen, Sarre-Union, Saverne, Hochfelden et Marmoutier, plus les cantons d'Ingwiller, Wolfskirchen et Diemeringen supprimés en 1801.

De 1815 à 1870, ce découpage administratif est stable: 4 arrondissements, divisés en 33 cantons.

L'administration allemande le remodèle dès 1871; pour obtenir des arrondissements d'une superficie analogue aux cercles (Kreis) d'outre-Rhin, elle en augmente le nombre par la création de sous-préfectures ou Kreisdirektionen à Haguenau, qui retrouve ainsi son rôle de chef-lieu perdu en 1795, à Molsheim et Erstein. En outre elle sépare la capitale de son environnement rural en constituant deux cercles: celui de Strasbourg-Campagne (Landkreis Strassburg), avec sous-préfecture en ville et celui de Strasbourg-Ville (Kreis Stadt Strassburg). Cette mesure s'accompagne d'une redistribution des cantons et de quelques transferts de communes de l'un à l'autre. L'annexion des cantons de Schirmeck et de Saales en porte le nombre à 35 en 1871. Revenu à la France, le Bas-Rhin va conserver jusqu'à 1962 la même structure administrative. Cette année-là, sont découpés quatre cantons supplémentaires à Strasbourg, auxquels viennent s'ajouter en 1973, pour des raisons démographiques et électorales, encore quatre nouveaux cantons: deux de plus à Strasbourg qui en compte désormais dix, Mundolsheim et Illkirch-Graffenstaden. Enfin, le dernier-né, Bischheim, est constitué en 1982. Toutes ces créations augmentent le pourcentage de la représentation

▼ La IIe République dans le Bas-Rhin: souvenir du «Banquet démocratique» du 29 avril 1849. Ph. Cabinet des Estampes, Strasbourg.

urbaine au sein du conseil. Le département dénombre donc actuellement 44 cantons. La sous-préfecture d'Erstein, déjà supprimée une première fois sous l'occupation allemande, de 1940 à 1944, l'a été définitivement en 1974, pour être réunie à celle de Sélestat, désormais appelée Sélestat-Erstein, avec les cantons de Benfeld, Erstein et Obernai. Celui de Geispolsheim a été en même temps rattaché à l'arrondissement de Strasbourg-Campagne. Le Bas-Rhin comprend donc actuellement 6 arrondissements.

Strasbourg-Ville, cas particulier, avait été placée en 1871 sous la tutelle légale du Bezirkspräsident. Le préfet du Bas-Rhin, représenté par le secrétaire général de la Préfecture, assure depuis la décentralisation (1982) le contrôle de la légalité des décisions de la Ville.

Quant aux communes du Bas-Rhin, leurs territoires ou finages, transmis par les siècles, ont peu varié depuis 1790: leurs limites sont d'une stabilité remarquable. Les changements qui y ont été apportés sont dus tantôt à des créations de nouvelles communes, tantôt à des suppressions, tantôt à des échanges de parcelles entre communes limitrophes. Parmi les créations, citons le Hohwald, le 10 avril 1867, au détriment de Breitenbach, Albé et Barr, puis Merkwiller-Pechelbronn, en 1888, taillé sur le ban de Kutzenhausen, et La Vancelle, le 23 février 1927, détachée de Châtenois. Mentionnons d'autre part la suppression de Weiler, absorbé en 1866 par Wissembourg, et les fusions d'Ottrott-le-Haut et Ottrott-le-Bas en 1858, Nieder-Gumbrechtshoffen dit aussi G.-Niederbronn et Ober-Gumbrechtshoffen ou G.-Oberbronn le 16 août 1945. Enfin la loi du 16 juillet 1971 a encouragé un certain nombre de petites communes à fusionner, autant par souci d'économies que de simplification administrative: dans le Bas-Rhin, 29 regroupements se sont ainsi échelonnés de 1972 à 1982, aboutissant parfois à un changement de nom. Par exemple, la nouvelle commune du Ban-de-la-Roche réunit les anciennes communes de Bellefosse, Belmont, Fouday et Waldersbach, siège de la mairie. Mais de 1982 à 1989, des difficultés internes ont amené trois de ces fusions à se dissocier à nouveau comme avant: Gougenheim et Rohr, Duppigheim et Kolbsheim; Aschbach, Oberroedern et Stundwiller. Les autres fusions résisteront-elles mieux au temps?

Ajoutons que, faute de trouver mieux que «Bas-Rhin», le conseil général renonça en 1964 à sacrifier à la mode de débaptiser le nom de départements qualifiés depuis 1790 de «bas» ou d'«inférieur».

Les conseils généraux des départements:
une longue marche vers la décentralisation

Les atermoiements de la Révolution

Le 8 juillet 1790, la Constituante institue dans chaque département un conseil général de 36 membres, quelles que soient sa superficie et sa population. Ils sont élus et sont renouvelables chaque année par moitié. Le conseil siège chaque année en deux sessions de deux semaines. Dans l'intervalle, un organe permanent exécute ses décisions: c'est le Directoire du département, composé de 8 membres rétribués. Leurs attributions vont des impôts, des travaux et bâtiments publics à l'agriculture, aux écoles, à l'assistance, aux prisons. Ils peuvent prendre des arrêtés pour l'application des lois et décrets. Le conseil général désigne en son sein un président et un secrétaire général. Nous avons vu, au début, qu'il est contrôlé par le procureur général syndic, représentant du roi.

Les difficultés internes, tant politiques qu'économiques, bientôt aggravées par les menaces extérieures d'invasion du pays, amènent peu à peu l'Assemblée nationale à durcir et à radicaliser la Révolution. Des mesures d'exception sont prises: loi du 14 frimaire an II (4 décembre 1793) qui supprime les conseils de départements et ne maintient que les directoires, en restreignant leurs attributions, généralisation des représentants en mission dans les départements munis des pleins pouvoirs, révocation des élus et fonctionnaires jugés trop tièdes, surenchère des clubs populaires et de jacobins dans les villes: la Terreur pouvait désormais se déchaîner, accompagnée d'une politique de recentralisation totalitaire.

Après la chute de Robespierre, les administrations départementales sont peu à peu rétablies dans leurs attributions. La constitution de l'an III (22 août 1795) leur rend leur mission de contrôle et de communication entre gouvernement et communes et réciproquement.

Cependant d'autres mesures changent la physionomie de l'administration départementale: les districts et leurs institutions sont supprimés, le Directoire comprend cinq membres au lieu de huit qui siègent en permanence et sont salariés, un secrétaire général dirige les bureaux: comptabilité, travaux publics, police, contributions, biens nationaux, un commissaire central succède au procureur général syndic avec les mêmes attributions. Les communes rurales enfin sont regroupées en municipalités de cantons et le système électoral est modifié dans un sens plus démocratique.

Une reprise en main autoritaire

Le coup d'Etat du 18 brumaire, en mettant fin à la Révolution, conduit à la promulgation d'une nouvelle constitution, celle de l'an VIII, et à une nouvelle organisation territoriale (loi du 28 pluviôse, 17 février 1800), dont voici les caractéristiques principales, pour ce qui nous occupe:

Maintien des départements, création des arrondissements;

Nomination d'un représentant du gouvernement, le préfet, héritier à la fois du procureur général syndic de 1790, du représentant en mission de 1793, du commissaire central de 1795 et aussi de l'intendant de généralité de la Monarchie. Les sous-préfets, un par arrondissement, généralité de la Monarchie. Les sous-préfets, un par arrondissement, sont créés pour la commodité du travail du préfet. Un conseil de préfecture de cinq membres, nommés par le gouvernement, arbitre le contentieux administratif et assiste le préfet.

Résurrection du conseil général et des conseils d'arrondissement.

«Tout reposait sur la personnalité du préfet et c'est grâce à l'heureux choix des personnes que le système gagna la population» (Fr. Kiener). Dans le Bas-Rhin, Lezay-Marnésia en a été un exemple éloquent et mémorable.

Après les hésitations et les remaniements des années révolutionnaires, Bonaparte voulut mettre de l'ordre dans le pays. Les lois organiques qu'il fit voter instaurèrent un nouveau statut administratif qui allait traverser les régimes politiques et quasiment durer jusqu'en 1982: celui d'une main-mise sur les administrations départementale et communale, par le pouvoir central exécutif.

«L'organisation créée par le Consulat rétablit un régime de centralisation plus uniforme et plus accentuée que celle de l'Ancien Régime» (Lepointe). Le chef du gouvernement nomme et peut suspendre en effet les préfets, les conseillers de préfecture, les conseillers généraux y compris leur président et secrétaire, le secrétaire général de préfecture, les sous-préfets, les conseillers d'arrondissement, les maires et adjoints des villes de plus de 5000 habitants, les commissaires généraux et préfets de police. Le préfet nomme et peut suspendre les conseillers municipaux, ainsi que les maires et adjoints des autres communes.

Le nouveau conseil général ressemble pour certains aspects autant à l'assemblée provinciale de 1787 qu'au premier conseil général de 1790: il se réunit quinze jours par an et comprend 16, 20 ou 24 membres selon l'importance du département; il choisit son bureau et peut se répartir en commissions spécialisées, émettre des avis ou voeux, transmis au gouvernement par le préfet. En revanche, ses membres ne sont pas élus, mais choisis sur une liste de notables: ses séances ne sont pas publiques et ses délibérations non publiées; son rôle essentiel est de répartir les impôts et de voter les centimes additionnels nécessaires aux dépenses du département pour lesquelles le préfet rend compte l'année suivante.

Aux côtés du sous-préfet, le conseil d'arrondissement, résurgence du conseil général du district, est encore plus insignifiant: ses onze membres s'occupent de répartir les impôts au second degré; ils siègent également quinze jours, ordinairement une semaine avant et une semaine après la session du conseil général.

Vers une prudente déconcentration des pouvoirs

Cette organisation ne subit pas de modification avant la Monarchie de Juillet. Celle-ci, poussée par l'opposition, prit d'abord deux mesures: la suppression des secrétaires généraux de préfecture (loi du 1er mai 1832) et surtout le recrutement par voie d'élection des conseillers généraux (loi du 21 juin 1833), sur la promesse qu'avait dû faire Louis Philippe avant d'accéder au trône en 1830.

Désormais il y aura un conseiller par canton, mais pas plus de trente par département qui seront élus pour 9 ans, renouvelables par tiers tous les 3 ans, par les citoyens et les électeurs portés sur la liste imprimée du jury, au besoin complétée par les citoyens les plus imposés. Les séances du conseil général demeurent à huis clos, mais les rapports et les procès-verbaux peuvent être publiés.

Deux autres lois font un nouveau pas vers l'allègement du régime de l'an VIII, progrès blâmé par les royalistes, jugé insuffisant par les libéraux. La seconde, du 10 mai 1838, donne aux conseils généraux le droit de répartir sans appel les impôts directs, de statuer et de délibérer, mais cette fois sous réserve de l'approbation de l'Etat. Elle reconnaît surtout aux départements le droit de posséder et donc d'avoir la personnalité civile. Déjà la première loi, du 24 mai 1836, sur les chemins vicinaux, avait conféré à ces conseils une importance et une activité toutes nouvelles.

Sous la IIe République, la Constitution de 1848 n'apporte guère de changements. Dans la querelle entre tenants de la centralisation et de la décentralisation, la seule modification à noter, véritable et durable, est l'introduction du suffrage universel (masculin s'entend) pour l'élection des conseillers généraux. Pourtant l'Assemblée législative charge le Conseil d'Etat de préparer des projets de lois sur l'administration intérieure et crée une commission de décentralisation qui travaille avec ardeur pendant 18 mois, quand le coup d'Etat du 2 décembre 1851 la surprend. De ces travaux, retenons le projet le plus hardi, dû au député Randot, de l'Yonne, et qui préfigure longtemps à l'avance la situation actuelle: le préfet devait subsister seul comme agent du gouvernement; pour l'administration du département, il était remplacé par le conseil général, dont un délégué serait l'agent exécutif et qui nommerait les fonctionnaires départementaux.

Napoléon III voulut faire marche arrière, en bon partisan d'un pouvoir central fort. Mais pour donner satisfaction à de nombreuses plaintes contre les excès de la centralisation, il lâcha du lest. L'exposé des motifs du décret du 25 mars 1852 utilise un langage bien souvent repris par la suite...: «considérant que depuis la chute de l'Empire des abus et des exagérations de tout genre

Marie-François Pugnière, maire de Wissembourg, conseiller général de 1850 à 1870. Caricature d'Eugène Le Bel, 1853. P.A.A., Ph. BNUS.

ont dénaturé le principe de notre centralisation administrative, en substituant à l'action prompte des autorités locales les lentes formalités de l'administration centrale,... qu'on peut gouverner de loin mais qu'on n'administre bien que de près, qu'en conséquence... il est nécessaire de décentraliser l'action purement administrative...». En réalité, le but n'était pas atteint: c'était le préfet et non les élus départementaux qui recevait délégation ministérielle pour décider de plus de cent matières, jusqu'alors soumises à l'approbation de l'Etat. Comme le préfet ne relevait que du gouvernement et que le conseil général ne pouvait rien faire sans son aval, le décret déconcentrait le pouvoir exécutif, mais ne le décentralisait pas. En outre, la loi du 2 juillet 1853 rétablissait les secrétaires généraux de préfecture.

En 1865, fruit d'une lente évolution, un projet de loi déposé par le gouvernement manifeste des tendances libérales pour une vraie décentralisation et il est adopté par les Chambres. La loi du 18 juillet 1866 est donc un progrès net, quoique timide, vers l'autonomie. Désormais le conseil général administre par ses délibérations les affaires propres au département: propriétés, votes de centimes ou taxes locales et de certains emprunts, sous réserve d'une annulation ou d'une suspension dans les deux mois par le pouvoir central. Le budget est dès lors divisé en section ordinaire et en section extraordinaire et les recettes correspondantes sont fixées. Le budget de l'Etat comporte des subventions, appelées secours, aux départements. La machine était lancée, l'opposition libérale harcelait le gouvernement qui finalement déposa un autre projet de loi, le 17 juillet 1870 où il renonçait à nommer les présidents et les secrétaires des conseils généraux. Au débat, les députés réclament en plus pour ces derniers la publicité des séances et la possibilité d'émettre des voeux politiques, mais le Sénat s'y oppose et seules les propositions du gouvernement sont votées. La guerre est déjà déclarée quand cette loi paraît à l'Officiel...

Cependant la charte du conseil général allait être l'oeuvre de la IIIe République naissante, à travers la commission de décentralisation de l'Assemblée nationale. Le but était d'enlever au préfet des attributions pour en revêtir les assemblées départementales, malgré les réticences du

La gare de Wissembourg en 1857. Dès les débuts du chemin de fer, le Conseil général a poussé à la construction de voies ferrées dans le département. Ph. BNUS.

gouvernement. Le résultat en fut la loi du 10 août 1871 qui, avec quelques dispositions ultérieures, a régi la vie des instances départementales jusqu'à 1982. Sa principale innovation est la création de la commission départementale, de sept membres, condition mise à l'acceptation du préfet comme exécutif du département. La commission est désormais chargée de contrôler et de guider le préfet dans l'intervalle des sessions du conseil général; cette idée avait déjà été proposée à la Chambre en 1849, mais repoussée aussitôt, de même en 1866. La commission, où ni parlementaire ni maires de villes de plus de 30 000 habitants ne peuvent siéger, préfigure en quelque sorte l'actuel bureau du conseil général. Les sessions ordinaires de celui-ci ont lieu la première à Pâques, pendant 15 jours, la seconde en août-septembre, pendant 30 jours, où est voté le budget de l'année suivante. Des sessions extraordinaires sont autorisées. Elles sont toutes publiques, le préfet y a droit d'accès et de parole. Un bureau, désigné par élection, les dirige. Quelles sont désormais les attributions du conseil? La répartition des impôts, les emprunts, les centimes additionnels, les propriétés, les emplois départementaux, les bourses, les aliénés, les enfants assistés, l'assistance médicale gratuite, la voirie départementale, la part du département dans les travaux publics financés par l'Etat dans le département.

Le préfet est seul habilité à exécuter les décisions du conseil; le président, qui doit être réélu chaque année, n'a pas de compétence bien distincte parmi ses collègues. Mais le préfet n'a pas les coudées franches non plus, étant entouré et surveillé constamment par la commission départementale: en fin de compte, il se crée peu à peu dans les départements un modus vivendi, un équilibre entre le préfet, au nom de l'Etat, et les élus, au nom du département, car les conflits entre les deux pouvoirs sont rares.

Toutefois l'Etat a le dernier mot dans tous les domaines de l'administration et les départements n'ont de liberté que dans le cadre étroit des institutions, des programmes ministériels et du jeu des influences et relations politiques.

1946, une décentralisation avortée

Pendant la guerre, le régime de Vichy avait supprimé les conseils généraux (12 octobre 1940) et les conseils d'arrondissement et réuni leurs pouvoirs à ceux des préfets et sous-préfets, puis créé des conseils départementaux (7 août 1942), dont les membres étaient nommés par le ministère de l'Intérieur. La Libération permet de revenir à la légalité républicaine: seuls les conseils d'arrondissement ne sont pas rétablis. Les présidents des conseils généraux, élus en 1945, tiennent leur premier congrès en 1946: ils réclament une plus large autonomie des collectivités locales dans la gestion de leurs finances et une part du produit de certains impôts sur le revenu.

La Constitution de 1946 (IVe République) allait les satisfaire et en attendant les lois d'application, elle plaçait, en principe, le préfet, agissant en représentant du département, sous le contrôle permanent du président du conseil général.

Mais le gouvernement traîna les pieds, la décentralisation, ayant trop d'adversaires dans tous les partis politiques, ne quittait pas le domaine théorique. Un socialiste, Jules Moch, ministre de l'Intérieur en 1949, déposa même un projet de loi de déconcentration, renforçant l'autorité du préfet, pour contrecarrer celui de son prédécesseur Edouard Depreux, déposé depuis deux ans, en faveur des conseils généraux. L'Assemblée nationale renvoya les deux projets en commission: c'était les enterrer. Seul frémissement à noter par la suite: le décret du 4 décembre 1958 prolongeant de un à trois ans les mandats du président et du bureau au sein du conseil général. Le décret du 14 mars 1964 réunit sur le préfet tous les pouvoirs exercés jusqu'alors par les divers chefs de service. Il doit tout savoir, tout contrôler dans l'administration de son département. Agent des divers ministres du gouvernement, il anime et coordonne tous les services, sauf cinq: l'armée, l'enseignement, la justice, l'inspection du travail, les finances. Louable en soi, le but est de mettre fin à l'incohérence des actions menées, conjointement et indépendamment, par les diverses administrations dont pourtant les compétences se chevauchent souvent. Ayant seul le pouvoir exécutif du département, le préfet instruit toutes les affaires soumises au conseil général et à la commission départementale, il a sa place dans toutes les instances. Il est le seul autorisé à préparer un budget et à exécuter les décisions du conseil général et de la commission départementale, à signer les conventions et marchés.

▲ *Inauguration des chemins de fer vicinaux - ainsi appelait-on les lignes d'intérêt local construites avec l'aide du Conseil général - de Strasbourg à Barr, Molsheim et Wasselonne, 1864. Ph. BNUS.*

1982: année de la réforme

On peut observer, avec le recul actuel, combien cette mesure, qui visait à l'efficacité et au renforcement de l'administration centrale, a en fait facilité et préparé la loi de décentralisation de 1982: il suffisait, dans le cadre départemental désormais confirmé comme fondement de l'organisation administrative, de transférer au président du conseil général les pouvoirs ainsi concentrés du préfet, dans les affaires propres au département.

La loi du 2 mars 1982, modifiant celle de 1871, a apporté peut-être le changement le plus net dans l'organisation administrative de la France depuis 1800.

Une série de mesures antérieures annonçaient cette rupture, comme autant de présages. Sans les détailler, rappelons qu'elles accordaient, dans des domaines précis et limités, de nouvelles facultés ou de nouvelles attributions aux conseils généraux, en matière financière (1959), économique et sociale (1955 et 1970), ou encore d'équipement routier (1971). En même temps sont créées les régions (5 juillet 1972), dont les conseils comprennent au moins 30% de délégués des conseils généraux et qui sont pourvues peu à peu par l'Etat de charges qu'il assumait jusqu'alors: c'est déjà un grand bond vers la décentralisation.

Ainsi l'idée d'une réforme générale de l'administration locale, dans ce sens, fait son chemin dans tous les partis. Appelé au gouvernement en 1981, Gaston Defferre est titulaire du ministère de «l'Intérieur et de la décentralisation»: ses intentions sont claires! Il sera l'artisan, le moteur principal de la réforme, ou plutôt d'une série de réformes, l'une entraînant l'autre; échelonnées de 1982 à 1987, elles ont en même temps pour but de clarifier et de mettre à jour des textes antérieurs et des situations mal adaptées. Ces nouveaux textes déterminent les droits et les libertés des régions, des départements et des communes, répartissent les compétences entre l'Etat et chacune de ces collectivités, sur les plans institutionnel, administratif, financier et social.

Le Conseil général du Bas-Rhin de 1790 à 1990
A l'ombre, discrète, mais efficace du préfet

Dans ce département, l'histoire et le fonctionnement du conseil général ne contrastent pas par leur originalité avec ceux des autres départements français jusqu'à 1870. Dans les limites étroites, nous l'avons vu, laissées à l'initiative des délégués cantonaux, ces derniers s'efforcèrent cependant d'être à la fois de dociles et consciencieux approbateurs des décisions des préfets et de leur suggérer des orientations dans les actions prioritaires à accomplir. Qu'ils fussent nommés ou élus, nos conseillers étaient des notables, dont les points de vue concordaient généralement avec ceux du gouvernement en place. Ils n'avaient d'ailleurs pas mission de s'occuper de politique nationale, mais uniquement de gestion et de bien public départementaux. Pourtant certains ne manquaient pas de personnalité ni d'envergure et parfois briguaient en plus des mandats de député ou se voyaient confier des mairies importantes.

▲ *La préfecture du Bas-Rhin après les bombardements du siège de 1870.* Ph. BNUS.

Les préfets successifs ont su dans l'ensemble comprendre la mentalité des Bas-Rhinois et inscrire leurs besoins dans les programmes de tâches à accomplir. Dès 1801, Laumond note que ses administrés sont prêts à faire des sacrifices pour le pays, pourvu qu'on évite l'arbitraire et qu'on gagne leur confiance. Son successeur, Lezay-Marnésia, a laissé même un souvenir impérissable par ses qualités humaines, son dévouement et sa compétence. Il a mis l'accent sur le développement agricole et les cultures industrielles; un autre, Sers, a multiplié les voies de communication entre les villages, fortement encouragé en cela par les conseillers (en 1854 encore, l'entretien des routes mobilise les deux tiers du budget); un troisième, West, s'est préoccupé des désastres causés par les inondations du Rhin en 1852 et obtenu des secours de l'Etat pour construire des «lotissements Napoléon» dans les villages sinistrés. Un effort considérable a été fait aussi en faveur de l'instruction primaire: généralisation des salles d'asile (207 en 1866), d'après le modèle lancé par le Bas-Rhinois J. Frédéric Oberlin et destinées à apprendre le français aux tout-petits, formation des instituteurs et des institutrices dans les écoles normales (celle du Bas-Rhin, la première en

France, date du Premier Empire), avec pour résultat le Bas-Rhin en tête des départements alphabétisés. Le département, dès que la législation l'a permis, a acquis la Colonie agricole d'Ostwald, en vue de la réinsertion sociale de jeunes marginaux et délinquants, et a pris en charge la formation d'autres sujets dans un établissement analogue (Mettray, Indre-et-Loire). Il a, sans attendre la loi du 30 juin 1838, créé en 1832 l'asile d'aliénés de Stephansfeld à Brumath et y a réalisé d'importants travaux d'adaptation et d'agrandissement pendant des décennies, ouvrant ainsi une tradition que le conseil général honore pleinement aujourd'hui dans le domaine du progrès social.

De manière générale, on peut dire que dès le XIXe s., l'action budgétaire du conseil général reflète trois grandes préoccupations: la voirie, l'enseignement, la protection sanitaire et sociale.

En 70 ans s'est peu à peu affirmée ainsi une institution malgré ses handicaps en droit, de sorte qu'elle a été jugée assez utile et nécessaire pour être maintenue par les Prussiens après 1871.

Le gouvernement impérial trouve à son goût le système centraliseur et hiérarchisé de l'organisation administrative laissée en Alsace par Napoléon III. Par la loi du 31 décembre 1871 organisant le Reichsland Elsass-Lothringen, il garde en vigueur les lois françaises de 1833 et 1866, les divisions en départements appelés Bezirke, les cantons et les conseils généraux (Bezirkstage), mais si les séances sont présidées par le préfet (Bezirkspräsident), les attributions, bien que restreintes, sont reconduites: assistance sociale, voirie, gestion du patrimoine départemental.

Le conseil général aura jusqu'en 1918 une activité limitée, effacée, mais utile dans ces domaines: développement des voies ferrées départementales, création de l'hôpital de Hoerdt, électrification, assainissement, assistance médicale, construction des Archives départementales, etc.

Son rôle est cependant éclipsé par une nouvelle institution qui le relègue au second plan: l'assemblée régionale ou Landesausschuss de l'Alsace-Lorraine qui naît par décret du 29 octobre 1874 et siège à partir de 1875. Parmi ses membres, nommés, dix sont choisis entre les conseillers généraux du

Le Palais du Landesausschuss à Strasbourg, aujourd'hui Conservatoire régional de musique et théâtre national de Strasbourg. Coll. part.

Bas-Rhin. A partir du 4 juillet 1879, le Bas-Rhin y est représenté par 13 conseillers généraux, 7 membres élus par les arrondissements et 1 membre du conseil municipal de Strasbourg. Cette assemblée tend à obtenir l'autonomie dont jouissent les autres Etats de l'Empire et prend donc le relais des ambitions décentralisatrices, jusqu'alors apanage des conseils généraux. Guillaume II la supprime le 9 mai 1911 et le 31 suivant lui substitue le Landtag, composé, à l'image du Reichstag de Berlin, de deux chambres de 41 et 60 membres.

La guerre de 1914 met toutes ces chambres en veilleuse.

Le traité de Versailles en 1919 permet au gouvernement français de restaurer en Alsace-Lorraine les conseils généraux sur la base de la loi de 1871, enfin introduite dans les départements recouvrés. Le conseil général du Bas-Rhin, de 1919 à 1940, est en butte à une détestable atmosphère politique, au marasme économique qui gagne le «glacis de l'Est» à partir de 1932, aux rivalités des partis régionaux. Les voeux politiques, qu'il transmet au gouvernement, sont fréquents et traduisent un malaise persistant, tel celui de 1926 en faveur de la décentralisation administrative, voté sous l'influence du courant autonomiste.

L'occupation nazie de 1940-1945 résout dramatiquement les situations. Toute vie démocratique est bannie: il n'est même plus question de Bezirkstag. L'Alsace est administrée avec le pays de Bade.

Le cauchemar passé, l'ordonnance du gouvenement provisoire de la République rétablit le 20 août 1945 les conseils généraux, toujours sous le régime de la loi de 1871.

Le Bas-Rhin, ayant déjà goûté au temps du Reichsland à une autonomie et à une certaine initiative régionales, reprend volontiers à son compte le voeu de décentralisation, exprimé à Strasbourg dès 1946 par le congrès des présidents des conseils généraux: le président Bur, dans son discours d'ouverture de session du 15 avril suivant, souhaite une administration moins lourde et moins amorphe. La suspicion d'autonomisme politique ambigu d'avant-guerre se dilue avec les années, tandis qu'augmentent les espoirs suscités par la naissance des institutions européennes, notamment à Strasbourg même.

▲ *Libération de Molsheim en 1918: troupes françaises devant la Metzig. Ph. Musée d'histoire contemporaine, Paris.*

HISTOIRE DE L'INSTITUTION ▶

Le consensus de toutes les tendances politiques alsaciennes dans ce sens est remarquable. Aussi est-ce avec une véritable satisfaction que la loi de 1982 est accueillie dans ce Bas-Rhin où pourtant la plupart des conseillers généraux n'appartiennent pas à la majorité gouvernementale socialiste qui l'a promulguée.

Grâce à la bonne volonté conjointe des préfets successifs et du président du conseil général, les opérations d'application des lois successives de la décentralisation se sont déroulées sans heurt et acrimonie; contrairement à d'autres départements l'harmonie et la concertation ont prévalu dans le partage des compétences. Ce n'est pas un mince mérite, dont chaque élu, chaque chef de service a sa part.

Dès lors que, depuis le début de 1990, la plupart des services départementaux ont été regroupés dans l'hôtel du Département, élevé au centre de Strasbourg, le Bas-Rhinois moyen n'aura plus l'excuse de les confondre avec ceux de l'Etat, sous prétexte qu'ils ont cohabité pendant huit ans sous le même toit, à la Préfecture. Le conseil général lui-même peut enfin se réunir chez lui, après deux siècles de «pension» chez le préfet, dans un immeuble propriété de la Ville. Ce furent aussi deux siècles d'une longue reconquête de l'autonomie, trop brièvement exercée depuis le moment où en 1790 naissaient en même temps le département et son assemblée. «Je crois, a déclaré son actuel président, qu'une institution aussi ancienne que le conseil général, que le département, se doit de démontrer qu'à l'heure de la décentralisation il est prêt à assumer toutes ses responsabilités et même à la limite, si l'intérêt de la région l'exige, des compétences que la loi ne lui offre pas au départ.»

◀ Le Conseil Général lors d'une récente session dans la grande salle de l'hôtel du Préfet, restaurée après le bombardement de 1870. Ph. DNA.

◀ Inauguration, le 23 mars 1990, de l'hôtel du Département. Ph. Rothan.

HISTOIRE DE L'INSTITUTION

L'ALSACE BOSSUE
Alain LIEB

Telle une main tendue en direction de Paris, l'Alsace Bossue, composée des cantons de Sarre-Union, de Drulingen et d'une partie de celui de La Petite-Pierre, confère au département sa forme spécifique. C'est à la fin de 1793 qu'elle est rattachée au Bas-Rhin, pour éviter d'ajouter une contrée à majorité protestante à la Moselle, département essentiellement catholique.

A l'ouest de la Sarre, les formations argileuses du Keuper ont engendré une succession de collines et de dépressions aux formes douces, mais le calcaire coquillier couvre la plus grande partie de la région et confère au paysage un aspect plus accidenté. La partie orientale fait déjà partie des Vosges du Nord. La Sarre du sud au nord et l'Eichel d'est en ouest échancrent ce plateau et constituent deux axes importants de communications.

Il s'y est développé une polyculture traditionnelle. Depuis 40 ans, la surface en herbe a dépassé la surface des labours, ainsi l'agriculture est aujourd'hui à dominante herbagère. Il existait aussi un artisanat de rayonnement international, comme la fabrication de chapeaux de paille à Sarre-Union. A l'heure actuelle, les transformations métallurgiques à Drulingen et Sarre-Union ont pris la relève mais il reste un artisanat de qualité tel que coutellerie, orfèvrerie et cristallerie à Wingen-sur-Moder, la fabrication d'orgues à Sarre-Union, les tailleurs de pierre des Vosges du Nord...

Du point de vue linguistique, l'Alsace Bossue fait partie de l'aire de peuplement francique comme la Lorraine germanophone.

L'empreinte lorraine reste déterminante dans le patrimoine architectural. La brillante civilisation romaine, présente pendant quatre siècles, a laissé d'innombrables traces. Les témoins les plus célèbres sont l'église protestante, les bains et le mithraeum à Mackwiller et le cadran solaire de Bettwiller. Il reste en revanche peu de monuments romans. Le gothique a produit le clocher-choeur de Wimmenau, puis la superbe église de Domfessel construite vers 1330-1340. Weyer possède le seul clocher rond typique du XIVe et Waldhambach un clocher octogonal sur base carrée du XIIIe s. D'autres monuments ou éléments gothiques s'observent à La Petite-Pierre (le choeur), à Harskirchen, Berg, sans oublier les châteaux de La Petite-Pierre

◄ Témoin de la puissance des comtes de La Petite-Pierre, le château surplombe les vallées verdoyantes. Ph. P. Reiser.

▲ L'église du Kirchberg, partiellement reconstruite après la guerre. Ph. J. Blosser.

Paysage de l'Alsace Bossue, avec au fond Drulingen. Ph. J. Blosser. ▶

Maison Renaissance à pignon à volutes et oriel à Sarre-Union. Ph. P. Reiser. ▶▶

et Sarrewerden. Quant aux fresques de La Petite-Pierre, elles comptent parmi les plus anciennes d'Alsace. La Renaissance a aussi laissé des traces dans de nombreux villages avec les superbes châteaux de Diedendorf, Lorentzen et Asswiller, la chapelle Saint-Louis et la maison des païens à La Petite-Pierre, les maisons à oriels de Sarre-Union et Sarrewerden, l'hôtel de ville d'Oermingen... Le XVIIIe s. se singularise par les églises d'inspiration baroque élevées sous la direction de Stengel, le célèbre architecte des princes de Nassau (Harskirchen, Berg et Lorentzen). La rive gauche de Sarre-Union, ancienne capitale des comtes de Nassau, appelée Ville Neuve, construite d'un jet au début du XVIIIe s., est à elle seule avec l'hôtel de ville, l'église luthérienne, le temple réformé et toutes les maisons un musée vivant. Du XVIIIe s., l'Alsace Bossue a également conservé de nombreuses sculptures et peintures comme saint Georges terrassant le dragon à Sarre-Union, une vierge triomphante du maître-autel à Sarrewerden, la chaire de l'église protestante de Harskirchen et les peintures de Diemeringen, Harskirchen et Sarre-Union.

L'ALSACE BOSSUE ▶

Maison à colombage du XIXe s. à Eckartswiller devant laquelle on reconnaît le «Schopp» caractéristique de l'habitat rural. Ph. J. Blosser. ▶

La maison rurale est une maison bloc de plan carré ou rectangulaire, la longueur étant alors parallèle à la rue. Un espace commun, l'usoir, sépare la maison de la route et permet de stocker le fumier, le bois et les outils... Très souvent un appentis, nommé «Schopp», se place devant la partie exploitation et sert à abriter, en hiver, le bois et certains outils. Mais c'est la porte d'entrée qui fait la beauté et la richesse de toute la maison. Elle est d'inspiration Renaissance jusque vers 1700 puis de style baroque pendant le XVIIIe s. et d'inspiration néoclassique après 1800.

Toutes ces particularités ont été forgées au cours de l'histoire. Densément peuplée depuis la nuit des temps, l'Alsace Bossue recèle tant des objets du paléolithique, des nécropoles celtes, des enceintes fortifiées protohistoriques (Ratzwiller, Waldhambach) que des vestiges romains. Mais ce sont les comtés individualisés aux XIe et XIIe s. qui donnent à la région ses limites: le comté de La Petite-Pierre, aux mains des princes palatins jusqu'à la Révolution, la seigneurie de Diemeringen dirigée par les Rhingraves, l'avouerie de Herbitzheim, propriété des comtes de Nassau-Sarrebruck qui héritent aussi de l'important comté de Sarrewerden et le gardent jusqu'en 1793.

Bockenheim (rive droite de Sarre-Union) et Sarrewerden, anciens fiefs de l'évêché de Metz, sont passés aux mains des Lorrains de 1681 à 1766 puis des Français. Certains villages, abandonnés à partir du Moyen Age, sont repeuplés par des huguenots lorrains en 1559. Une deuxième vague arrive après 1685, suivie d'immigrants suisses qui occupent les villages vidés pendant la guerre de Trente ans.

Ainsi les vicissitudes de l'histoire ont contribué à l'individualisation de cette partie du plateau lorrain intégrée au département du Bas-Rhin.

L'OUTRE-FORÊT
Jean-Laurent VONAU

La partie septentrionale du Bas-Rhin possède une identité régionale fortement marquée. Restée très longtemps à l'écart des grandes mutations sociales et économiques, on a su y préserver, mieux qu'ailleurs, le patrimoine régional. Sa dénomination «Outre-Forêt», qui corrobore ce fait, est d'usage récent. Le vocable fut utilisé pour la première fois par un géographe strasbourgeois en 1946 et il a été popularisé depuis 1973 par le titre de la revue trimestrielle du Cercle d'histoire de l'Alsace du Nord. Il concrétise la spécificité géographique, sociologique et économique des cantons de Lauterbourg, Seltz, Soultz-sous-Forêts, Wissembourg et Woerth sur Sauer.

En cette région les collines rythment le paysage, mais leur altitude ne dépasse guère 200 m. Le point culminant est la Côte de Surbourg (217 m). La plaine est confinée en une mince bande de terre qui, prolongeant l'Uffried, constitue l'ancien lit alluvial du Rhin entre Beinheim et Mothern. De grands espaces boisés délimitent ce secteur: la forêt de Haguenau au Sud, le Bienwald au Nord et le massif des Vosges du Nord à l'Ouest.

Historiquement les fluctuations de la frontière Nord de l'Alsace, située au fil des siècles soit sur le Seltzbach, la Queich, ou la Lauter, déterminèrent les relations humaines en cette zone. Ainsi, divisé au Moyen Age entre l'évêché de Strasbourg et celui de Spire, le pays a connu une atomisation féodale au gré de l'influence locale des grands princes (Landgrave de Basse-Alsace, Comte Palatin du Rhin, Margrave de Bade). Déchiré ensuite par les querelles religieuses consécutives à la Réforme, il fut tiraillé sans cesse entre la France et l'Allemagne à partir de 1648. Ainsi l'Outre-Forêt a dû supporter plus encore que le restant de l'Alsace le poids écrasant de cette frontière. Aussi peut-on y découvrir l'évolution de l'art militaire depuis les enceintes celtiques établies au Mainont, au Schuhfels (près de Lembach) jusqu'à la ligne Maginot (avec de gros ouvrages d'artillerie comme le Four à Chaux, le Hochwald et le Schoenenbourg) en passant par les châteaux forts du Moyen Age dont le Fleckenstein est le plus connu, les fortifications Vauban de Fort-Louis (XVIIe s.) et les lignes de la Lauter du XVIIIe s. Ce passé a laissé des traces parfois douloureuses: tels les champs de bataille de la guerre de 1870

▼ *Un des plus beaux costumes d'Alsace, celui de Seebach. Ph. J.-L. Vonau.*

Soultz-sous-Forêts, au coeur de l'Outre-Forêt. Ph. J.-L. Vonau. ▶▶

au Geisberg près de Wissembourg et à Froeschwiller-Woerth, ou encore les villages martyrs de Hatten et Rittershoffen, détruits en janvier 1945 lors de l'offensive allemande Nordwind. L'Outre-Forêt est ainsi la seule région d'Alsace à avoir été libérée à deux reprises, en décembre 1944 et en mars 1945.

Depuis le XVIe s., la contrée connaît une grande diversité religieuse. Si les catholiques sont aujourd'hui majoritaires, on y rencontre toutefois des villages presque entièrement luthériens ou réformés. Avant guerre, il existait également une importante communauté israélite.

Plus que partout ailleurs en Alsace, l'architecture régionale y a maintenu ses traditions. Ainsi, les corps de ferme, avec les belles maisons à colombage des XVIIIe et XIXe s., font-ils la fierté des villages pittoresques de Preuschdorf, Kutzenhausen, Hoffen, Hunspach, Seebach, Schleithal, Niederlauterbach. Il n'est pas rare d'y rencontrer des personnes en costume traditionnel vaquant à leurs occupations quotidiennes. Le fleurissement est surtout l'apanage de Hohwiller et Hermerswiller. Les groupes folkloriques de Seebach et de Salmbach sont célèbres. Les courses de chevaux de Schleithal qui se déroulent le lundi de Pentecôte constituent un événement plus que centenaire.

L'agriculture a été jusque dans les années 1950-60 l'activité économique dominante, bien que quelques rares foyers industriels aient marqué dès le XVIIIe s. ce territoire. Il s'agit de la saline de Soultz-sous-Forêts, de l'exploitation du pétrole autour de Pechelbronn et des mines d'asphalte à Lobsann. Echappant à la première, la seconde révolution industrielle autour des années 1880-1890, donna naissance à une catégorie sociale nouvelle: les ouvriers-paysans. Terre à houblon et de production fruitière au XIXe s., elle se reconvertit durant la première moitié du XXe s., mais tout en conservant la polyculture. Durant la dernière décennie, l'Outre-Forêt a fortement évolué vers des productions céréalières et oléo-protéagineuses, provoquant une nette régression de l'élevage et des cultures comme la pomme de terre ou le tabac. Maïs, tournesol et colza ont ainsi pris un grand essor. La vigne, autrefois fort répandue, s'est maintenue près de Cleebourg, Steinseltz, Rott

5 LE BAS-RHIN ET SES PAYS

Munchhausen: le confluent de la Sauer avec le Rhin. Ph. J.-L. Vonau. ▶

L'agriculture fut jusque vers 1960 la principale activité dans l'Outre-Forêt. Ph. Zvardon. ▶

et Oberhoffen grâce à la plantation de cépages nobles. Le pinot auxerrois est particulièrement réputé.

L'artisanat traditionnel est présent en ce milieu rural grâce aux poteries de Betschdorf. La fermeture progressive du site de Pechelbronn (3 000 ouvriers dans les années 30), arrêtée en 1962, provoqua une grave crise de reconversion et l'apparition des ouvriers frontaliers travaillant en Allemagne, qui constituent aujourd'hui 30 % de la population active. Des zones industrielles furent implantées autour des bourgades importantes pour endiguer tant soit peu ce flux de main-d'oeuvre. Ces entreprises exploitent chacune un créneau bien ciblé et disposent d'un personnel hautement qualifié. Toutefois ces usines demeurent à taille humaine (pratiquement aucun ne dépasse les 500 salariés) et ne modifient donc en rien le caractère rural de cette partie du département.

Désenclaver l'Outre-Forêt a été le mot d'ordre d'une politique prioritaire. Cet objectif fut atteint par l'établissement de la voie rapide RD 263 reliant Haguenau à Wissembourg et par la mise à quatre voies, actuellement en cours, de la RD 300 de Vendenheim à la plateforme douanière de Scheibenhard. Il convient de tirer le meilleur parti de cette amélioration des liaisons routières entre Strasbourg et le pays s'étendant au-delà de la Forêt Sainte de Haguenau. L'avenir devrait être au thermalisme avec le développement des trois stations: Pechelbronn, Morsbronn, Niederbronn, à la géothermie avec le site exceptionnel de Soultz-sous-Forêts (143° à 2 000 m), sans oublier naturellement le développement du tissu industriel.

Des atouts dans le domaine du tourisme ne manquent pas: églises remarquables (Wissembourg, Surbourg, Walbourg, Kuhlendorf, Leiterswiller, Altenstadt), sites historiques, maisons à colombage, musées, plans d'eau et sites naturels. Reste à concrétiser ces espérances.

LE PAYS DE HANAU
Daniel PETER

Pays de Hanau, «Hanauerländel», la région tient son nom des comtes de Hanau, originaires de Hesse, héritiers des Lichtenberg en 1480. Géographie physique et géographie politique se combinent dans cette entité régionale dont la partie essentielle, le canton de Bouxwiller, forme en grande partie le berceau de la dynastie des Lichtenberg. Celle-ci n'eut de cesse de chercher à imposer son hégémonie en Basse Alsace, ce qui lui réussit finalement après sa victoire sur ses ennemis coalisés en 1451 à Reichshoffen.

Le Pays de Hanau a pour axe ouest-est le cours supérieur et moyen de la Moder. Cette rivière modeste, mais combien vitale pour l'économie locale autrefois, prend sa source dans un vallon des Vosges du Nord, en amont de Wingen. Elle traverse Ingwiller, Pfaffenhoffen, Haguenau, reçoit la Zorn pour se jeter dans le Rhin après une course de 90 km. Au nord, la Zinsel du Nord forme une relative, mais extrême limite. Au sud, la Zorn joue en gros le même rôle. La partie ouest de la contrée appartient aux Basses Vosges (350 à 420 m d'altitude environ) vaste domaine forestier sur un entablement de grès profondément et fréquemment entrecoupé par de nombreuses vallées, vallons, gorges et autres bassins défrichés, centrés sur de petites localités ou des constructions isolées.

Une des rues pittoresques de Bouxwiller, capitale du Pays de Hanau. Photo Mattes. ▼

Entre Vosges et plaine, les collines du Pays de Hanau forment de lourdes croupes allongées d'est en ouest, hautes de 250 m environ. Elles sont variées, selon la diversité des terrains et des accidents tectoniques, côteaux et talus ayant ainsi des origines soit distinctes, soit composites. Du donjon du château de Lichtenberg qui couronne un escarpement rocheux de 410 m ou du sommet du Bastberg, cône calcaire isolé (320 m) près de Bouxwiller, on découvre à l'instar de Goethe en 1770: «... une plaine fertile, parsemée de bosquets, bornée par une montagne qui se prolonge vers le couchant jusqu'à Saverne...». L'individualité de la région est évidente, comparée aux Vosges proches ou au Kochersberg; en revanche les nuances avec les lentes ondulations qui s'étendent plus au nord, dans l'Outre-Forêt, sont à peine perceptibles.

◄ A la limite du Pays de Hanau, un vaste panorama permet de découvrir le village de Lichtenberg et les Vosges du Nord. Ph. P. Reiser.

L'homme a depuis longtemps façonné à son usage ce pays aimable et profond, qui reste, aujourd'hui encore, d'aspect essentiellement rural. En témoignent de magnifiques villages aux fermes anciennes, véritables monuments d'architecture dont les bâtiments s'orchestrent autour de vastes cours toujours fermées par d'imposants portails. Bois et grès rose se marient harmonieusement dans d'élégantes constructions que nous devons au savoir-faire des Schini, la lignée de charpentiers de Zutzendorf. Balcons et balustrades abondent, voire surabondent. Le poutrage et le crépi sont gravés d'inscriptions patronymiques, religieuses, morales ou commémoratives, ou couverts de dessins naïfs ou de véritables peintures polychromes. Les fermes de la contrée figurent incontestablement parmi les plus impressionnantes, les plus fascinantes et les plus belles d'Alsace.

De nos jours, bien des villages autrefois si animés sont devenus bien calmes la semaine. Les fils des agriculteurs ont délaissé la terre pour travailler à l'usine installée dans l'un des gros bourgs de la région ou plus loin, à Saverne ou à Strasbourg.

Intérieur d'une ferme typique à Zoebersdorf. Ph. Kuhn S.A. ▶▶

L'industrialisation s'est faite timidement. Au milieu du XIXe s., elle s'est bornée à l'exploitation des mines et à la fabrication de produits chimiques à Bouxwiller. L'ancienne capitale du comté de Hanau connaît alors un développement important. Mais l'élan est vite freiné. A partir de 1870, la population baisse inexorablement. Cette situation profite à sa rivale Ingwiller, qui, après la suppression du canton dont elle était le chef-lieu en 1801, prend sa revanche avec la construction de la ligne de chemin de fer Strasbourg - Sarrebruck en 1889. Aujourd'hui Bouxwiller ne garde sa primauté que dans le secteur tertiaire: la ville reste le centre de services pour les communes environnantes. De son côté, Ingwiller l'industrieuse continue à développer son rôle de centre local attractif. Entre 1850 et 1982, sa population double alors que celle de Bouxwiller n'est, de nos jours, guère plus importante qu'en 1936. Pfaffenhoffen, enfin, à l'extrême est de la contrée, forme avec les communes de Niedermodern, Uberach et La Walck, une agglomération importante, le Val de Moder, qui connaît un essor particulier depuis quelques années.

Printemps dans le Pays de Hanau, avec au fond le village d'Imbsheim. Ph. A. Matt. ▶

LE PAYS DE HANAU

Ingwiller, l'autre grand centre du Pays de Hanau, maintient vivace une tradition industrielle. Ph. Zvardon. ▶

Région à majorité luthérienne et à fortes traditions, le Pays de Hanau a bien changé ces trente dernières années. Le tracteur a remplacé le cheval dans les champs où maïs, colza et tournesol tendent à monopoliser les surfaces. A Engwiller, à Buswiller, on ne voit plus de costumes typiques le dimanche, sauf le jour de la fête folklorique où des groupes, tel celui d'Obermodern de réputation internationale, font revivre, l'espace d'un après-midi d'été, la tradition perdue. Les villages cossus ont, malgré tout, bien résisté aux assauts de la modernisation et sont devenus des conservatoires vivants, enfin perçus comme un patrimoine à respecter. Les industries se cantonnent à quelques gros bourgs dont certains revendiquent le titre de ville, acquis du temps de leur importance au Moyen Age.

Grand parmi les petites régions d'Alsace, le Pays de Hanau qui couvre l'ensemble du canton de Bouxwiller et déborde de façon plus ou moins large sur ceux de La Petite-Pierre, Niederbronn et Hochfelden, suscite un intérêt tout à fait mérité. Mais seule une belle journée sur les petites routes à travers de charmants villages, Schillersdorf, Bischholtz, Imbsheim, Bosselshausen et d'autres, les rues pittoresques de Bouxwiller, le château de Lichtenberg, les musées locaux de Pfaffenhoffen, Offwiller et Bouxwiller ou l'abbaye de Neuwiller et ses merveilleuses tapisseries, permettra la véritable découverte et l'appréciation de ce pays.

LE KOCHERSBERG

Jean-Michel BOEHLER

Trois facteurs contribuent à individualiser une contrée dont personne ne conteste l'originalité: la générosité de la nature, l'impulsion de la ville et un puissant individualisme agraire qui compose avec de fortes traditions communautaires.

La nature et l'histoire confèrent au Kochersberg à la fois unité et diversité. Masquant cet ensemble de collines, le loess offre des conditions de fertilité exceptionnelles que l'homme a su exploiter de bonne heure, puisque l'occupation du sol est attestée dès l'époque néolithique. Le point culminant de l'éperon, qui traverse le pays et lui donne son nom, portait jusqu'en 1592 un château, coeur historique de l'ancien bailliage épiscopal, exclusivement catholique, tandis que l'est et le sud de la région dépendaient, en majeure partie, de seigneurs protestants. Ces hauteurs constituent la transition entre ce qu'il est convenu d'appeler «l'Ackerland» et «l'arrière-Kochersberg». Aujourd'hui, englobant l'ensemble de la région, une définition élargie lui attribue une centaine de communes et lui reconnaît les caractéristiques d'une «aire culturelle», façonnée par la nature et par l'histoire, mais aussi tributaire de la ville et de la route.

Jusqu'à une époque relativement récente, le Kochersberg constituait en effet un îlot purement rural, plus ou moins boudé par les grandes voies de communication. Cet isolement était fréquemment rompu par l'incursion des armées, tandis que l'installation du pouvoir français tendait à désenclaver la région, grâce à l'axe ouest-est reliant Strasbourg à Paris par le col de Saverne. Néanmoins le Kochersberg a longtemps fait figure de bastion du conservatisme, préservant ses coutumes, ses dialectes, ses croyances et ses superstitions. L'isolement des villages jusqu'à la construction, à partir de 1837, des chemins vicinaux, et la force des traditions endogamiques renforçaient cette impression de repliement. Mais, de bonne heure, la ville s'ouvrait à la production agricole.

Dès l'époque romaine, le Kochersberg ravitaillait Strasbourg en eau et en grains, comme l'attestent les découvertes de l'aqueduc de Kuttolsheim et de la ferme d'Achenheim. Par la suite, tout en animant les marchés locaux de Molsheim, Wasselonne et Brumath, «l'Ackerland» consolidait sa vocation de

▼ Blé en herbe: tout un symbole dans l'économie agraire traditionnelle. Il traduit à la fois l'angoissant problème des subsistances à un moment de l'année où les espoirs peuvent encore être anéantis par une calamité climatique, et les chances d'un «grenier à blé» écoulant ses excédents commercialisables vers la ville toute proche. Ph. Mattes.

4 LE BAS-RHIN ET SES PAYS

«grenier de Strasbourg»: spéculation céréalière qui s'enrichira, avec la diversification progressive de la polyculture traditionnelle, de plantes commerciales et industrielles, chanvre, garance, oléagineux, tabac, houblon, betterave à sucre. Cette vocation commerciale s'explique à la fois par la proximité de Strasbourg et par la disponibilité en denrées agricoles que rendaient possible la relative faiblesse des densités rurales et la forte productivité des exploitations. Les échanges étaient l'occasion de contacts fréquents entre ruraux et citadins, à la fois créanciers et propriétaires fonciers.

Parallèlement, le Kochersberg devenait, du XVIIIe au XIX s. un «réservoir d'hommes», contribuant successivement à l'équilibre, puis à la croissance de la démographie urbaine, au moment où l'exode rural conduisait, après 1850, à la stagnation et au vieillissement de la population rurale. Nous assistons, dans les trente dernières années, à l'inversion de cette tendance grâce au processus d'installation des citadins à la campagne, encouragé par la politique des lotissements: avec une progression moyenne de 50% de sa population entre 1962 et 1982, la région constitue aujourd'hui pour la ville une appréciable réserve de main-d'oeuvre; les migrations quotidiennes intéressent de 40 à 80% de la population active que l'insuffisant développement des activités non agricoles n'arrive pas à retenir sur place.

Avec l'intensification des migrations pendulaires, le village cesse d'être le pôle unique de la vie rurale. Jusqu'au triomphe de l'individualisme, marque de la civilisation contemporaine, le Kochersberg connaissait pourtant, à travers ses institutions municipales et les diverses formes de la sociabilité villageoise, une intense vie communautaire que soulignait le caractère concentré de l'habitat. Les lotissements, en juxtaposant deux groupes sociaux, deux types de sensibilités et de mentalités, peuvent soulever de réels problèmes de coexistence et constituer une menace pour la conscience villageoise. Cette vie communautaire n'excluait pas pour autant des différenciations, plus marquées que dans les autres contrées rurales du nord de la province, tant sur le plan de l'exploitation familiale (modes de partage inégalitaire destinés à éviter le démembrement du patrimoine) que sur celui de la communauté

▲ *Compétitivité oblige: depuis quelques décennies, l'agriculture du Kochersberg cède à la mécanisation - ici un «corn picker» au travail - et, de ce fait, libère de la main-d'oeuvre pour la ville. Dans une économie commerciale, la spéculation du maïs se développe. Ph. Kuhn S.A.*

◄◄ *Paysage typique près de Landersheim: les molles ondulations des collines loessiques ne dépassent pas les 200 mètres d'altitude. Les villages se nichent au fond des vallons ou s'accrochent au flanc des coteaux. Entièrement défriché, le paysage n'offre plus guère de place aux bosquets ni aux buissons et la polyculture en fait un damier aux couleurs contrastées. Le parcellaire continue à se découper, en dépit des opérations de remembrement successives, en lanières longues et étroites. Ph. Kuhn S.A.*

Le village de Willgottheim se blottit autour de son clocher roman (fin XIIe s.), symbole de la foi ancestrale. Avec son toit en bâtière, ses murs épais et à peine ajourés, ce clocher faisait-il fonction, au Moyen Age, de forteresse et d'ultime défense? Des siècles durant, le Kochersberg, situé sur le passage des armées, occupait en effet une position stratégique entre Strasbourg et Saverne. Ph. Mattes. ▶

villageoise. C'est grâce à la diversité des conditions au sein même du village, que le Kochersberg a su maintenir, jusqu'au milieu du XIXe s., une agriculture presque exclusivement fondée sur l'investissement en travail: en témoignait le nombre impressionnant d'ouvriers agricoles - journaliers et valets de ferme - occupés par les laboureurs. Parmi ces derniers, les «Herrebüre» formaient une véritable aristocratie villageoise, monopolisant le patrimoine, le pouvoir et le savoir, générateurs d'estime sociale.

Devenus de véritables entrepreneurs de culture, les agriculteurs du Kochersberg constituent aujourd'hui une minorité, tant dans l'ensemble des chefs de ménage qu'au sein des instances municipales. La concentration des exploitations se trouve renforcée, depuis un siècle, par l'exode des hommes et la nécessaire adaptation aux nouvelles conditions techniques. Très précoces, les opérations de remembrement, parachevées après 1950 mais sans cesse remises en question, répondent à une nécessité. L'orientation spéculative de la production vers une céréaliculture de masse et les cultures spécialisées ainsi que la rationalisation des systèmes de production ont leur contrepartie: sur le plan économique, ce sont les aléas que connaît toute agriculture intégrée dans une économie de marché à l'échelle européenne; sur le plan social, c'est la réduction constante du nombre d'exploitations compensée par leur dimension relativement importante (en moyenne 16 ha dans les années 1980) qui se situe pourtant fréquemment en-deçà du seuil de rentabilité (estimé à 20-25 ha).

Le Kochersberg n'existerait-il qu'en fonction de la ville? Strasbourg en a fait, successivement ou simultanément, un grenier pour sa subsistance, un réservoir pour sa population, un bassin d'emploi pour ses activités, une réserve de clientèle pour ses commerces. Grâce à la sauvegarde des espaces verts périurbains, la région sert en outre de «poumon» à l'agglomération strasbourgeoise. Pour les organismes d'aménagement, il s'agit aujourd'hui de maîtriser les mutations en cours: d'éviter tout développement anarchique, dévoreur d'espace et générateur de nuisances; de préserver la vocation agricole qui fait la spécificité du Kochersberg; de lui assurer un dynamisme propre en évitant, à une époque de désurbanisation, d'en faire, par le biais de lotissements et de communes-dortoirs, le dégorgeoir du trop-plein démographique de la ville. Le Kochersberg sera lui-même ou ne sera pas.

◄ Cet intérieur de ferme à Saessolsheim montre que le «Bürehof» est unité de production autant que lieu de résidence. Les divers bâtiments sont groupés en fer-à-cheval autour d'une cour centrale, coeur de l'exploitation agricole. Perpendiculaire à la route, la maison d'habitation trouve sa réplique dans le bâtiment d'exploitation (ici) abritant les écuries, les étables et porcheries, éventuellement la buanderie, l'alambic et le pressoir. Un escalier donne accès à une galerie menant aux séchoirs, aux greniers à grain ou à foin et aux chambres des domestiques. Le fond de la cour est occupé par la grange qui peut aussi servir de remise pour le matériel de culture et de transport (ici le traditionnel chariot ou «Wagen»). Ph. Kuhn S.A.

LA VALLEE DE LA BRUCHE
Gérard et Marie-Thérèse FISCHER

Le passé antique de la Haute Vallée est brumeux dans son ensemble. De ce brouillard émerge cependant le sanctuaire du Donon où le conquérant romain remplacera le nom de Teutatès par celui de Mercure (précisons que le «temple» visible actuellement ne date que de 1869!). Une route vient de Strasbourg et, dans les parages de Wisches, s'élève vers le Donon où elle franchit un col pour filer vers ce qui sera la Lorraine. Pendant ce temps, en aval, à Heiligenberg, des potiers produisent des objets en terre sigillée qui seront vendus jusqu'en Angleterre ou en Hongrie.

L'image commence à se préciser plus tard, avec les fondateurs d'abbayes. L'évêque de Strasbourg, saint Florent, installe au VIe s. des moines à Haslach; leur autorité s'étendra sur Heiligenberg, Still, Urmatt, Lutzelhouse... Au milieu du VIIe s., saint Gondelbert reçoit pour son monastère tout neuf de Senones, entre autres lieux, la rive gauche de la Bruche entre le ruisseau de Grand Roué et celui de Framont. Au Xe s., le comte d'Eguisheim fonde l'abbaye d'Altorf à qui appartiendront Russ, Barembach, etc. D'autres communautés auront des possessions plus ou moins grandes: en 1120, Ranrupt, par exemple, est à l'abbaye de Honcourt.

Le Moyen Age fait de la Vallée une mosaïque: seigneurie du Val de Villé (dont Saales et Bourg-Bruche), comté de Salm (dont Plaine et La Broque), seigneurie du Ban de la Roche -«Steintal»- (dont Rothau et Bellefosse), bailliage épiscopal de Schirmeck (dont Russ et Dinsheim)... Les héritages, les mises en gage, les ventes viennent encore compliquer les choses au cours du temps: Saint-Blaise-la-Roche et Blancherupt, après avoir appartenu aux Rathsamhausen zum Stein, donc aux seigneurs du Ban de la Roche, passent aux mains des Andlau; l'évêque de Strasbourg vend Schirmeck au comte de Salm, qui le revend, etc. Jusqu'à la Révolution, la carte politique, si on peut dire, de la Vallée évolue sans cesse, au gré des changements de maîtres qui affectent chacun des villages. Pendant un certain temps, Saales se retrouve autrichien, les Habsbourg en ayant hérité, et, plus tard, la guerre de Trente ans installe une administration suédoise à Schirmeck! En 1789, une partie de la rive gauche n'est pas encore française: celle qui dépendait jadis de

◀ Schirmeck se situe au confluent du vallon de Framont et de la vallée de la Bruche. Ph. D. Fromholtz.

◀ Mutzig a conservé de nombreux témoins de son passé. Ph. D. Fromholtz.

La cascade du Nideck. Ph. Zvardon.

l'abbaye de Senones et constitue depuis 1751 la moitié, à peu près, de la principauté autonome de Salm-Salm. La Convention nationale finit par l'annexer en 1793.

La Révolution n'instaure cependant pas l'unité administrative dans la Vallée. Tel village appartient tantôt au district de Benfeld, tantôt à celui de Strasbourg. La limite départementale entre Bas-Rhin et Vosges franchit la Bruche en 1795. Pendant quelque temps, Schirmeck se trouve dans le canton... de Schirmeck, puis dans celui de La Broque, avant que, en revanche, La Broque ne soit incorporé à une nouvelle version du canton de Schirmeck!

En 1871, sans tenir compte des antécédents historiques ni des réalités humaines du moment, on fait passer sur la ligne de crêtes la frontière franco-allemande. Après 1918, cette ligne reste limite départementale. Aujourd'hui, toute la vallée est englobée dans un seul arrondissement, celui de Molsheim, et se répartit entre trois cantons: Molsheim, Schirmeck et Saales.

Explorer la Vallée, c'est explorer le temps. Les forêts recèlent des ruines pittoresques: Nideck, Guirbaden, Salm, le Château de la Roche... Çà et là se décèlent les traces d'une exploitation minière séculaire. Rothau et surtout Framont gardent mémoire des grandes forges de jadis. De hautes cheminées et des toits à sheds rappellent l'importance que revêtait naguère encore l'industrie textile. Une plaque sur le mur d'une maison à La Broque, un grand monument blanc dressé comme un signal dans la montagne: appels au souvenir là où souffrirent les détenus du «camp de Schirmeck» et du Struthof...

Garder un regard sur le passé est nécessaire si on veut comprendre la Vallée de la Bruche, car cette attitude permet de répondre aux multiples «pourquoi?» que soulèvent les étrangetés qu'on y rencontre. Pourquoi le Ban de la Roche protestant au milieu d'un secteur catholique? Parce qu'il a été acheté en 1584 par le comte palatin Georges-Jean de Veldence qui y a introduit sa religion. Pourquoi alors ce Natzwiller catholique et parlant alsacien au milieu du Ban de la Roche romanophone? Parce que cette enclave relevait de l'évêque de Strasbourg. Pourquoi deux villages tout proches appartiennent-ils à des communes différentes, alors que les autres villages de leurs communes respectives sont relativement éloignés d'eux? Parce que le cours d'eau qui les sépare était limite de seigneurie, tel le Framont entre Vacquenoux (La Broque) et Wackenbach (Schirmeck), ou la Bruche entre Devant-Fouday (Plaine) et Fouday... On pourrait multiplier les exemples.

A première vue, lorsqu'on dit «Vallée de la Bruche», on pense à un ensemble tout à fait homogène. A y regarder de plus près, on constate une réalité diverse, multiple. Une unité historique? Non: plusieurs «Histoires» qui s'imbriquent et se juxtaposent. Une unité ethnique? Non: une population où se mêlent descendants d'Alsaciens, de Lorrains, d'Autrichiens, de Suisses, d'Italiens, dont seuls les patronymes attestent encore l'origine. Une unité linguistique? Non: des villages «welsches» et des villages dialectophones. La Vallée de la Bruche: en toutes choses, un petit pays qui se livre seulement à celui qui sait percevoir les nuances...

▲ *Randonnée équestre dans la Haute Vallée de la Bruche.* Ph. Zvardon.

LA PLAINE D'ERSTEIN

Jean-Georges GUTH

Ce pays est la partie méridionale de l'Ackerland bas-rhinois, qui correspond à la basse terrasse loessique (épaisseur de 1 à 2 m). Il s'allonge sur près de 30 km entre le sud de Strasbourg et le nord de Sélestat. Il s'étend sur 8 km de large entre le Bruch de l'Andlau à l'ouest et l'Ill à l'est, qu'il domine de 2 à 4 m. Son altitude varie de 153 à 165 m, du nord vers le sud. Il englobe les parties occidentales des cantons de Benfeld et d'Erstein. Habitée depuis le Néolithique, cette plaine porte une double rangée de villages établis sur la bordure orientale (de Kogenheim à Ichtratzheim) et le long de la Scheer à l'ouest (de Kertzfeld à Hindisheim). La population demeure encore rurale avec une proportion de 54% d'habitants, malgré la présence de deux petites villes. En 817, Erstein fait son entrée dans l'histoire grâce à un parchemin de Louis le Débonnaire. Ayant reçu le statut de ville dès 1303, propriété du chapitre cathédral de Strasbourg, elle est restée un gros bourg de caractère rural. Le site de Benfeld, occupé depuis l'époque celte, est mentionné pour la première fois en 762. C'était l'une des places les mieux fortifiées de Basse Alsace. Longtemps centre textile et centre de fermentation du tabac, elle a acquis un aspect plus urbain qu'Erstein. A l'heure actuelle, les populations de Benfeld et d'Erstein continuent de croître: de + 18,2% entre 1968 et 1975 et de + 8,9% entre 1975 et 1982 pour Erstein (plus de 8300 hab.); de + 10,4% et de + 17,2% pour Benfeld (près de 5000 hab.).

La plaine est en labours mais la S.A.U. diminue du fait de l'urbanisation et de l'élargissement de la RN 83. A l'est, les villages possèdent dans leur ban un morceau de Ried, autrefois pâturage communal, aujourd'hui prairie de fauche ou reboisé (vers le nord) ou même labouré (vers le sud). Le nom d'Erstein a surtout été connu par la raffinerie de sucre, créée en 1894. Mais c'est la seule ville de cette taille où des fermes font encore partie intégrante de la cité. Ce pays est aussi le principal foyer alsacien de la culture du tabac. A l'heure actuelle, on assiste à son déclin, en raison de l'évolution du marché (tabacs blonds, variétés Virginie ou Burley) et de la réglementation communautaire (perte du monopole de la SEITA, campagne anti-tabac).

◀ Ancienne maison de tanneur à Erstein. Ph. Inventaire Général.

◀ Benfeld et ses environs, vue prise en direction de l'Ill et du Ried.

LE BAS-RHIN ET SES PAYS

L'origine du château d'Osthouse remonte peut-être à 1442, date à laquelle les Zorn de Bulach reçurent en fief la deuxième moitié d'Osthouse. Aspect actuel de la fin du XVIe s. Ph. Inventaire Général. ▶

Erstein, le long de l'Ill, en aval vers le Ried. Photo Mayer. ▶

L'augmentation de la population rurale s'explique par un phénomène sociologique: la venue de non agriculteurs. Ceux-ci résident dans des lotissements qui cernent les noyaux anciens de nombreux villages. Le remembrement a permis la concentration des exploitations: de 20 ha en moyenne (1973) à 40 ha (1983). Chacune comporte un volet de céréaliculture (blé, orge, maïs), une culture industrielle (betterave à sucre, tabac ou chou à choucroute) et un élevage réalisé à l'étable.

Au nord, l'industrialisation est plus concentrée et a créé plus d'emplois qu'au sud, où la situation s'est dégradée. A Erstein, les premières industries implantées au XIXe s. se maintiennent: la filature de laine peignée (300 employés) reconvertie vers la fabrication de fibres synthétiques et la sucrerie qui fournit 35000 tonnes par an. En 1983, les planteurs ont accepté d'y devenir majoritaires. D'autres établissements existent dans la ville (fonderie, travaux publics, boulonnerie) ou dans la zone industrielle aménagée en 1970 le long de la RN 83. Dans le sud le tissu industriel est plus diffus. Il est surtout constitué d'une quarantaine de petites entreprises ayant moins de 50 salariés. Les plus grandes sont représentées par une société de matériel électrique et électronique (Benfeld), par une entreprise de préfabrication dans le bâtiment (Huttenheim) et par les cartonnages de Kogenheim. La manufacture des tabacs de Benfeld a cessé son activité en août 1974. Une zone industrielle récente existe près de Benfeld, le long de la RN 83, mais elle n'est occupée que partiellement.

Le rayonnement d'Erstein ne dépasse guère son canton, mais peut s'élargir grâce à son rôle de centre administratif (greffe détaché du Tribunal d'instance, hôtel des impôts) et de centre scolaire qui veut se renforcer avec l'implantation d'un lycée d'enseignement général. Les Usines municipales créées en 1909 fournissent en électricité et en eau la plupart des communes du canton. Les deux petites villes ont une vocation commerciale active, souvent ancienne, avec l'existence de marchés hebdomadaires et annuels. Elles cherchent à promouvoir le tourisme rural.

▲ L'*Eglise Saint-Michel à Nordhouse. Le rez-de-chaussée date de la fin du XIIe ou du XIIIe s. Ph. Inventaire Général.*

LE VIGNOBLE
Christian WOLFF

La culture de la vigne est fort ancienne en Alsace. Il est admis que les Romains l'y ont introduite, d'abord, semble-t-il, autour de Wissembourg. Elle s'est répandue ensuite sur toutes les terrasses et les coteaux, le long des Vosges, et au XVIIIe s., jusque dans la plaine.

Dans le Bas-Rhin, on la fait croître sur un terrain plutôt calcaire en général, plus rarement siliceux, comme à Mittelbergheim et Andlau. L'exposition est ou sud lui est favorable, au nord dans la région de Wissembourg, et du Kochersberg au sud du département, sur une bande relativement étroite de un à quelques kilomètres, soudée au vignoble haut-rhinois et à une altitude variant de 180 à 370 m. La vigne fait partie du paysage traditionnel caractéristique du département et le vin est l'un de ses produits les plus anciens, les plus authentiques et les plus représentatifs. C'est une composante du génie de la province d'Alsace.

La viticulture a connu bien des vicissitudes dans le passé, passant par des crises économiques dues à la surproduction, elle-même liée au manque de débouchés aux XVIIIe et XIXe s. et à la baisse de l'exigence de qualité; puis sont venus les parasites et les maladies, les lois allemandes de la fin du XIXe s., entraînant l'exode rural, la reconversion professionnelle de maint vigneron acculé à la misère et enfin le recul de la vigne. Après 1918, le retour à la France, grand pays viticole, obligea la viticulture alsacienne à se ressaisir, à se réorganiser et à viser avant tout à la qualité de la production. A l'heure actuelle, l'aisance est revenue dans les bourgs du vignoble.

La vigne se cultive en hauteur et depuis 1900 environ les sarments sont guidés sur des fils de fer tendus entre des échalas. La culture en tonnelle, héritée des Romains, encore en usage autour de Wissembourg au XIXe s., a été abandonnée.

Les deux vignobles bas-rhinois produisent surtout du vin blanc, un peu de vin rouge (à Ottrott par exemple). Ces vins sont classés avant tout par cépages et non par terroirs, encore que l'amateur sache bien faire la différence entre un sylvaner de Marlenheim et un sylvaner de Kintzheim. Des mélanges, quand ils sont pratiqués, se font entre mêmes cépages: chasselas, sylvaner, pinot (ou clevener) blanc, gris (ou tokay) et noir, riesling, traminer,

◀ *Vigne sur les coteaux de Blienschwiller. Photo J. Lagrange.*

◀ *Repas commun lors des vendanges. Ph. Fromholtz.*

LE VIGNOBLE ▶

Soleil d'automne sur les vignes bas-rhinoises. Ph. Zvardon. ▶

C'est à partir du raisin blanc que l'on produit la plupart des vins d'Alsace (sylvaner, riesling, traminer, pinot, muscat, etc.) Ph. Zvardon. ▶

gewurztraminer, muscat et quelques autres plus rares. Un mélange de ces cépages de vins nobles donne le Zwicker ou l'Edelzwicker. De toute façon, 90% des vins sont mis en bouteille près de leur lieu de production, gage de leur authenticité.

Le riesling accompagne les poissons, le pinot gris les pâtés, foies gras et viandes blanches, le pinot noir les grillades et les buffets froids, le sylvaner les crustacés et coquillages; il se sert aussi à part quand il fait chaud; le traminer et le gewurztraminer sont offerts en apéritif ou avec les plats épicés, les fromages et les desserts; le muscat relève aussi les desserts et est apprécié comme vin d'honneur. L'Edelzwicker convient à toute occasion, tandis que depuis une quinzaine d'années le crémant (pinot ou chardonnay), pétille dans les verres lors des fêtes et des anniversaires. Dans les «Winstube» de Strasbourg, on vous propose parfois aussi du clevener de Heiligenstein, du knipperlé de Wolxheim, de l'auxerrois (pinot blanc). Les connaisseurs apprécient, en apéritif, le landwerlin, sorte de kir alsacien: inventé vers 1965 par le libraire strasbourgeois Octave Landwerlin, il consiste à verser du sylvaner ou du riesling sur un sirop de myrtilles des Vosges.

La viticulture tend à être une monoculture. Tant de siècles de quasi omniprésence de la vigne ont façonné le paysage, l'habitat et les hommes des alentours de Cleebourg et du pays compris entre Wintzenheim-Kochersberg et Orschwiller, et leur ont donné une individualité qui résiste aux clivages géologiques, géographiques, historiques et administratifs. La «route du vin», comme un fil reliant les perles d'un collier, permet de découvrir tour à tour ces petites villes et ces bourgs, aux rues souvent pentues, allongés le long d'un ruisseau, ceinturant un coteau ou encore barrant la sortie d'une vallée vosgienne. Le meilleur moment pour la parcourir est en octobre, quand les vendanges battent le plein et que le soleil fait chanter les teintes de l'automne.

▲ *Le Pinot noir préfère les sols sablonneux et calcaires de la région d'Ottrott. Ph. Zvardon.*

Les Vosges bas-rhinoises
Jean BRAUN

La partie du massif vosgien, comprise dans le Bas-Rhin, constitue une longue bande nord-sud, qui délimite le département à l'ouest (sauf l'Alsace Bossue).

Au point de vue historique les Vosges de Basse-Alsace n'ont jamais connu d'unité; en 1789 elles étaient divisées en de nombreuses seigneuries: comtés du Val de Villé, du Ban de la Roche, de Salm, de Hanau-Lichtenberg, évêché de Strasbourg, baronnie de Fleckenstein, etc.

Du Haut-Koenigsbourg à Wissembourg les Vosges sont composées au sud de roches anciennes et au nord, depuis le versant septentrional de la vallée de la Bruche, d'un épais manteau uniforme de grès. Les altitudes, encore assez élevées au sud (Champ du Feu 1099 m, Donon 1009 m), s'abaissent peu à peu dans la partie nord (581 m au maximum au Grand Wintersberg) et ne forment plus, dans les Vosges du Nord (au-delà du col de Saverne), qu'un plateau, accidenté seulement de vallées profondes et de quelques éminences isolées. La couverture forestière est presque continue, sauf dans les vallées, les deux bassins du Val de Villé et de la Haute-Bruche, et le chaume du Champ du Feu. Les forêts couvrent d'ailleurs le tiers de la superficie du département (plaine incluse cependant); elles constituent la source d'une importante richesse économique: la plus grande scierie de France se trouve dans la vallée de la Bruche.

Il en résulte que le peuplement sur les hauteurs est très faible, à part quelques enclaves comme La Petite-Pierre, Puberg, Rosteig, etc. La population se concentre ainsi dans les vallées, celles de Villé et de la Bruche surtout. On assiste à un exode rural important dû au déclin de l'agriculture et de l'industrie traditionnelles (textile dans la vallée de la Bruche par exemple). La commune de Blancherupt, dans ce val, qui comptait 118 habitants au début du siècle, n'en a plus que 31. Par contre les villes bordières orientales, véritables «portes» des Vosges bas-rhinoises, se sont considérablement développées, comme Wissembourg, Niederbronn-les-Bains, Molsheim, Obernai, Barr ou Sélestat.

Les cultures ont beaucoup régressé (c'étaient surtout des cultures «pauvres», seigle et pomme de terre), et les friches, rares en Alsace, ont fait leur

◀ L'imposant escarpement rocheux portant le Fleckenstein se découpe dans le soleil couchant. Vosges du Nord. Ph. Zvardon.

◀ Tapis de fougères et conifères dans la forêt vosgienne. Ph. Zvardon.

LES VOSGES BAS-RHINOISES ▶

4 LE BAS-RHIN ET SES PAYS

Rocher ruiniforme, témoin de l'ancienne table gréseuse fragmentée. Ph. Zvardon. ▶

apparition. L'élevage, lui aussi, a sensiblement diminué, malgré un renouveau récent des pâturages. La «transhumance» journalière vers le Champ du Feu a cessé depuis longtemps.

L'industrie (une seule usine textile subsiste encore dans la vallée de la Bruche) se concentre maintenant, à part les scieries, dans les villes bordières, comme Niederbronn-les-Bains et Reichshoffen (connues pour la firme De Dietrich) et les cités mentionnées plus haut.

Le massif vosgien n'a jamais constitué de barrière infranchissable aux communications. Des chemins celtiques le franchissaient déjà ou se dirigeaient vers des sanctuaires, tel le Donon, ou vers des enceintes protohistoriques (Mur Païen de Sainte-Odile entre autres). A l'époque romaine, des voies conduisaient vers l'intérieur de la Gaule, la plus importante étant celle du col de Saverne. C'est au XVIIIe s. que des routes «modernes» sont aménagées; celle de ce col compte parmi elles. Plus près de nous, le tracé de l'autoroute Strasbourg-Paris passe légèrement au nord. Le TGV Paris-Strasbourg, en projet, doit traverser le massif en souterrain, un peu au nord de l'autoroute.

▲ *Paysage d'hiver au Col de Saverne.* Ph. Kuhn S.A.

Le tunnel ferroviaire de Sainte-Marie-aux-Mines, bien que situé dans le Haut-Rhin et converti en tunnel routier, relie Sélestat à Saint-Dié. D'autres lignes de chemin de fer utilisant le col de Saales, la trouée de la Zorn et le «col» de Puberg. Les Vosges bas-rhinoises possèdent aujourd'hui un atout économique très sérieux grâce au tourisme. Des stations anciennes, comme le Hohwald, Wangenbourg ou La Petite-Pierre se sont modernisées. L'attrait des beautés de la nature (forêts riches en essences variées, panoramas étendus, rochers souvent ruiniformes, vallées intimes, étangs nichés au coeur de celles-ci) et les monuments historiques, monastères comme celui de Sainte-Odile, églises, chapelles, châteaux forts, etc.) attirent de plus en plus les touristes, de même que les sports d'hiver. Le Club Vosgien, fondé en 1872, a tracé un réseau dense de sentiers permettant de visiter facilement tous les sites de quelque importance. Le Parc Naturel régional des Vosges du Nord permet la protection et la valorisation des ressources naturelles ainsi que du patrimoine architectural et culturel, entre autres tâches très méritoires.

Le Val de Ville

Christian DIRWIMMER

Mer de nuages sur le Val de Villé. Ph. Zvardon.

Le canton de Villé, dont les limites coïncident avec celles de la vallée du Giessen, a été formé par le regroupement de trois entités historiques distinctes. En rive droite, les villages du Comte-Ban, ancienne possession du Grand Chapitre, se succèdent au pied du château du Frankenbourg, lui-même doté d'une enceinte protohistorique. La seigneurie lorraine de Thanvillé se signale encore de nos jours par son coquet château de plaine. Le reste de la vallée dépendait logiquement de la seigneurie de Villé.

Original, le Val de Villé l'est certainement de par ses paysages hérités d'une histoire géologique complexe. L'avant-vallée, large et aérée, s'évase en un vaste bassin où glacis et molles collines mènent aux reliefs escarpés et boisés de l'Ungersberg (901 m) et de l'Altenberg (813 m au Rocher du Coucou). Au centre géographique du canton, le bourg jadis fortifié de Villé commande l'accès aux deux vallées supérieures du Giessen: le vallon de Steige qui s'appuie sur l'imposant versant méridional du Champ du Feu, le vallon d'Urbeis dont les versants raides conservent les vestiges de l'exploitation minière (argent, antimoine, charbon).

Le Val de Villé constitue un trait d'union entre la Moyenne-Alsace et la Lorraine. Jadis fréquentée par la «route du sel», la vallée conserve des influences vosgiennes dans son architecture traditionnelle, particulièrement à Urbeis et Steige dont les maisons rurales s'opposent par exemple aux constructions viticoles à pans de bois d'Albé. La frontière linguistique coupe elle aussi la vallée, singularisant le dialecte roman («welsche») des localités du fond de la vallée (Urbeis, Fouchy, Breitenau, Steige).

Riche de 18 communes, le canton de Villé a longtemps connu une économie basée sur l'agriculture et la viticulture, celle-ci couvrant près de 700 ha en 1878 sur les versants de Saint-Pierre-Bois à Albé et jusqu'à Steige. La distillerie produisait alors déjà des alcools réputés, kirsch en particulier.

Au XIXe s., une nombreuse population (15 000 h. vers 1860) a fourni à la fois une forte émigration surtout vers l'Amérique du Nord, et de la main-d'oeuvre à domicile aux fabricants de textiles de la proche vallée de Sainte-Marie-aux-Mines, relayés seulement après 1905 par 7 usines créées dans le

Albé. Ph. Mairie d'Albé.

LE VAL DE VILLE ▶

Village-rue typique, Steige s'étire le long de la vallée supérieure du Giessen, au pied du col qui mène vers la haute-vallée de la Bruche. Le village est connu pour être la patrie de Joseph Meister, première personne ayant été traitée contre la rage par Louis Pasteur. Ph. A. Herrmann. ▶

L'automne dans le Val de Villé. Le petit village de Breitenau se blottit dans son vallon au pied du massif de l'Altenberg. Ph. J.L. Siffer (SHVV). ▶

Val. Il en est résulté une modification radicale du paysage: recul de la vigne détruite par le phylloxéra, réduction des cultures, reboisement des versants supérieurs, ainsi que l'apparition des «ouvriers-paysans» combinant travail en équipe à l'usine et un petit train de cultures vivrières.

La crise du textile de 1956 fut d'autant plus brutale que la vallée ne possédait aucune autre industrie significative. La fermeture quasi totale des usines accéléra le dépeuplement (8200 h. en 1962). Comme pour toutes les autres vallées vosgiennes, la reconversion a été lente, difficile et précaire. Matières plastiques, mécanique, métallurgie légère et composants électriques n'ont pas réussi à remplacer les emplois textiles perdus. Grâce à la modernisation des transports (voiture automobile), la population active a pu être partiellement maintenue sur place, par le biais des migrations quotidiennes de travail vers la Moyenne-Alsace ou la région strasbourgeoise. La population totale progresse à nouveau légèrement, notamment en raison de l'installation de jeunes actifs venus de l'extérieur dans les lotissements de l'avant-vallée.

Le canton de Villé, de par une activité industrielle aux perspectives limitées et une agriculture de montagne handicapée, ne peut miser pour son avenir que sur le développement du tourisme. Paysages aérés ou escarpés, massifs forestiers vastes et soigneusement balisés, patrimoine historique, architectural et minier, artisanat local (distilleries), proximité des pistes de ski du massif du Champ du Feu représentent autant d'atouts dans ce domaine. Le canton de Villé mise sur un tourisme à caractère familial ou social. Les hébergements correspondants (VVF d'Albé, nombreux gîtes ruraux, tourisme à la ferme, résidences secondaires en fond de vallée) suppléent largement à une hôtellerie peu développée. Sous l'impulsion précoce d'un Sivom dynamique, la vallée s'est dotée des équipements nécessaires à attirer ou retenir une clientèle de ce niveau (MJC, bibliothèque, piscine, tennis...).

Si le canton de Villé connaît encore aujourd'hui de nombreux problèmes (tissu industriel précaire, pollution industrielle et domestique, friches envahissantes), il semble qu'il ne soit plus menacé de désertification.

▲ *Le village d'Urbeis présente de beaux ensembles de maisons de style vosgien.* Ph. J.L. Siffer (SHVV).

# Les espaces rhénans

François STEIMER

La plaine rhénane du Bas-Rhin se caractérise essentiellement par la présence de deux milieux naturels que sont le Rhin et sa forêt ainsi que les Rieds. Jadis, les plus mystérieuses des forêts d'Alsace étaient sans conteste celles qui s'étendaient tout au long du Rhin; elles étaient souvent inondées par le fleuve alors vagabond. De nos jours, après les importants bouleversements qu'a connu la vallée du Rhin, les derniers lambeaux de forêt rhénane constituent une formation végétale unique en Europe avec celle du Danube, et qui occupe une aire géographique bien définie: le lit majeur du Rhin, c'est-à-dire l'ancien champ d'inondation d'avant la canalisation du fleuve.

Ce qui frappe le non-initié quand il découvre la forêt du Rhin, c'est l'apparent «désordre» de ce luxuriant édifice végétal qui présente quelque peu des aspects de forêt dense tropicale: c'est en quelque sorte une «jungle» transposée dans notre région tempérée, très riche en lianes et en espèces d'arbustes et d'arbres aux tailles impressionnantes. La topographie de ces sites rhénans et les héritages de la dynamique ancienne du Rhin sauvage sont également à l'origine de leur diversité floristique et faunistique. On y distingue des levées et terrasses, colonisées par des essences à bois dur comme les chênes, les frênes, les ormes... correspondant à des bans de graviers (Köpfe). A l'opposé, les bas-fonds et les chenaux (Gründe) où s'écoulent les anciens bras du Rhin sont occupés par des roselières et des peuplements denses de saules, de peupliers et d'aulnes, formant les forêts pionnières à bois tendre. L'imbrication étroite de ces milieux alliée à des conditions climatiques favorables et à la présence d'eaux phréatiques (Giessen et Brunnenwasser) contribue à faire du milieu forestier rhénan un réservoir de formes sauvages dont les potentialités génétiques sont d'une richesse exceptionnelle. De plus, elle est très propice à la vie animale, en particulier aux oiseaux. L'originalité de cette avifaune provient pour une large part de l'état parfois vierge de ces forêts. Ainsi, la présence d'arbres creux ou morts, de taillis et de sous-bois denses presque impénétrables, l'abondance des haies vives, de graines, d'insectes... favorisent des densités très élevées d'oiseaux. Le chant de ces oiseaux de mars à juin représente pour l'ouïe une

Forêt du Rhin sur l'île de Rhinau. Le Conseil Général du Bas-Rhin s'est fixé pour objectif de protéger nos forêts du Rhin et nos Rieds. Ph. S. Cordier. ▶▶

LE BAS-RHIN ET SES PAYS

admirable symphonie que peu d'autres massifs forestiers alsaciens sont capables d'offrir. Par ailleurs, le Rhin tout proche et ses anciens bras constituent l'une des premières régions de France pour l'hivernage des oiseaux d'eau. Conserver les dernières forêts rhénanes où la nature puisse se développer dans la profusion de sa diversité avec toutes ses forces imprévisibles de création, est une oeuvre indispensable. En plus de leur vocation de sanctuaire biologique et scientifique, elles ont aussi une fonction sociale et culturelle car elles constituent des espaces libres et sauvages nécessaires pour notre équilibre.

A proximité de ces forêts se sont développés d'autres milieux naturels d'une très grande valeur: les Rieds.

Le Ried près de Marckolsheim. Ph. M. Humann. ▶

Ried est un vieux terme germanique désignant des étendues de prairies marécageuses ou humides souvent inondées et exploitées traditionnellement de manière extensive, en prairies de fauche, prairies à litière et pâturages. De nombreux lieux ou lieux-dits en Alsace portent ainsi ce nom, même si parfois leur origine palustre n'est plus évidente de nos jours. Actuellement cependant, ce terme est employé plus particulièrement pour désigner une vaste zone humide d'environ 60000 hectares, le Grand Ried, situé au centre de la plaine d'Alsace entre Strasbourg et Colmar, bien qu'il existe d'autres Rieds en deçà et au-delà de ces deux villes; Rieds dont les noms sont toujours ceux des rivières qui les traversent: Ried de la Zorn, Bruch de l'Andlau, Ried de la Bruche, Ried de la Sauer, Ried de la Lauter... La vie et la diversité du Ried reposent sur la présence de l'eau et particulièrement d'une importante nappe phréatique à faible profondeur. Tout ce territoire est parcouru par un réseau important de cours d'eau: dans certains d'entre eux, issus de résurgences de la nappe phréatique, coule une eau fraîche et claire à température constante toute l'année. Les inondations, autre phénomène qui caractérise le Grand Ried, se produisent généralement après les pluies d'automne et lors de la fonte des neiges. Elles sont dues au débordement des cours d'eau et en particulier de l'Ill, mais des remontées de la nappe phréatique peuvent maintenir les sols inondés après la décrue des rivières. Le rôle de la zone inondable est très important parce qu'elle permet la recharge de la nappe phréatique, principale ressource en eau de l'Alsace. C'est également un lieu de passage et de halte très fréquenté par les oiseaux migrateurs qui transitent par les vallées du Rhône et du Rhin: les prés inondés en hiver et au début du printemps permettent en effet aux oiseaux de trouver une nourriture abondante suite à l'engorgement du sol (petits rongeurs, larves, lombrics, microfaune diverse...) ainsi qu'un lieu de repos sûr. L'attrait qu'exercent les inondations sur les oiseaux est étonnant. La rapidité de leur arrivée l'est encore plus, comme ces centaines de canards qui viennent barboter sur les prairies transformées pour un temps en un immense lac où se reflètent aussi les vols de chevaliers, de vanneaux huppés, de courlis cendrés...

▲ *Arbre typique des Rieds.* Ph. M. Humann.

4 LE BAS-RHIN ET SES PAYS

◀ *Oiseau symbole des Rieds, le Courlis Cendré au long bec arqué, nichant à même le sol, ne devra sa survie qu'à la protection des grandes prairies de fauche. Ph. S. Cordier.*

L'histoire du Ried se lit sur son paysage comme dans un livre. On y retrouve les facteurs naturels et humains qui ont largement contribué à son façonnage, transformant une partie de la plaine rhénane en un milieu d'une extraordinaire richesse. En effet, l'apparition des prés, roselières, bosquets par suite des défrichements humains, jointe au maintien d'importantes surfaces boisées est à l'origine de l'installation de nombreuses espèces végétales et animales. Ainsi, bien que les milieux riediens aient été initialement aménagés par l'homme, ils comptent maintenant parmi les zones les plus dignes de sauvegarde. Or l'évolution rapide des techniques agricoles (extensions des labours et intensification de la production herbagère) ainsi que l'urbanisation croissante posent aujourd'hui le problème crucial de la protection de ce paysage traditionnel. C'est pourquoi, il conviendra de donner au monde rural les possibilités de bâtir une agriculture à la fois viable et respectueuse des équilibres naturels; des solutions existent: valorisation des produits agricoles issus du Ried, aides de la communauté économique européenne, tourisme intégré... voilà quelques idées parmi d'autres qui permettraient aux grandes prairies du Ried à la fois de redevenir une ressource pour l'homme et d'être du même coup durablement protégées et avec elles leur cortège de fleurs et de bêtes libres.

◀◀ *Paysage du Ried en Centre Alsace. Ph. G. Lacoumette.*

WISSEMBOURG
Bernard WEIGEL

Avec près de 8000 habitants, Wissembourg et son hameau Weiler, auxquels est associée Altenstadt, constituent une entité non négligeable de la vie alsacienne. Rien n'a été épargné à cette cité située sur la Lauter à l'extrême nord de l'Alsace, à deux pas de la frontière: incendies, spoliations, guerres dont la bataille du Geisberg en 1793, celle aussi du 4 août 1870 sont célèbres. La construction, au sud de la ville, de la ligne Maginot compromit une fois encore ses chances. Aujourd'hui, toujours en première ligne, Wissembourg peut enfin tirer un parti plus positif de sa position. En témoignent l'accroissement rapide de la population comme la prospérité d'industries très diverses, tournées... vers l'Europe: les tondeuses à gazon Wolf, l'appareillage médico-scientifique Bruker, les caravanes Bürstner en sont des exemples. Le classement (en 1955) de l'arrondissement en zone critique, la création de deux ZI, mais surtout la naissance de la CEE ont été les facteurs clés d'un développement qui permet aujourd'hui à Wissembourg de rattraper le temps perdu...

Temps et histoire sont bien présents dans la pittoresque ville actuelle dont les vieilles pierres conservent un charme indéfinissable. Elles évoquent d'abord la prestigieuse abbaye qui permit la naissance de la ville: fondée en 623, le monastère atteignit aux Xe et XIe s. le sommet de sa puissance matérielle: riches de terres innombrables dont le Mundat (territoire immunitaire englobant 20 localités), les bénédictins avaient obtenu un statut d'immédiateté dans l'Empire; leur abbé siégeait à la diète, avec préséance sur l'évêque de Spire, diocèse dont Wissembourg releva jusqu'à la Révolution. Puissance culturelle aussi, éclatant dans des ouvrages profanes et religieux comme le «Christ», une traduction rimée de la Bible, rédigée vers 870 par le moine Otfried, considérée comme l'un des textes fondateurs de la littérature allemande. Témoin le plus concret de ce passé prestigieux: la remarquable église abbatiale, datée pour l'essentiel du XIIIe s., avec une tour carrée du XIe et une chapelle romane trop peu connue; la deuxième église

◀ Le pittoresque quartier du «Bruch» ou «marais» sur les rives de la Lauter. Ph. B. Weigel.

▼ Pumpernickel, un personnage légendaire de Wissembourg. Musée Westercamp. Photo B. Weigel.

d'Alsace par sa surface (après la cathédrale) a été le berceau du vitrail figuratif le plus ancien connu au monde, le «Christ de Wissembourg».

Née autour du monastère, la ville s'entoura aux XIe et XIIIe s. de remparts réutilisés au XVIIIe pour les imposantes fortifications qui constituent aujourd'hui la ceinture verte du centre-ville. Certes il est loin le temps où riches bourgeois et patriciens de la ville faisaient commerce de draps fins, de vin, de châtaignes, mais ici l'histoire s'incarne dans des demeures comme la maison du sel, le Bürgerhof construit par le chevalier Holzapfel et qui abrita un temps les sept corporations représentées au Magistrat, les coquettes maisons des quais du Bruch. Saint-Jean, église de style roman tardif, évoque Martin Bucer venu prêcher ici, faisant de la paroisse la première église citadine d'Alsace à adopter la Réforme. Le palais Stanislas occupe une place à part dans le coeur des Wissembourgeois: c'est ici qu'habita le roi de Pologne Stanislas Leszczinski, c'est d'ici que sa fille Marie partit pour épouser Louis XV. Les Wissembourgeois ne sont pas près d'oublier les relations bon

5 LE BAS-RHIN ET SES VILLES

◀◀ *Vue générale de la ville. Au premier plan, les restes du vignoble qui fit la prospérité de Wissembourg. Au fond, la ville moderne et ses industries.* Ph. B. Weigel.

◀ *Clocheton de l'Hôtel de Ville et Relais Culturel, (couvent dominicain médiéval transformé en 1981).* Ph. B. Weigel.

enfant qu'ils entretinrent de 1719 à 1725 avec «leur» roi. Dominant la place centrale (le vieux Marktplatz), l'hôtel de ville cossu édifié par Massol, s'il rappelle les sinistres événements de 1677 (incendie de l'ancien hôtel de ville et de 300 maisons), évoque aussi l'appartenance de la ville à diverses ligues rhénanes, à la Décapole. Wissembourg affirma, au fil des siècles et en dépit de conflits incessants, son rôle commercial et administratif.

Chef-lieu après la Révolution d'un arrondissement immense auquel appartenaient Landau, Bergzabern, Kandel et Dahn, elle perdit ces cantons en 1815, profita en revanche de l'essor économique du milieu du XIXe s.: l'ouverture de la ligne de chemin de fer en 1855 et l'imagerie Wentzel exportant ses productions à travers toute l'Europe en sont des exemples. Ce développement poursuivi après 1870, interrompu en 1918 par la coupure qu'il entraîna entre Wissembourg et son arrière-pays d'outre-Lauter, ne l'empêcha pas pourtant de rester attachée à ses particularismes linguistiques (le dialecte francique) ou culturels (costume traditionnel, courses des chevaux du lundi de Pentecôte). Gageons que le développement économique, touristique et culturel actuel ne devrait pas davantage enlever à Wissembourg ce qui lui confère une personnalité si attachante.

▼ *Le «Christ de Wissembourg», vitrail figuratif le plus ancien connu au monde (vers 1050).* Ph. B. Weigel.

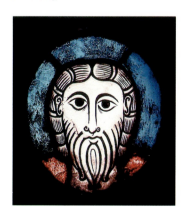

HAGUENAU

Jean Paul GRASSER - Gérard TRABAND

Plaque tournante de l'Alsace du nord, deuxième ville du département avec ses 30 000 habitants, Haguenau est installé au bord de la Moder, au milieu de la vaste clairière taillée, à partir du XIIe siècle, dans une des plus grandes forêts de plaine de France. Durant près de huit siècles, les fonctions traditionnelles ont fait vivre la ville. Ce n'est qu'au XXe s. que le défi de l'industrialisation a été relevé. Les limites de l'espace urbain, immuables depuis six siècles, ont alors éclaté et la ville traditionnelle est devenue une agglomération débordant sur les communes voisines.

Haguenau est une création relativement récente. La défense des intérêts des Hohenstaufen sur la rive gauche du Rhin explique la construction d'un château, vers 1115, par Frédéric le Borgne, duc de Souabe, et la naissance, à l'abri de cette «Burg», de la petite bourgade de Hagenaw, citée dès 1123. Résidence impériale jusqu'en 1250 (Richard Coeur de Lion y est jugé en 1193, Frédéric II y séjourne 23 fois), Haguenau bénéficie des faveurs impériales: Frédéric Barberousse lui accorde des franchises dès 1164; Sigismond partage avec elle, en 1434, l'administration et l'entretien de la forêt, statut d'indivision maintenu jusqu'à nos jours. Siège d'un grand-bailli à partir de 1280, Haguenau devient une capitale administrative de la province, avant de faire figure de chef-lieu de la ligue des dix villes impériales d'Alsace — la Décapole — créée en 1354. Jusqu'au XVIe s., où elle compte quelque 8000 habitants, la ville est ainsi un important relais de la puissance publique, un grand foyer artistique et intellectuel, avec notamment les imprimeurs Gran et Anshelm.

Mais les malheurs s'abattent sur la cité au XVIIe s.; incendiée à deux reprises, en 1677, sur ordre de Louis XIV, elle perd l'essentiel de son patrimoine architectural médiéval (et s'y ajouteront, pour les bâtiments conventuels, les destructions de la Révolution). Au XVIIIe s. toutefois, la ville se repeuple et se reconstruit: quelques remarquables constructions de style Louis XV donnent, aujourd'hui encore, son image de marque au centre-ville.

Malgré l'arrivée du chemin de fer, dès 1855, Haguenau, à l'inverse de sa voisine, Bischwiller, semble éprouver une véritable répulsion vis-à-vis de l'industrie, notamment à l'époque du maire Nessel (1870-1902). L'échec

Depuis 1972, le Musée Alsacien est installé dans l'ancienne chancellerie, place Joseph Thierry. Ph. F. Gass. ▶▶

presque simultané, à la fin du XVIIIe siècle, des tentatives d'industrialisation des Hoffmann (garance) et des Hannong (faïence) a sans doute orienté la bourgeoisie haguenovienne vers des choix durables: commercialisation du tabac et surtout du houblon, présence d'une importante garnison, surtout après 1871, fonctions administratives et judiciaires, sans oublier, bien entendu, la forêt, importante source de revenus pour la commune.

Par suite du contexte international peu favorable, avant 1939, à l'installation

Place de la République, au fond le théâtre. Ph. F. Gass. ▶

C'est à cet emplacement que se trouvait l'ancien quartier Aimé. Ph. F. Gass. ▶

◀ *L'église Saint-Georges qui conserve des vestiges de la crypte et la partie inférieure de l'ancienne tour-choeur de la première église (la paroisse fut créée en 1143). A gauche l'école Saint-Georges. Ph. Mairie Haguenau.*

d'industries dans le secteur, puis des destructions de 1945, lorsque durant trois mois le front s'est stabilisé sur la Moder, il faut attendre la fin des années cinquante pour observer un changement de cap fondamental. Alors que la ville ne comptait que 160 emplois industriels en 1907, les entreprises de plus de 20 salariés emploient actuellement plus de 5000 personnes, dont la moitié vient des communes environnantes. Si, autrefois, les campagnes faisaient vivre la ville en lui fournissant des produits à transformer et à commercialiser, c'est aujourd'hui la ville qui fait vivre la campagne en lui fournissant des emplois.

Le paysage urbain lui-même est bouleversé. La plupart des régiments ont quitté le centre pour le camp d'Oberhoffen, libérant des espaces pour d'autres fonctions; de même, des centres commerciaux et le nouvel hôpital se sont installés à la périphérie, les lotissements extérieurs se sont multipliés. Il a donc fallu redynamiser le centre par la création d'une zone piétonne, avec des services diversifiés, et par l'encouragement à la construction d'immeubles collectifs. Pour renforcer une attractivité garante d'emplois, Haguenau doit miser sur les investissements à même de valoriser les atouts de la situation géographique: la formation (filières technologiques post-Bac) et la culture (salle de spectacle modulable, médiathèque...). C'est le pari engagé par ses responsables dans la perspective de 1993 et du XXIe s.

SAVERNE
Henri HEITZ

C'est en partie la géographie qui a fait le destin de Saverne. Le seuil de franchissement des Vosges le plus aisé entre plaine d'Alsace et plateau lorrain appelait un établissement humain, tour à tour verrou ou clef du passage. Les Romains dès le Ier siècle de notre ère établissent sur le site leurs relais — tabernae d'où dérive le nom de Saverne. Après trois siècles de prospérité, la menace des invasions germaniques impose l'édification d'un castrum, noyau de l'agglomération actuelle. L'empereur Julien l'Apostat, en 357, s'en sert comme base de départ dans sa campagne contre les Alamans. Au cours des siècles, Saverne reste ville de passage. Dès le XVIe s., les seigneurs évêques font aménager la route du col. Après les sièges de la Guerre de Trente Ans et l'annexion au royaume de France, Phalsbourg relaye la place forte alsacienne peu à peu abandonnée. Le trafic routier s'accroît. On construit au début du XVIIIe s. une nouvelle route en lacets, à pente régulière, merveille de technique, admirée par le poète Goethe. L'itinéraire, qui est encore aujourd'hui celui de la RN 4 est emprunté par le flot des armées de la Révolution et de l'Empire, par de lourds charrois, par les voitures des voyageurs dont certains célèbres comme Marie Antoinette, Napoléon, Victor Hugo... Pendant ce temps, près du Haut-Barr, au sommet de la tour Chappe, s'agitent les grands bras du télégraphe optique.

En 1852, sont mis en service presque en même temps la voie ferrée Paris-Strasbourg et le canal de la Marne au Rhin qui drainent l'essentiel du trafic. Ce n'est qu'un siècle plus tard que l'automobile rend à la route sa prééminence. Au point que Saverne, saturé de véhicules, devient un goulet d'étranglement. Au nord de la ville on ouvre alors dans le grès des Vosges la profonde saignée de l'autoroute, sans doute bientôt doublée par l'impétueuse percée du TGV.

La cité espère avoir retrouvé un peu de calme. Le calme et non la somnolence dont l'accusait méchamment l'écrivain Edmond About; n'avait-il pas affligé la ville qui l'hébergeait du sobriquet désobligeant de «Schlaffenbourg»? Il est vrai que Saverne au XIXe s. pouvait apparaître comme une petite capitale déchue. Elle avait été dès le milieu du Moyen Age une des résidences privilégiées des évêques de Strasbourg, au pied du Haut-Barr, et

La façade, vers le Canal de la Marne-au-Rhin, du château des Rohan, oeuvre majeure du néo-classicisme alsacien, due à l'architecte Salins de Montfort. Ph. J. Blosser. ▼

◄ Un des aspects de Saverne. Ph. Mattes.

le siège de la Régence épiscopale, c'est-à-dire de l'administration de tous les territoires du seigneur évêque. Ces transferts ont peu à peu donné à cette bourgade d'aubergistes et d'artisans des fonctions plus prestigieuses. Certains prélats ont eu à coeur de développer leur bonne ville. Ainsi Albert de Bavière à la fin du XVe s. dote-t-il l'église paroissiale d'un chapitre de chanoines, fait agrandir l'église et l'embellit. Au XVIe s., Guillaume de Honstein, après l'effroyable tuerie des Rustauds par les Lorrains en 1525, fait

▲ *Le château du Haut-Barr, dont la première mention daterait de 1123, appelé «l'oeil de l'Alsace». Ph. Mattes.*

bâtir le premier château résidentiel. Autour de 1670, les Furstenberg l'agrandissent; un grand corps de bâtiment s'ouvre vers des jardins. Le premier cardinal de Rohan, Armand Gaston, fait appel à des Parisiens, Robert de Cotte par exemple, pour agencer de somptueux appartements. Le parc lui aussi, avec un canal de près de 4 km de long, une pagode chinoise, un labyrinthe, des bosquets, une grotte… rivalise avec Versailles. L'incendie de 1779 ravage ce palais de fond en comble. Le nouvel évêque, Louis René Edouard de Rohan Guémené, le célèbre «cardinal collier», ordonne aussitôt une grandiose reconstruction. L'architecte Salins de Montfort propose un grand corps de 140m de long, en grès rose, de style néo-classique, sobre et imposant. En 1790, seul le gros oeuvre est achevé. On a sans doute exagéré le luxe de la cour épiscopale à Saverne. Mais il est vrai que les séjours du prince, même éphémères, étaient l'occasion de fêtes et d'activités lucratives pour la population locale. Dans l'intervalle, la présence des officiers de la Régence entretenait une animation régulière, comme aussi le collège latin tenu par les pères Récollets, le pensionnat pour jeunes filles de bonne famille dirigé par les religieuses de la Congrégation de Notre-Dame...

La Révolution a brutalement détruit la puissance temporelle de l'évêché et donc liquidé toute son administration. Le château inachevé et désert n'était plus qu'un bien national offert à la vente. Saverne en était réduit à disputer à sa rivale Haguenau le siège du tribunal de district. Finalement, l'ancienne capitale épiscopale réussit à devenir sous-préfecture et à garder ses juges, son collège et même à faire transformer son château en asile des veuves de fonctionnaires de l'Etat. La déchéance était ainsi évitée.

L'annexion au Reich en 1871 amorce un nouvel essor lié pour une grande part à la présence d'une importante garnison révélée en 1913 par la célèbre «affaire de Saverne». La ville s'agrandit hors de son périmètre ancien. Un nouvel urbanisme est esquissé. La population qui comptait environ 4 000 habitants à la fin du XVIIIe s. est passée à plus de 8000 à la fin du XIXs. Elle atteint aujourd'hui les 12000. L'industrialisation se révèle plus difficile; les entreprises, à l'exemple de Goldenberg préfèrent s'installer à la périphérie. Si pour son développement la ville ne néglige pas cette orientation, l'effort a surtout porté sur les fonctions commerciales, sur les services comme l'hôpital et les établissements scolaires, deux collèges et quatre lycées. Le tourisme estival est essentiel avec la forêt et ses sentiers — le Club vosgien a été fondé à Saverne — le canal, la roseraie, le jardin botanique, le musée aux riches collections archéologiques et enrichi par la donation Louise Weiss, ses festivités où se reflète l'histoire de la ville. Il faut cependant lutter pour maintenir les activités que la centralisation menace et en trouver de nouvelles. L'équilibre n'est pas toujours facile à réaliser entre le progrès qu'il faut maîtriser et la qualité de la vie qu'il faut garantir.

▼ *La zone piétonne: l'Hôtel de Ville et la Maison Katz dont la partie droite date de 1605 et la partie gauche de 1668. Ph. Kuhn S.A.*

MOLSHEIM
Louis SCHLAEFLI

Molsheim? Vieille bourgade un peu oubliée, endormie là-bas, au bout et à l'écart de l'autoroute... et pourtant cette place forte médiévale à l'entrée du val de Bruche est riche d'un passé multiforme et peut se glorifier d'avoir inscrit dans ses monuments le souvenir d'une page d'histoire qui est alsacienne bien plus que locale.

Au début du XIVe s., après une lutte séculaire avec l'empereur, l'évêque de Strasbourg finit par être le seul seigneur de la ville qu'il ne tarde pas à fortifier; il y réside bien souvent dans son château, y convoque des diètes, y reçoit les grands de ce monde: l'empereur et, bien plus tard, Louis XIV.

A l'époque de la Réforme, Molsheim était appelée à devenir progressivement la métropole religieuse du diocèse et, grâce aux Jésuites, le bastion de la Contre-Réforme. La cité va alors connaître son âge d'or et ce n'est pas par hasard qu'on a pu parler du Grand Siècle de Molsheim. On verra s'ériger des constructions d'un style qu'on pourrait croire propre à cette ville: le collège des Jésuites et la Chartreuse avec leurs églises caractéristiques, des résidences de chanoines... La Guerre de Trente ans, pour meurtrière qu'elle fût, les laissa subsister.

Au XVIIIe s., on assiste à une importante expansion démographique et à un développement singulier de l'artisanat. Parallèlement, une nouvelle société s'implante, plus française de style, même si elle ne l'est pas de par ses origines, constituée de nobles (les Polleretzky, von Lindenbaum, de Sauveterre...) issus bien souvent du monde militaire, de robins gradués, d'administrateurs de toute sorte...

Quand bien même, à l'aube de ce même siècle, Strasbourg ravit à Molsheim son Université épiscopale, la ville va garder une vocation scolaire. Son collège, devenu Sénatorerie du Maréchal Kellermann sous l'Empire, abrita ensuite la Petite Sorbonne de Mgr de Trévern, puis l'institution Notre-Dame. Cette vocation s'est confirmée en notre siècle et Molsheim abrite aujourd'hui dans ses collèges et lycées une importante population scolaire.

Dans d'autres domaines, la Révolution allait changer le cours des choses. Molsheim y perdit une part importante de son patrimoine artistique et architectural et fut privée d'institutions qui avaient porté au loin sa renom-

Les Grandes Boucheries ou «Metzig», élégante construction de la première Renaissance alsacienne. Ph. D. Gaymard. ▼

◀ Le sommet en construction automobile chez Bugatti à Molsheim fut atteint fin des années vingt au moment de la présentation de la Bugatti Royale, immense automobile propulsée par un moteur de 13 litres, double allumage d'environ 200 CV. La carrosserie présentée est un roadster conçu et dessiné par Jean Bugatti, le fils du célèbre constructeur. Ph. Carabin, archives Baltzinger.

mée: son collège, au moins transitoirement, sa Chartreuse, définitivement. Molsheim la réactionnaire allait s'assoupir dans une torpeur fatale, même si la cité, en démolissant partiellement le carcan que semblait alors constituer sa vieille enceinte, essayait de se développer hors les murs.

Certes, on assiste alors à un début d'industrialisation; les vieux moulins vont abriter les ateliers de Coulaux. Mais cet essor industriel n'allait vraiment être effectif et durable qu'avec l'implantation, au début de notre siècle, de l'usine Bugatti qui portera au loin le renom de Molsheim. C'est encore vrai aujourd'hui de l'entreprise Messier-Hispano-Bugatti dans le monde de l'aéronautique. D'autres grandes entreprises assurent l'emploi pour la population locale et celle des environs: les sociétés Heinrich, OSRAM, Mercedes et Millipore, pour ne citer que les plus importantes.

Il ne faut pas oublier non plus l'atout que constitue encore de nos jours le travail de la vigne.

5 LE BAS-RHIN ET SES VILLES

Sous-préfecture depuis 1871, Molsheim constitue, au piémont des Vosges, un important relais sur le plan social, culturel et économique.

Mais il est une carte qu'à l'avenir la ville devra jouer bien davantage: celle du tourisme. Elle dispose déjà d'une importante infrastructure avec son hôtellerie, son camping, ses installations sportives... Son patrimoine est pour le moins varié, si l'on passe de la stèle gallo-romaine visible place de l'Eglise à la Bugatti exposée à la Chartreuse, avec des joyaux comme la Metzig, l'église des Jésuites, le complexe – unique en Alsace – de la Chartreuse, les demeures cossues du XVIIIe s. (comme le château d'Oberkirch), sans parler de mille détails pittoresques que révèle une visite dans les rues tortueuses de cette bourgade encore médiévale par endroits. Hormis les fêtes traditionnelles (Messti, Foire aux vins, Fête du Raisin), des efforts particuliers d'animation ont été réalisés: concentration de Bugattistes, Vendredis de la Chartreuse...

Il n'en demeure pas moins qu'une politique culturelle encore plus audacieuse vaudra à Molsheim un nouvel essor.

◀◀ *La façade sud de l'église paroissiale Saint-Georges, ancienne église des Jésuites, principal édifice religieux construit en Alsace au XVIIe s. Ph. D. Gaymard.*

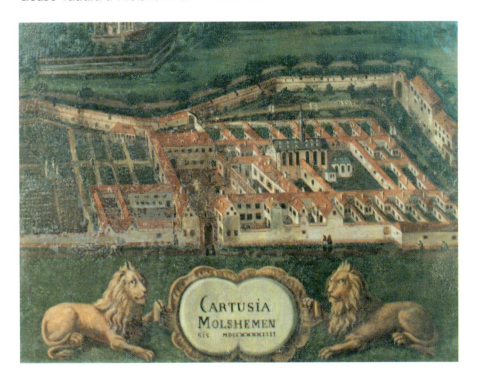

◀ *Détail d'une toile peinte de 1744 représentant la Chartreuse. Musée de Molsheim.*

SCHILTIGHEIM
Daniel PETER

Troisième ville du département par sa population (près de 30000 habitants en 1989), Schiltigheim est à la fois banlieue et pôle adjacent de Strasbourg pour les activités et la résidence. De par sa situation, la localité a profité de la croissance, des développements industriels et des progrès de l'urbanisation de l'agglomération strasbourgeoise. Elle connut un rythme d'accroissement très accusé entre 1850 et 1910, la population passant de 3350 habitants à 16760 entre ces deux dates. Par la suite, les progrès se ralentissent, mais les gains de population restent importants (+ 33% entre 1954 et 1982). Chef-lieu, depuis 1832, d'un canton ramené depuis le décret du 15 janvier 1982 à la seule commune de Schiltigheim, mais qui englobait, à l'origine, 18 communes des environs ouest et nord de Strasbourg, la ville constitue le pôle majeur d'emplois et de services de l'ensemble de la banlieue nord de la capitale alsacienne.

La localité est citée pour la première fois en 884 dans une charte de Charles le Gros. Elle formait un carrefour important en avant des murs du Vieux Strasbourg: la route de Bischwiller vers le nord-nord-est, et la route de Brumath vers le nord de la province. Après avoir appartenu à différents seigneurs, le village parvient par achat à la république de Strasbourg en 1501. Cette situation durera jusqu'à la Révolution.

Si, au milieu du XVIIIe s., le village de Schiltigheim n'était encore qu'un bourg agricole de près de 1200 habitants, la situation générale avait bien évolué cent ans plus tard. L'orientation économique s'était infléchie, ouvrant la voie de l'industrialisation. La commune compte alors 3500 habitants et dispose des attributs habituels d'un chef-lieu de canton (juge de paix, perception, notaire, huissier, deux médecins...).

L'industrie ne se développe vraiment que durant la seconde moitié du XIXe s. Vers 1860, le cadre général encore fortement campagnard de la banlieue nord commence à se transformer. En quelques dizaines d'années, les villages anciens de cette banlieue bourgeonnent et bientôt Hoenheim, Bischheim et Schiltigheim sont soudés les uns aux autres en fonction de l'axe de la route de Bischwiller devenu une artère industrielle et résidentielle densément occupée. Le mouvement de mutation industrielle opéré à partir

Vue aérienne du centre de la Ville. Ph. Mairie Schiltigheim. ▶▶

5 LE BAS-RHIN ET SES VILLES

Le Centre de Transfert de Technologie. Ph. Mairie Schiltigheim. ▶

Le vieux «Schillik»: un exemple de réhabilitation réussie. Ph. Mairie Schiltigheim. ▶

de Strasbourg profite essentiellement à Schiltigheim. La terrasse protégée de loess, propice à la réalisation de grandes caves à l'abri de la nappe phréatique, attire les brasseries strasbourgeoises désireuses de s'agrandir et de se moderniser. Un véritable front industriel, de part et d'autre de la route de Bischwiller ainsi qu'en contrebas de la terrasse de loess, se greffe sur l'extrémité méridionale de Schiltigheim et sur l'axe de la route de Brumath: outre les brasseries Perle, Le Pêcheur, Schutzenberger et les malteries, des ateliers mécaniques (Quiri, Mock), des conserveries (Ungemach), des entreprises de fabrication et d'entretien de voitures hippomobiles, des fabriques diverses et une imprimerie s'implantent. Certaines usines prennent place au sein même de la zone d'habitat d'où une imbrication et une hétérogénéité de l'occupation du sol que l'on ne retrouvera guère dans les autres banlieues strasbourgeoises.

Après la seconde guerre mondiale, de nouvelles activités apparaissent à côté d'anciens établissements qui se maintiennent, certains en se développant, d'autres au prix de concentrations ou de restructurations. Ainsi il ne reste plus que quatre grosses brasseries à Schiltigheim après la restructuration dans ce secteur d'activité à partir des années 70 (Heineken, Le Pêcheur, Adelshoffen et Schutzenberger). L'éventail industriel en place à Schiltigheim est très vaste, mais le secteur industriel n'apparaît plus aussi prédominant et ne fixe plus que la moitié des emplois. En revanche, des gains substantiels sont comptabilisés dans le tertiaire. Aux diversifications des services se mêlent les éléments liés aux besoins des habitants de la banlieue nord et les éléments issus du desserrement comme de la croissance tertiaire de Strasbourg. Schiltigheim a vu s'ajouter aux services publics de base quelques éléments importants fonctionnant à l'échelle de l'agglomération (centre de tri postal, hôpital Pasteur), du département (Chambre d'Agriculture du Bas-Rhin) ou de la région (agence commerciale régionale des Télécommunications). Il seproduit ainsi une imbrication étroite de niveaux et de nature de services et une intégration partielle de la troisième ville du Bas-Rhin dans la centralité de la métropole régionale.

▼ *La Brasserie Schutzenberger dans les années 1920.* Doc. Schutzenberger.

Strasbourg

Jean-Yves MARIOTTE

Détente dans le parc de l'Orangerie, aménagé d'après des plans de Le Nôtre à la fin du XVIIIe s. Ph. Mattes. ▲

Le choix de Strasbourg comme centre administratif du nouveau département s'imposait, de par l'antiquité de la ville, fondée, dit-on, en douze avant notre ère, sa position économique et stratégique, sa tradition d'autogestion qui avait déjà frappé Erasme au XVIe s. L'ancienne ville libre impériale n'était française que depuis 1681.

Qu'était Strasbourg en 1789? Une assez grande ville pour l'époque (50 000 h.) enrichie par le négoce et par le travail de ses artisans, ouverte sur deux cultures, mais enserrée dans un double corset: une formidable ceinture de fortifications qu'elle s'était donnée aux époques les plus troubles du Moyen Age et que Vauban, juste après l'annexion à la France, avait portée à sa plus grande perfection; et sur un autre plan, une constitution rigide autant que complexe, donnant la réalité du pouvoir aux familles de l'oligarchie bourgeoise, sous le contrôle du représentant du roi. La ceinture fortifiée demeura pour longtemps le cadre des Strasbourgeois; en revanche l'été 1789 vit balayer les usages séculaires. En vain la ville avait-elle, en marquant son adhésion au nouvel ordre de choses, tenté de préserver ses privilèges. De Paris, l'Assemblée nationale dissipa très vite ces illusions. Les notables libéraux se rallièrent à Frédéric de Dietrich avant d'être à leur tour évincés par des éléments plus radicaux; Dietrich fut le premier maire élu en mars 1790 et c'est dans son salon qu'en avril 1792 fut chanté pour la première fois l'hymne qui devait devenir la Marseillaise.

Dans la grande réorganisation de la France, Strasbourg se voit assigner la place d'un chef-lieu parmi d'autres: s'en suivit une normalisation administrative et bien sûr le français fut substitué à l'allemand dans les actes de la vie publique. Les maires, nommés et limogés par le pouvoir, sont de simples administrateurs, certains d'envergure tel Georges Frédéric Schutzenberger, précurseur de l'urbanisme moderne. La ville s'agrandit progressivement. Compensant les entraves apportées à la navigation du Rhin par la frontière issue des traités de 1815, Strasbourg se relie par chemin de fer à Bâle (1844) et à Paris (1852). Le visage de la ville connaît de discrètes améliorations, telles que les nouvelles boucheries ou la couverture du fossé des Tanneurs, sans que son aspect d'ensemble en soit bouleversé.

Ville française, ville européenne? Strasbourg gardait des liens étroits avec l'Allemagne. La commémoration en 1840 du 4e centenaire de l'invention de l'imprimerie fut un grand moment de l'histoire intellectuelle de l'Europe, lorsque les corps savants de nombreux pays, surtout d'Allemagne, se firent représenter. En fait la montée des nationalismes à cette époque devait bientôt faire de Strasbourg l'enjeu d'un interminable conflit.

Le siège de Strasbourg par l'armée prussienne du 8 août au 27 septembre 1870, se solda par 280 morts et 400 maisons détruites, les trésors de la bibliothèque consumés en une nuit; ce fut pour les Strasbourgeois une épreuve de vérité: la politique française inconséquente, l'armée mal commandée, avaient cédé devant la puissance du Reich naissant, qui mettait tout en oeuvre pour s'affirmer dans la place conquise. A partir de 1872 Strasbourg se vit imposer une municipalité allemande: Otto Back de 1873 à 1906, Rudolf Schwander de 1906 à 1918; du point de vue matériel elle n'y perdit rien.

◀ L'Ill à la hauteur de l'église réformée Saint-Paul, ancienne église de la garnison protestante allemande, de style néo-gothique wilhelmien. Ph. Zvardon.

Le quartier de La Petite France avec ses maisons à colombages, près du Pont Saint-Martin. Ph. J. Lagrange. ▶

Perspective sur l'Avenue de la Liberté, exemple typique d'urbanisme wilhelmien. Au premier plan le Palais du Rhin, au bout de l'avenue le Palais Universitaire et tout au fond l'Esplanade. Ph. R. Mallo. ▼

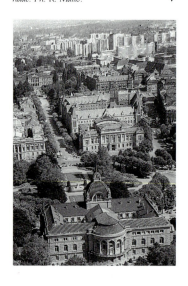

On ne peut nier les progrès accomplis à cette époque: les plus visibles résultent de l'exécution du plan d'urbanisme dû à l'architecte Conrath: doublement de la surface bâtie, réalisation des grands édifices publics, de l'Université, d'écoles et de nombreux immeubles; à partir de 1907 on procède en outre à la «grande percée» qui décongestionne le centre historique de la ville. Il faudrait évoquer aussi les progrès accomplis dans les domaines de l'hygiène, de la protection sociale; une administration saine et ouverte au progrès était favorisée par un contexte économique favorable: c'est aussi l'époque où le port de Strasbourg rénové reprend ses fonctions sur le Rhin, où Strasbourg devient un grand centre bancaire et commercial. Les Strasbourgeois eurent quelque mérite à préserver jusqu'au bout ce que l'un d'eux appelait «cette folie de vouloir rester français».

L'entrée des Français sous les vivats, le 22 novembre 1918, celle des Allemands dans une ville désertée, le 19 juin 1940, le serment de Koufra accompli par Leclerc, le 23 novembre 1944 sont autant d'événements de l'histoire de France qui eurent Strasbourg pour cadre.

Occupée à relever ses bâtiments sévèrement touchés par les bombardements de 1943 et 1944, comme à panser les blessures morales de quatre années d'arbitraire, les responsables strasbourgeois, à la suite du maire Charles Frey († 1955), se tournèrent vers l'avenir. Selon le mot du ministre anglais Ernest Bevin, «cette grande cité avait été témoin de la stupidité du genre humain qui essayait de régler les affaires par la guerre»: elle accueillit volontiers le choix unanime que firent d'elle, le 5 mai 1949, les dix Etats fondateurs du Conseil de l'Europe, pour le siège de leur institution. De ce choix en découlaient d'autres: le Conseil entraîna à sa suite la Commission et la Cour des droits de l'Homme (1950); en 1952 l'Assemblée de la Communauté Européenne du Charbon et de l'Acier, ancêtre de l'actuel Parlement européen, commença à siéger à Strasbourg; suivirent l'Institut des Droits de l'Homme fondé en 1969 par René Cassin, le Centre européen de la Jeunesse (1972), la Fondation européenne des sciences, etc. Avec la construction du Palais de l'Europe (1977) et de l'édifice destiné au Parlement européen, sans parler du projet actuellement en cours, l'implantation de ces institutions donne à la ville sa dimension de capitale. Strasbourg est aussi, de ce fait, le siège de nombreuses représentations diplomatiques et consulaires.

Elle ne doit pas faire oublier que Strasbourg est aussi une capitale régionale. La création en 1968 d'une communauté urbaine associant à Strasbourg 26 communes limitrophes donne à la métropole alsacienne le poids réel des 400 000 habitants participant à ses activités. Ces dernières comportent un secteur industriel, mais néanmoins très inférieur au secteur tertiaire (commerces et services).

Après avoir longtemps vu ses activités entravées par la clôture des frontières, le Port (depuis 1924 «Port autonome de Strasbourg») doit au contraire s'adapter à une concurrence très vive sur les grandes voies fluviales et routières. Doté d'un poste de manutention de conteneurs et d'une grande capacité de stockage, il se distingue surtout par son Centre plurimodal de transports internationaux Eurofrêt, assurant la jonction de la route, du chemin de fer et de la navigation.

Page suivante. Du haut de la cathédrale, vue sur le coeur de la ville; à l'horizon la ligne bleue des Vosges. Ph. Zvardon.

Symboles de la vocation internationale de Strasbourg, les drapeaux claquant au vent au Pont de l'Europe. Ph. Mattes.

5   LE BAS-RHIN ET SES VILLES

5 LE BAS-RHIN ET SES VILLES

◀ Page précédente. La cathédrale de Strasbourg, joyau de l'art gothique et monument tutélaire de l'Alsace. Ph. Zvardon.

La ville des années soixante, vue du quai des Belges. Ph. R. Mallo. ▶

Strasbourg, capitale européenne: ensemble des nouveaux bâtiments. Ph. Zvardon. ▶

140

Comment énumérer brièvement les ressources culturelles de Strasbourg? On pense aux musées regroupés aux alentours de la cathédrale, aux archives de la ville et du département, aux bibliothèques nationale et municipale toutes deux reconstituées après le désastre de 1870. Il faut évoquer aussi les théâtres, l'opéra et l'intense activité musicale avec ses deux festivals; enfin la mosaïque d'associations promouvant les formes les plus variées d'activités culturelles.

Dans le domaine universitaire, Strasbourg affiche son caractère international en recensant 6 000 étrangers sur 30 000 étudiants inscrits. Elle entretient d'étroites relations avec des homologues d'outre Rhin. Pourtant la tradition du XIXe s. était plutôt nationale, voire chauvine: l'Université impériale de 1808 avait fait place à la Reichsuniversität de 1872, laquelle inaugura en 1882 son «Palais» avant de le céder en 1919 à l'Université française. Après le repli sur Clermont-Ferrand, les persécutions et l'intermède d'une université pangermaniste, l'université française reprit ses droits: elle réagit très nerveusement, en 1949, lorsque certains parlèrent d'une université européenne. L'avantage de cette position en marge fut que chaque pays eut à coeur de donner à Strasbourg ses meilleurs éléments quitte à rappeler à Paris ou à Berlin, le moment venu, les talents trop prometteurs.

Des legs de l'histoire et des contraintes de la géographie, Strasbourg a su tirer le meilleur parti: plaque tournante des voies terrestres et fluviales, elle est par excellence aussi un lieu privilégié de rencontre et d'échange des idées et des cultures. Ainsi s'affirme de siècle en siècle et se précise, soutenue par la volonté populaire, sa vocation de capitale de l'Europe.

▲ *La densité du réseau autoroutier menant à Strasbourg. Ph. R. Mallo.*

Sélestat
Maurice KUBLER

Sélestat vue du ciel. On distingue bien la vieille ville, les clochers de Saint-Georges, Sainte-Foy et La Porte Neuve (de gauche à droite). A droite le cours et les prairies de l'Ill. Ph. J.P. Schmitt. ▶▶

Située dans la partie sud du Bas-Rhin, la ville de Sélestat est siège d'une sous-préfecture et chef-lieu de canton. Sa population s'élève à environ 16 000 habitants.

La localité est ancienne, bien antérieure à 735, date de sa première mention. En 1216 Sélestat fut élevée au rang de ville par Frédéric II et fit partie de la Décapole, la ligue des dix villes d'Alsace fondée par Charles IV en 1354. Son site exceptionnel «au milieu du pays d'Alsace, en une ferme place et en un terrain fécond», au débouché des vallées de Lièpvre et de Villé, a déjà enthousiasmé Erasme de Rotterdam. Elle possède un noyau ancien qui continue d'attirer les visiteurs par son charme désuet et ses coins pittoresques. Aux détours de ses étroites ruelles on découvre avec émotion témoins et vestiges de son passé prestigieux, la majestueuse tour de l'église Sainte-Foy la romane, les pinacles fleuris de l'église Saint-Georges la gothique, l'oriel médaillé des architectes de l'antiquité de la maison Ziegler (1538), de beaux hôtels Renaissance, la vénérable bibliothèque, glorieux trésor culturel, relique de l'âge d'or de la cité humaniste et de ses érudits Wimpfeling et Beatus Rhenanus, sans oublier les restes majestueux de son enceinte.

Ses atouts culturels et touristiques, avec le Haut-Koenigsbourg, sont et deviennent de plus en plus un volet non négligeable de l'économie de la cité. Entre le Vignoble et la plaine du Ried, Sélestat a toujours joui d'une forte activité commerciale, attestée par son port sur l'Ill, l'ancien Ladhof, et ses places de marché spécialisé, aux vins, aux pots, aux herbes, aux choux et aux blés.

Jusqu'au début du XXe s., la dominante économique de Sélestat reste l'agriculture et notamment le maraîchage. Fidèle à l'esprit des anciennes corporations, l'artisanat reste prospère. C'est par lui que l'industrialisation s'amorce discrètement au début du XIXe s. Fabricant depuis 1779 des «gazes métalliques», Ignace Roswag se lance en 1806 dans la production de toiles métalliques pour papeterie. En 1817 il est suivi par Louis Lang et vers 1840 par Hatterer, tandis que Franck (1858) et Martel-Catala (1868) prennent le relais et font de la toile pour papeterie une spécialité sélestadienne. Il faut ensuite attendre l'année 1907 pour voir la fondation d'une filature créée par Paul Cuny de Thaon-les-Vosges.

Fabrication de la toile continue pour papeterie chez Martel Catala, fleuron de l'industrie à Sélestat depuis 1868. Ph. Millot. ▼

5 LE BAS-RHIN ET SES VILLES

L'église Sainte-Foy appartient à la seconde moitié du XIIe s. Ph. Office du Tourisme, Sélestat. ▶

L'entre-deux-guerres est peu propice aux investissements et cependant deux entreprises naissent en 1932, la Société alsacienne d'aluminium (SAA) et la Celluloïd. L'après-guerre apporte l'établissement Menzer Frères qui devient le premier producteur européen d'articles de maroquinerie, avant de succomber au début des années 80.

Avant même que ne surgissent la crise de l'emploi et l'accroissement du chômage, la municipalité agrandit le Lycée Koeberlé (1967-1969) et construit la cité scolaire technique Schwilgué (1970-1973) pour la formation des jeunes du Centre Alsace.

Oui, le Centre Alsace commence à exister. On assiste à une prise de conscience des élus pour reconnaître l'identité de ce secteur un peu délaissé. En 1969 naît le Syndicat intercommunal à vocation multiple (S.I.V.O.M.), qui s'élargit et entraîne en 1981 trois communes de celui de Sundhouse pour le traitement des eaux usées. D'autre part quelque 80 communes se réunissent en 1975 pour former le SICTOM, chargé de la collecte et du traitement des ordures ménagères. Le schéma directeur d'aménagement et d'urbanisme (S.D.A.U.), d'abord établi en 1969 pour cinq communes, s'étend ultérieurement aux deux cantons de Sélestat et de Marckolsheim.

Un groupement d'intérêt touristique (G.I.T.) est créé en 1974. Centré sur le Haut-Koenigsbourg, il comprend les syndicats d'initiative de Sélestat, Sainte-Marie-aux-Mines, Scherwiller, Orschwiller, Kintzheim, Châtenois et Ribeauvillé.

En 1984 enfin, l'Association pour le développement de l'Alsace centrale (A.D.A.C.) essaie de promouvoir l'aménagement des SIVOM du secteur. Grâce au S.D.A.U., qui ne fut approuvé qu'en 1977, Sélestat peut créer la Z.A.D. du Parc d'activités économiques nord, greffé sur l'échangeur 10 (Maison Rouge) de la contournante autoroutière A35, ouverte le 12 février 1981, et promu par les deux pionniers Grace et Wantzl. En venant s'articuler sur la A35 par l'échangeur 11, la contournante-sud vient parachever le désenclavement de Sélestat et du Centre Alsace.

Initiale en S du Livre des Miracles de Sainte-Foy (manuscrit de la fin du XIᵉ s. conservé à la Bibliothèque Humaniste). Photo Edition «Europ», Pierron. ▼

LE MONDE AGRICOLE
Jean-Marie MONTAVON

Un grand jardin, telle est l'image que l'agriculture alsacienne a longtemps donné d'elle et même aujourd'hui encore comme si les profondes transformations qui ont touché le monde agricole ces deux derniers siècles n'avaient eu prise sur elle. En fait, si son évolution fut très tardive, elle a connu ces dernières décennies des transformations remarquables qui estompent progressivement son image traditionnelle.

Une agriculture traditionnellement intensive

Au XIXe s.: des campagnes riches en apparence

Au cours de la première moitié du XIXe s., l'augmentation de la population depuis le milieu du XVIIIe s. eut une double conséquence: c'est l'intensification de l'occupation du sol (la taille moyenne d'une exploitation en 1840 est de 2 ha seulement contre 15 ha en 1989), c'est d'autre part l'insuffisance de la production vivrière qui fait que l'Alsace doit importer près de 30% de sa consommation en céréale. Certes, le recours aux cultures commerciales (vin, garance, tabac, plantes textiles et oléagineux) permettait de dégager des ressources complémentaires, mais les campagnes alsaciennes étaient alors plutôt pauvres par rapport à la moyenne française et les cas de malnutritions n'étaient pas rares.

A partir de la deuxième moitié du XIXe s., l'exode rural allège progressivement la surcharge démographique des campagnes et le revenu des paysans s'améliore lentement. Cependant, contrairement à l'évolution générale, la taille moyenne des exploitations continue à diminuer (1,8 ha en 1880). Ceci n'empêche pas la production de croître grâce à une meilleure productivité, moins due à une mécanisation plus lente qu'ailleurs, qu'aux savantes pratiques culturales d'une agriculture hautement intensive (savants assolements, élevage sélectionné, techniques modernes...) restée spéculative (houblon, orge, betterave sucrière, légumes, élevage intensif...).

Au XXe s.: la modernisation de l'agriculture

Cependant, au début du XXe s., ces structures demeurées archaïquesques de petites exploitations vouées à la polyculture et à l'élevage sont en crise;

Rayon de soleil à travers des épis de blé, symboles de fertilité. Ph. Mattes. ▼

◀ Champ de tabac près de Quatzenheim. Ph. Kuhn S.A.

◀ Etable modèle à Saessolsheim. Ph. Kuhn S.A.

▼ Le maïs est devenu la première culture du Bas-Rhin. Ph. Mattes.

147   LE MONDE AGRICOLE ▶

Pommes de terre. Ph. Kuhn S.A. ▼

Houblon. Ph. Kuhn S.A. ▲

la croissance y est la plus faible de France et cela jusqu'au début des années 50. Par la suite l'essor est très rapide au point que le département, dont le parc de tracteur était deux fois plus faible que la moyenne nationale en 1955 détient actuellement le record de France, au point d'apparaître aujourd'hui comme plutôt suréquipé. Surtout, on assiste à la transformation rapide et profonde des systèmes de productions marquée par la concentration des exploitations, leur spécialisation dans des productions spéculatives et une intégration progressive inscrivant dans l'évolution générale d'une économie de marché à l'échelle européenne. La diminution des surfaces fourragères (– 28% depuis 1970) tient à la réduction du cheptel (à l'exception des volailles), que ce soit du fait des quotas laitiers (1984) qui n'ont fait qu'accélérer une évolution déjà ancienne, ou de la surproduction de viande porcine dans la CEE. Le nombre de vaches laitières a diminué de 30% et l'élevage porcin de près de 70% depuis 1970; à signaler que le Bas-Rhin détient les 3/4 du cheptel ovin et porcin d'Alsace.

La modernisation des exploitations se poursuit malgré un parc en régression. Depuis 1980 le parc des machines diminue (tracteurs – 2,6%, moissonneuses batteuses – 15%). De plus en plus les exploitants recourent aux entreprises de travaux agricoles (plus des 2/3 au moment des moissons).

Les types de régions agricoles du Bas-Rhin

Bien que les statistiques agricoles reconnaissent 5 régions, trois grands milieux sont à considérer: la plaine (Plaine du Rhin et les Rieds), les reliefs (Montagne vosgienne et Plateau lorrain), le secteur sous-vosgien.

La plaine (54% de la SAU du Bas-Rhin) qui comprend principalement la région d'Erstein, le Kochersberg, l'Outre-Forêt et les deux Rieds, regroupait en 1970 près de la moitié des surfaces fourragères et 51% du cheptel bovin. Aujourd'hui elle s'est spécialisée dans les céréales (2/3 des surfaces, les 3/4 du maïs grain du département) et dans les cultures industrielles (plus des 3/4 des surfaces dont 60% sont consacrés aux oléagineux). Cette évolution touche principalement les Rieds dont les plaines humides étaient traditionnellement vouées aux herbages et qui connaissent actuellement la spectacu-

◀ *Champ de tournesols près de Hochfelden. Ph. Mattes.*

▼ *Choux à choucroute, près de Valff. Ph. Kuhn S.A.*

laire explosion du maïs (10% des surfaces en 1970 et 38% en 1988) et des cultures industrielles (1,4% en 1970 et 11,3% en 1988). L'élevage, malgré un recul certain, reste une activité majeure avec encore 45% du cheptel bovin. Ce secteur de la plaine regroupe l'essentiel des grandes exploitations (plus de 20 ha), les chefs d'exploitations y sont plus jeunes, mieux formés; c'est ici le secteur de loin le plus dynamique qui a su répondre à la demande en se spécialisant dans les cultures à haut rendement; avec le vignoble, il dégage les marges bénéficiaires les plus élevées.

Les Vosges et le Plateau lorrain qui couvrent à peine 15% de la SAU départementale, sont restés une terre d'élevage où les surfaces fourragères occupent plus des 3/4 de la SAU et regroupent 1/5 du cheptel départemental. C'est ici, et surtout dans la partie vosgienne, que l'on trouve ces exploitations restées traditionnelles, qui sont menacées à terme de disparition et où l'hémorragie de la population agricole a été la plus vive (− 40 à − 50% de 1979 à 88).

Avec 30% de la SAU, le secteur sous-vosgien fait figure de transition entre les deux précédents. Si sa spécificité tient au vignoble avec plus de 90% des surfaces du département, sa part n'est pas négligeable pour toutes les autres

6 VIE ECONOMIQUE

Deux fois plus faible que la moyenne nationale en 1955, le parc de tracteur détient à présent le record de France. Hersage et fenaison. ▶

productions avec 1/4 des surfaces en céréales et cultures industrielles, 35% du cheptel bovin.

Une grande diversité de situations caractérise ce secteur, du vignoble aux petites exploitations qui dégagent de fortes marges, aux terrasses du sud qui se rattachent à la Plaine du Rhin, et aux exploitations du Pays de Hanau qui connaissent les problèmes du secteur montagneux.

L'avenir de l'agriculture bas-rhinoise

Une page semble donc se tourner. L'image d'une agriculture de petites exploitations vouées à la polyculture très diversifiée et à l'élevage disparaît peu à peu; l'agriculture du département de plus en plus intégrée au grand marché communautaire, devient résolument spéculative et affaire de spécialistes. Certes l'évolution est loin d'être achevée et tout cela ne va pas sans problème. Les exploitations, généralement suréquipées, sont de taille encore trop modeste pour l'époque, la formation agricole insuffisante. Surtout l'évolution actuelle des modes de production avec leurs conséquences, l'extension des friches en montagne, les reboisements anarchiques, la destruction des paysages des Rieds, de leur flore et de leur faune, la pollution de la nappe font craindre que ne se dénaturent progressivement ces admirables paysages humanisés que nous ont légués les siècles d'exploitation intensive et qui sont l'un des principaux attraits de l'Alsace. Prise entre les exigences d'une nécessaire modernisation et du maintien d'un cadre de vie exceptionnel dont elle est la gestionnaire, l'agriculture du Bas-Rhin est sans doute aujourd'hui confrontée à des choix tout à fait nouveaux pour elle.

L'agriculture du Bas-Rhin aujourd'hui

A travers les chiffres que nous présentent les statistiques du Bas-Rhin, l'agriculture représente aujourd'hui peu de chose: moins de 4% de sa population active et à peine 2% en valeur de son économie. Cependant si l'on inclut les services et les industries qui lui sont liés, il s'agit malgré tout du dizième de l'économie du Bas-Rhin.

Les structures agricoles: moins d'agriculteurs, des exploitations plus grandes.

Depuis 1970 la population agricole a diminué de moitié. En 1988 le Bas-Rhin comptait encore 13000 chefs d'exploitation soit 6 fois moins qu'en 1954 en pourcentage de la population active; un exploitant sur cinq a encore disparu de 1979 à 1988. D'autre part seuls 40% des exploitants exercent à temps complet et 1/3 sont des doubles actifs dont près de 60% d'ouvriers paysans. Le vieillissement de la population agricole se poursuit; en 1979, 35% des exploitants avaient plus de 55 ans, 45% en 1988.

Cerises. Ph. Mattes. ▶

◀ *Pommes et raisins. Les cultures spécialisées ont doublé leur surface au cours des années 80. Ph. Mattes.*

Deux exploitations sur trois ont disparu depuis les années 50. La diminution du nombre des exploitants a entraîné celle des exploitations: une sur trois a disparu au cours des seules années 80... La conséquence, c'est l'augmentation de la taille moyenne des exploitations qui passe de 5,2 ha en 1955 à 14,8 ha en 1988 (ce qui reste très en deçà de la moyenne nationale: 27,9 ha en 1986). La grande propriété se renforce; celles de plus de 20 ha ont vu leur part passer de 1,3% en 1970 à 28% en 1988 et représentent plus de 70% des surfaces exploitées.

Les systèmes de production

Ces dernières années ont été marquées par une transformation rapide des systèmes de production dans le sens d'une spécialisation plus poussée. Les cultures l'emportent désormais sur les surfaces fourragères avec entre autres le maïs grain qui est devenu la première culture du Bas-Rhin: moins de 4% de la surface agricole utilisée (SAU) en 1970, 22% en 1988. Les cultures spécialisées ont doublé leurs surfaces au cours des années 80 surtout avec les oléagineux (colza et tournesol: 40% des surfaces) mais aussi la vigne, les légumes, les vergers ou le soja qui gagne dans les Rieds; en revanche ces cultures traditionnelles que sont le tabac, le houblon et le chou à choucroute régressent.

LE MONDE AGRICOLE ●

LE DEVELOPPEMENT INDUSTRIEL
Michel HAU

L'industrialisation du Bas-Rhin a reposé essentiellement sur deux facteurs : la forte densité d'occupation de ses sols cultivables, qui a obligé une partie des habitants à rechercher des revenus en dehors de l'agriculture, et une bonne capacité de l'ensemble de son tissu social à assimiler le progrès technique. Dès 1830, la plupart des conscrits y savent lire et écrire contre un peu moins de la moitié pour l'ensemble de la France.

Durant tout le XIXe s. et la première moitié du XXe, il est impossible à l'industrie bas-rhinoise de tirer profit de sa situation sur l'axe rhénan à cause du «reculement des barrières douanières» de 1790, du retard mis aux travaux d'aménagement du fleuve et des conflits franco-allemands. Il faut attendre la construction de l'Europe pour que l'axe rhénan devienne un véritable facteur d'industrialisation dans le Bas-Rhin.

Une des originalités du développement industriel du département du Bas-Rhin est qu'il a reposé largement sur le pullulement de petites entreprises indépendantes et dynamiques. Au milieu du XIXe s., la production d'objets fabriqués y est réalisée presque exclusivement par des ateliers ne dépassant pas cinq ouvriers.

La croissance démographique très rapide du dernier tiers du XVIIIe s. et de la première moitié du XIXe a fait des campagnes alsaciennes un des espaces ruraux les plus densément peuplés d'Europe. Elle oblige un grand nombre de paysans, réduits à la condition de micro-exploitants, à chercher dans la petite industrie de nouveaux moyens d'existence. Fille de la polyculture intensive, dont elle reproduit avec fidélité la diversité, le caractère méticuleux et l'adaptabilité au marché, la petite industrie bas-rhinoise du XIXe s. couvre une gamme remarquablement étendue de fabrications. Après le milieu du siècle, elle montre une aptitude étonnante à renouveler ses fabrications, à moderniser son outillage et à expédier ses produits dans le monde entier. Les chapeaux de paille de Sarre-Union s'exportent, vers 1900, jusqu'en Amérique du Sud.

Le patronat bas-rhinois du XIXe s. manifeste, comme son homologue haut-rhinois, un goût prononcé pour les techniques nouvelles. Il y investit des

Poste électrique de la Compagnie Rhénane de Raffinage qui met depuis 27 ans au service de l'économie alsacienne sa raffinerie de Reichstett, d'une capacité de traitement de pétrole brut de 4 millions de tonnes/an. Un tiers de sa production de produits finis est exporté vers la Suisse et l'Allemagne du Sud. Elle est aujourd'hui parfaitement équipée pour fournir des carburants et combustibles aux nouvelles normes anti-pollution. Ph. Raffinerie de Reichstett. ▶▶

155 LE DÉVELOPPEMENT INDUSTRIEL

capitaux importants, tantôt à perte, tantôt, au contraire, avec plein succès. Le banquier strasbourgeois Alfred Renouard de Bussierre connaît une des grandes réussites industrielles de son époque avec la fondation de la Société des Ateliers de construction mécanique de Graffenstaden. Fusionnée en 1872 avec André Koechlin et Cie, elle donnera naissance à la Société alsacienne de construction mécanique, ancêtre d'Alsthom. Un autre grand entrepreneur bas-rhinois du Second Empire, Albert de Dietrich, est l'un des premiers en Europe à utiliser, dès 1862, la technique révolutionnaire du convertisseur Bessemer.

Le goût de l'innovation se rencontre également dans le milieu des petits producteurs. Le développement industriel de Strasbourg commence, à partir de 1860, par la transformation d'ateliers artisanaux en unités industrielles utilisant de nouvelles techniques: fermentation froide de la bière, tannerie industrielle. Dans la métallurgie, nombreux sont les techniciens locaux de la mécanique qui se lancent dans la création, à Strasbourg, durant le dernier tiers du XIXe s., d'entreprises produisant des biens d'équipement. A partir du début du XXe, des ingénieurs et techniciens isolés tentent leur chance dans la construction électrique, avec des capitaux de départ très modestes. Alcatel Business Systems (Télic, matériels de télécommunication) est fondée à cette époque.

Après la deuxième guerre mondiale, le coût croissant de la recherche-développement rend plus difficile, pour les petites et moyennes entreprises, qui forment l'essentiel du tissu industriel bas-rhinois, la poursuite d'un effort autonome d'innovation. Rares sont les firmes bas-rhinoises qui, à l'instar de De Dietrich, peuvent se doter de bureaux d'études complets et de grands laboratoires d'essais. Mais les pouvoirs publics prennent alors le relais et multiplient les institutions spécialisées dans la diffusion et l'aide au développement de nouvelles techniques. Les P.M.E. bas-rhinoises prennent l'habitude de recourir de plus en plus systématiquement à des consultants extérieurs. Le nombre des interventions de l'Agence nationale de valorisation de la recherche augmente rapidement en Alsace, devenue l'un de ses plus importants champs d'intervention. Les milieux dirigeants économiques

La dispersion des usines permet de respecter le cadre naturel: la division «Equipement Chimique» du groupe De Dietrich à Zinswiller. Ph. De Dietrich. ▶▶

LE DEVELOPPEMENT INDUSTRIEL

locaux ont su tirer parti de la puissance financière de Strasbourg, deuxième place bancaire française, pour établir le système de financement de la recherche-développement le plus complet qui existe en France, notamment avec la création, en 1983, de la première société régionale de financement de l'innovation (Innovest).

Le potentiel de recherche exceptionnel que représentent à Strasbourg le C.N.R.S., l'Université Louis Pasteur et l'I.N.S.E.R.M. apparaît de plus en plus comme un facteur d'industrialisation pour le Bas-Rhin et ce n'est pas sans raison que l'on parle à son propos de «nouvel or du Rhin». A l'heure actuelle, deux à trois entreprises se créent en moyenne chaque année dans le département pour exploiter les retombées des découvertes réalisées dans les laboratoires strasbourgeois, notamment dans les domaines des nouveaux matériaux, des accélérateurs de particules, de l'imagerie, du matériel médical, des médicaments, de l'ingénierie moléculaire et des biotechnologies.

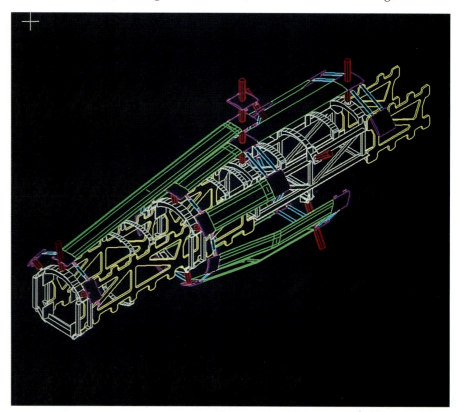

Le vivitron, le plus puissant accélérateur électrostatique du monde, est une réalisation de l'industrie bas-rhinoise. Ph. C.N.R. ▶

Dans le domaine de l'imagerie, le Laboratoire des sciences de l'image et le Groupement de télédétection spatiale ont regroupé leurs moyens et créé le Service régional de traitement d'image et de télédétection pour appliquer leurs connaissances à l'exploitation des photos de satellites, aux techniques de contrôle de qualité par des systèmes de vision, ou à l'imagerie médicale. Dans l'industrie du médicament, Strasbourg est en train de conquérir sa place sur l'axe qui s'étend de Bâle à Cologne et que l'on a surnommé à juste titre la «Silicon Valley du médicament». Développée au Département de pharmacochimie moléculaire du Centre de neurochimie, la conception assistée par ordinateur de substances actives est aujourd'hui un des points forts du milieu strasbourgeois.

La présence de plusieurs importants centres de recherche en génétique moléculaire (Laboratoire de génétique moléculaire des eucaryotes, Institut de biologie moléculaire et cellulaire, Institut de biologie moléculaire des

◄ *Une industrie attentive aux désirs de sa clientèle en France comme à l'étranger: équipements de bureau produits par le groupe Strafor. Ph. Steelcase-Strafor.*

6 VIE ECONOMIQUE

Les nouveaux bâtiments à Illkirch-Graffenstaden d'Alcatel Business Systems, qui fabrique notamment le minitel. Ph. Alcatel. ▶

Biotechnologie: la méthode brevetée d'établissement d'empreintes génétiques d'Appligène, implanté également à Illkirch-Graffenstaden, permet d'établir l'identité génétique d'un individu. Ph. Appligène. ▶

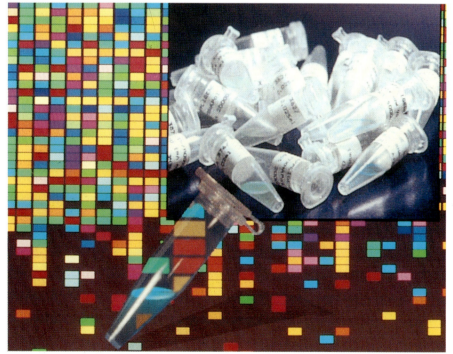

plantes) a été le facteur déterminant de l'installation à Strasbourg, de plusieurs entreprises de biotechnologie. La première en date et en importance a été la Société Transgène, fondée en 1980. D'autres entreprises se sont créées à sa suite, comme Appligène, Algène, etc. L'agglomération strasbourgeoise a également été choisie par plusieurs firmes multinationales, comme Eli Lilly ou Squibb, pour y implanter des activités de génie génétique.

Dans le domaine de l'informatique et des télécommunications, la présence des laboratoires strasbourgeois a contribué à développer cette activité initialement déjà bien installée avec Alcatel, qui fabrique notamment le fameux minitel. Il s'y est ajouté Matra-Datasystèmes (stations de travail), Mercure Informatique (petits systèmes), T.V.F. (matériels télématiques), Info Réalité (applications informatiques en rapport avec le téléphone), etc.

L'industrie bas-rhinoise ne s'est jamais contentée de ses débouchés proches et a toujours travaillé également pour des marchés lointains. A leur bilinguisme français-allemand traditionnel, les Bas-Rhinois joignent une maîtrise poussée des autres grandes langues véhiculaires des affaires. C'est en Alsace que l'on trouve le plus grand pourcentage d'ingénieurs multilingues.

Après la seconde guerre mondiale, la vigueur du courant des investissements étrangers a renforcé cette tendance. Ils ont contribué à accélérer le renouvellement du tissu industriel et l'ouverture internationale. Ces trente dernières années, plus de 250 entreprises industrielles allemandes, suisses, américaines et japonaises se sont implantées dans le département.

Au total, le Bas-Rhin a su éviter les pièges de l'industrie de masse et ses entreprises très diversifiées ont relativement bien résisté aux diverses crises, y compris celle des années 70. Présente sur tout le territoire du département, s'insérant avec discrétion dans les paysages naturels, l'industrie bas-rhinoise permet à beaucoup d'habitants, même dans les plus petites localités, de vivre et travailler au pays, tout en se tenant en relation avec une clientèle dispersée dans le monde entier.

L'ESSOR COMMERCIAL
Henri NONN

L'activité commerciale dans le Bas-Rhin est ancienne, développée et diverse; le grand négoce, surtout hérité du passé strasbourgeois, s'exprime toujours dans les fonctions d'import export, de transitaires, commissionnaires ou courtiers (plus d'une soixantaine d'entreprises de nos jours). La Maison du Commerce International de Strasbourg, le Port autonome et l'orientation exportatrice d'une part notable des industries alsaciennes, en reflètent d'autres formes où Strasbourg est une pièce maîtresse. En matière de commerce de gros, ses villes se partagent la collecte des produits ruraux et la redistribution des produits manufacturés sur des campagnes désenclavées par un maillage dense de communications que développa le Département. S'y ajoutent, avec l'essor industriel, les grossistes interindustriels. Parallèlement, «explose» le commerce de détail dès la deuxième moitié du XIXe s. et avec l'épanouissement de la «société de consommation», la reprise des gains démographiques entre 1946 et 1966, l'accroissement des modes et niveaux de vie urbains (au moins jusqu'à la crise); suivent des transformations structurelles (essor du commerce concentré ou «intégré») pour lesquelles le Bas-Rhin se situe dans le peloton de tête des départements français (14e rang): ceci sans ralentir les gains de surfaces commerciales et sans contracter l'emploi salarial.

Le marché de Barr vers 1880. Extrait de Ch. Grad, L'Alsace, le pays et ses habitants, 1919. Archives départementales. ▼

D'où de solides progrès. Vers 1850, seules les villes principales comptaient de bons effectifs dans le commerce. Mais la spécialisation fonctionnelle, le développement des communications modernes, les gains démographiques, puis l'industrie, ont fait ensuite proliférer le commerce de détail sur un plus large éventail de villes. Croissance qui toutefois redevient sélective ensuite: sur Strasbourg, Haguenau, Saverne et Sélestat, alors que la stagnation s'installe dans les petites villes ou les bourgs de plus en plus «court-circuités» par l'équipement plus attractif et divers des villes moyennes et surtout du chef-lieu; celui-ci détient l'essentiel des grands magasins, les «centrales» et les sièges des réseaux de magasins (coopérateurs ou succursalistes). Là aussi se développeront, à compter des années 1960-70, les supermarchés, puis les hypermarchés et les nouveaux «centres commerciaux».

Strasbourg et son agglomération ont une large position «leader» dans la région comme dans le Bas-Rhin; en 1986, sa zone d'emploi regroupait 44,4% des salariés alsaciens du commerce, et, dans le Bas-Rhin, 63,7% des effectifs salariés du commerce. La métropole détient plus de 53% des salariés du commerce de gros alimentaire et 66% du non alimentaire; pour le commerce de détail, on y trouve près de 65% des salariés des magasins d'alimentation, 62,7% de ceux du non alimentaire, plus de 60% du commerce de l'équipement de la personne ou de la maison, 70% des surfaces de vente (S.V.) des commerces de plus de 400 m², 71% des grandes surfaces spécialisées, 28000 des 29000 m² de grands magasins du département. La réalisation des centres commerciaux nouveaux de la Place des Halles (128 magasins) et de la Maison Rouge, en sus de celui de l'Esplanade datant des années 1970, renforcent l'importance de ses surfaces commerciales centrales cependant que s'étoffent des zones commerciales périphériques. Les rues piétonnières ont par ailleurs aidé à la mutation du centre-ville traditionnel. Parmi les villes moyennes, Haguenau, Saverne et Sélestat interviennent de nos jours pour un cinquième dans la ventilation des effectifs du commerce, grâce à une participation aux formes modernes, à des affinements, et à des actions volontaires de la profession. L'ensemble Molsheim-Mutzig-Dorlisheim s'en rapproche en importance maintenant. Les petites villes et les bourgs ou villages-centres des régions rurales du Bas-Rhin ont par contre enregistré depuis quelques décennies une contraction (effets de la concentration urbaine, de l'émigration, de la motorisation et de la mobilité accrue des ménages; jeu des nouvelles formules de la distribution et concurrence du commerce non sédentaire (tournées de commerçants, marchés) exercée par quelque 430 forains manifestant un bon dynamisme. Ceci aboutit à l'absence actuelle (1982) de tout commerce dans 152 communes (dont 105 ont moins de 300 habitants) où résident environ 36000 personnes. En revanche l'étalement périurbain, l'industrialisation diffuse et l'enracinement résidentiel aident à y sauvegarder quelque 10% des emplois.

Les structures commerciales d'aujourd'hui enregistrent quelques tendances fortes. Désormais les créations de nouvelles surfaces comme les innovations

▼ *Une concentration de grandes surfaces à Lampertheim-Vendenheim. Ph. J. Blosser.*

6 VIE ECONOMIQUE

L'évolution récente des effectifs salariés du commerce dans le Bas-Rhin: 1979-1986

Cadres géographiques	Total des salariés			gros alimentaire			gros non alimentaire			détail alimentaire			détail non alimentaire		
	1979	1986	fin 87	1979	1986	fin 87	1979	1986	fin 87	1979	1986	fin 87	1979	1986	fin 87
Bas-Rhin	44189	47130	48044	3350	3419	3564	14968	16769	15702	11591	13421	14427	14273	13521	14351
% des effectifs alsaciens	62,4%	63,7%		55,6%	53%		64,6%	66,4%		62,4%	64,7%		62,1%	62,7%	
zone d'emploi de Strasbourg	31512	32838		1892	2050		21811	13312		7529	8142		10280	9334	
% du B.-Rhin	71,3%	69,7%		56,5%	60%		78,9%	79,4%		65%	60,6%		72%	69%	
zones d'emploi de Haguenau	3746	4572		208	273		791	895		1609	2218		1131	1186	
Sélestat	3221	3388		390	388		735	657		1325	1442		771	901	
Saverne	1703	1837		251	169		519	478		318	582		615	608	
parts dans le Bas-Rhin	19,6%	20,8%		25,3%	24,3%		13,6%	12,1%		28%	31,6%		17,6%	19,9%	
zones d'emploi de Sarre-Union	441	530		53	50		77	122		75	164		206	194	
Niederbronn	592	634		96	86		105	132		151	194		240	222	
Wissembourg	812	935		87	20		289	331		177	294		259	290	
Schirmeck	338	381		20	17		59	86		137	130		122	148	
Molsheim	1854	2015		353	366		582	756		270	255		649	638	
parts dans le Bas-Rhin	9,1%	9,5%		18,2%	15,7%		7,5%	8,5%		7%	7,8%		10,4%	11,2%	

Sources: Préfecture de la Région Alsace et Dir. Rég. de l'INSEE de Strasbourg: Evolution de l'emploi salarié dans le secteur privé non agricole entre 1979 et 1986 dans les zones d'emploi de la Région Alsace (juin 1988)

◄◄ Les marchés restent très populaires et très fréquentés. Ph. J. Blosser.

◄ La Chambre de Commerce et d'Industrie du Bas-Rhin à Strasbourg. Ph. J. Blosser.

Structures récentes du commerce de détail bas-rhinois

	hypermarchés			supermarchés			superettes	centres commerciaux	magasins populaires	grands magasins	jardineries
	1982	1986	1989	1982	1986	1989	1986	1989	1989	1989	1989
nombre	9	12	12	91	115	143	111	10	5	13	9
surfaces (m²)	54900	82728	83656	-	97681	132721	24610	185518	6621	32262	31181
surf/1000 hab.	-	89 m²	92 m²	80 m²	105 m²	142 m²	27 m²	-	-	-	-
rang dans les départements	-	-	24e	-	-	28e	-	-	-	-	-
surface/1000 hab. en moyenne française	-	60 m²	79 m²	-	96 m²	118 m²	21 m²	-	-	-	-

En 1989: total 155 établissements (218377 m², soit 234 m²/1000 hab.; moyenne française: 197 m²; rang du Bas-Rhin: 14e.

Sources: Rapports internes de la CCI de Strasbourg et du Bas-Rhin, mars 1984, juillet 1986, février 1988, et «Points de vente»: Panorama 1989, liste départementale.

commerciales viennent surtout prendre des parts de marché à l'appareil commercial préexistant. Si les surfaces de vente dans le département passent de 420 000 m² en 1964 à 700 000 m² en 1980, à 830 000 en 1986 et avoisinent actuellement les 900 000 m², on note que maintenant les hypermarchés, points forts de transformations depuis 25 ans, évoluent vers la formule du point de vente polyvalent; il leur revient 25% du chiffre d'affaires du commerce alimentaire et 13% ou un peu plus du non alimentaire. La progression des supermarchés recouvre un dimensionnement actuel accru. L'essor des moyennes surfaces spécialisées (400-1500 m²) dans l'habillement, la chaussure, la décoration, le matériel ménager et radio-télé-hifi, le sport, l'ameublement, proliférant aux périphéries des principales villes ou dans des centres commerciaux, est le trait actuel majeur: grandes et moyennes surfaces spécialisées, en 1984, retenaient déjà 25% des parts du marché. Il ne reste plus que 35% de celles-ci au petit commerce dont la pléthore est héritée de la période 1880-1960 (déclin net du petit magasin de proximité pour les besoins courants dans les petites villes et les bourgs comme dans les quartiers des agglomérations majeures).

Dans cette période de mutation et de rude compétition, s'observent la concentration du chiffre d'affaires sur des unités de moyenne et grande surface et une réduction sensible du commerce familial, ramené à environ 40% de part du marché, tandis que 60% va aux sociétés commerciales. L'emploi cependant reste à bon niveau (40% des effectifs du tertiaire marchand bas-rhinois et 11% de l'emploi total du département en 1986). L'activité des grossistes s'est également restructurée. Les coopératives commercialisant les produits agricoles et achetant pour leurs adhérents engrais et fournitures, la concentration des abattoirs (seul subsiste dans le Bas-Rhin celui de Strasbourg), la création en 1965 d'un Marché d'intérêt national à Strasbourg, les regroupements de négociants, l'apparition du libre-service de gros (cash and carry), la concurrence enfin des centrales d'achat du commerce intégré ou en chaînes volontaires ainsi que les modifications des relations interindustrielles dans diverses branches de l'industrie, ont conduit à une réorganisation de ces professions. En 1987, subsistaient dans le Bas-Rhin 282 commerces de gros alimentaire, 489 de gros non alimentaire et 715 de gros interindustriel: soit 1486 établissements, auxquels s'ajoutaient 116 intermédiaires du commerce.

Evoquons enfin l'activité des échanges internationaux, pour signaler que l'Alsace est la première région exportatrice par tête d'habitant; que sa position géographique la place remarquablement dans les relations économiques avec l'étranger, encourageant ses entreprises à exporter. Par elle se fait de plus 6,1% des exportations nationales et elle est concernée par diverses importations françaises. En outre, des firmes étrangères implantées dans la région réexportent des produits montés ou fabriqués en Alsace (surtout vers la RFA). Il importe de rappeler enfin que Strasbourg s'est dotée du premier «World Trade Center» français, il y a 20 ans, intégré dans un réseau mondial de 204 membres dans 57 pays. Il offre à ses 380 entreprises adhérentes documentation et conseils ou animations et des rapports privilégiés avec les organismes d'impulsion de Karlsruhe et Francfort en RFA, de Los Angeles en Californie et de Hong Kong, places où il a des antennes commerciales.

Le Bas-Rhin au total témoigne d'une vigueur soutenue du domaine commercial, champ d'activité économique d'importance puisque concernant près de 4500 établissements et 18,8% de l'emploi total.

▼ Un des «nouveaux» Centres Commerciaux: le Centre Halles à Strasbourg. Ph. H. Nonn.

Transports et communications

Gabriel WACKERMANN

Les tracés frontaliers sur sa bordure orientale ont plongé la Basse-Alsace dans une ambiance rhénane économique particulière ; ce fut le cas même après l'incorporation politique sous Louis XIV, puisque les liens organiques avec le Saint Empire romain germanique subsistèrent en matière commerciale jusqu'à la Révolution française. A l'époque de l'Annexion, la gare de marchandises et le centre de triage ferroviaire strasbourgeois se situèrent après Berlin dans le peloton de tête des noeuds de chemin de fer allemands. Dès lors que les limites nationales se déplacèrent sur le Rhin et suscitèrent une rupture réelle dans le fossé rhénan - aux XIXe et XXe s. - des évolutions inachevées ralentirent le développement alsacien.

Le département du Bas-Rhin, plus encore dans les transports que dans d'autres domaines, fut obligé de s'adapter tant aux repliements imposés qu'aux connexions requises par l'actuelle configuration territoriale. Son raccordement extérieur s'avéra d'autant plus indispensable que la densité de ses communes et l'intensité des flux migratoires du travail ou d'études impliquèrent la construction d'un réseau cohérent de voies de communication intradépartemental débouchant sur les axes des unités spatiales voisines. La constitution de bassins d'emploi structurés, l'organisation urbaine, le déploiement économique général, la vocation européenne, la tertiairisation des activités exigent la mise en place d'une politique et de stratégies conformes aux besoins contemporains, amorcées par l'établissement d'un schéma régional des transports et complétées par les nécessités structurelles internationales. Dès après la seconde guerre mondiale les garnisons françaises en République fédérale d'Allemagne nécessitèrent des liaisons ferroviaires adaptées aux réalités géopolitiques. Les institutions européennes de Strasbourg induisaient nécessairement le développement d'axes de chemin de fer reliant les Europoles, depuis Bruxelles jusqu'à Genève en passant par Bâle, siège de la Banque des règlements internationaux. Elles ne tolérèrent pas que l'on attendît trop pour introduire des lignes aériennes adaptées. Rien ne justifie par ailleurs l'absence d'un grand tracé routier européen continu et rapide sur la rive gauche du Rhin. Terre de

Le contournement autoroutier de la Communauté Urbaine de Strasbourg. Ph. Zvardon. ▶▶

TRANSPORTS ▶
ET COMMUNICATIONS

6 VIE ECONOMIQUE

Un *réseau ferroviaire dense, appelé à faire l'objet de profondes mutations* (V 200, TGV...). Ph. Zvardon. ▶

Le *Pont de l'Europe à Strasbourg relie la France à l'Allemagne*. Ph. R. Mallo. ▶

passage millénaire, la Basse-Alsace ne s'est pas contentée d'assurer ses liens internationaux; l'esprit de créativité de ses pionniers en technologie a également contribué au façonnement de matériels de transports ou de communication: les prestigieux constructeurs automobiles Emile Mathis et Ettore Bugatti ont rayonné dans le monde entier, le premier de Strasbourg, le second de Molsheim. Dans le secteur de Niederbronn-Reichshoffen la firme De Dietrich, partenaire de GEC Alsthom, participe aux équipements de voitures TGV, y compris pour le futur Transmanche Supertrain. Les télécommunications sont fortement implantées à Strasbourg et Woerth par le constructeur Alcatel Business Systems.

En transport, comme ailleurs, rien ne saurait plus être entièrement comme avant. La notion de carrefour dans son acceptation traditionnelle ne résiste plus aux besoins de notre temps. Elle a eu cependant le mérite de contribuer avec efficacité à l'élaboration d'une armature urbaine qui demeure le fondement des points d'ancrage assurant la prise en charge de la mobilité départementale. Elle a permis à la capitale régionale sa raison d'être et son envol qui lui ont assuré réputation et attractivité. L'ambiance de son accueil urbain demeure importante à présent pour le déploiement d'une plateforme indispensable à son avenir européen et fondée sur les technologies performantes en transport: conteneurisation, multimodalité, remplacement des ruptures de charge par des ruptures de traction, téléinformatisation... Le rôle d'une plateforme réside aussi dans sa participation en tant que pôle d'appui et de relais aux chaînes logistiques. A cet effet la plateforme, obligatoirement installée à la périphérie de l'agglomération - dans le complexe portuaire relié aux réseaux routier et aérien par des voies rapides - s'appuie sur la qualité des services offerts par la ville de Strasbourg et la diversité des firmes participant au transport: chargeurs, auxiliaires de transport et transporteurs. Elle devient structurante d'équipements et d'entreprises. Ainsi en juin 1989, le holding Doiteau spécialisé dans le transport logistique a décidé de créer huit centres régionaux multimodaux à vocation européenne, parmi lesquels celui de Strasbourg est appelé à servir de « fenêtre » vers l'Allemagne et l'Europe centrale. La seule composition de la palette des services prévus, en association avec d'autres groupes continentaux, témoigne des perspectives à court et moyen terme : conditionnement, emballage, entreposage, gestion des stocks, gestion des approvisionnements, tenue des magasins, préparation des commandes, messageries, messageries spécialisées, machines, courses urgentes, transferts industriels et administratifs, levage et manutention, mise en fonctionnement du matériel, prêt-échange, maintenance, télématique...

Prenant appui sur la plateforme strasbourgeoise et un embryon de formation spécialisée, entreprise tant par les acteurs du transport que par les chambres consulaires et l'Education nationale - un brevet de technicien supérieur en transport et logistique est prévu au lycée René Cassin de Strasbourg -, ainsi que sur le déterminant échange international qui active le commerce du département, celui-ci tend à faire face aux exigences actuelles. Le Bas-Rhin importe et exporte respectivement près de 3 millions de tonnes de marchandises par an sur un total de plus de 4 millions de tonnes respectives enregistrées par l'Alsace. La circonscription portuaire de Strasbourg offre une capacité globale de stockage de 350 000 tonnes au vaste trafic céréalier dont l'importation et l'exportation avoisinent chacune 400000 tonnes annuellement ; 2,5 millions de tonnes d'hydrocarbures sortent chaque année du port, 800000 tonnes environ y sont reçues ; 15000 emplois y sont générés, dont 2300 dans le transport, la manutention et le transit international. L'aéroport avoisine un trafic de 2 millions de passagers par an, avec une quinzaine de destinations internationales et une dizaine de destinations nationales, plus de 80 départs pour chacune des deux catégories.

De nombreux projets sont en vue. Le fret aérien qui s'élève à peine à près de 7000 tonnes annuellement ne répond guère à la demande potentielle ; il convient donc d'améliorer les installations et d'allonger une piste qui ne peut accueillir de très gros porteurs. En matière routière, l'axe autoroutier de l'Est Paris-Strasbourg approche de l'équilibre prévu par ses promoteurs, avec près de 14000 véhicules en moyenne quotidienne. La voie rapide du piémont vosgien est entrée dans la phase des procédures et concerne

Port autonome de Strasbourg, zone sud. Le centre plurimodal de transports internationaux Eurofret. Doc. Port Autonome. Ph. P. Bogner.
▶ ▶

TRANSPORTS ET COMMUNICATIONS

6 VIE ECONOMIQUE

Port autonome de Strasbourg, zone nord. Le bassin Albert Auberger. Doc. Port Autonome. Ph. Airdiasol. ▶

L'aéroport international de Strasbourg-Entzheim. Doc. Unité de Réalisation Pédagogique. ▶

18 communes, une opération estimée à 600 millions de francs, deuxième priorité de l'axe nord-sud dans le contrat de plan Etat-région (1989-1993). Contestée par les écologistes, la réalisation devrait, selon eux, s'effacer au profit de contournements autoroutiers ou d'agglomérations sur les RN 83 et 422.

Le rail fait l'objet de profondes mutations lui aussi. Le «V 200» est un projet d'aménagement de la voie ferrée entre Strasbourg et Bâle destiné à permettre la circulation des trains à 200 km/h. Dès 1991 une douzaine de liaisons quotidiennes sont prévues à cet effet. Préfiguration de l'arrivée du TGV, cette démarche implique la suppression de tous les passages à niveau encore subsistants. Le réaménagement de l'«étoile ferroviaire» à trois branches de Molsheim est envisagé, ainsi que le renforcement du «pôle matériaux» développé à Schiltigheim-Cronenbourg où le CRITT-Matériaux, associant recherches publique et privée doit contribuer à diffuser l'innovation technologique dans les PME de la région. En attendant par ailleurs la jonction TGV-ICE souhaitée et souhaitable, et en vue de compléter par là-même de façon décisive la plateforme évoquée ci-dessus, le «métro-Rhin» reliant les deux rives du fleuve entre Strasbourg et Offenbourg est entré en oeuvre depuis 1989. Les plans du TGV même, ainsi que leurs variantes possibles, sont au point; les montages financiers attendent toutefois les consensus indispensables. A Strasbourg, la controverse entre le VAL et le tram a tourné au bénéfice de ce dernier; de toute façon l'adaptation de l'agglomération passe par une réelle transformation de ses moyens de transports urbains. Reste l'Arlésienne: la liaison Mer-du-Nord-Méditerranée, dont le tronçon Saône-Rhin relève d'un acte de foi politique. L'Alsace tout entière, dans son devenir, a dépendu d'une telle attitude. La question primordiale des transports ne saurait être qu'une facette d'une telle prise de position.

7 LA SOCIETE BAS-RHINOISE

LE DOUBLEMENT DE LA POPULATION
Alfred WAHL

Depuis la fin de la Révolution, l'Etat s'efforce de compter la population et d'appréhender son mouvement naturel. Même si les imprécisions persistent longtemps pour ce qui est de la mortalité infantile, du mouvement migratoire ou des pertes de guerre, on dispose de données dont la fiabilité augmente au fil des recensements.

A la veille de la Révolution, le Bas-Rhin compte environ 400 000 habitants. Ils seront 915 644 au recensement de 1982. Les recensements quinquennaux opérés à partir de 1801 indiquent une augmentation régulière tout au long de la période française: 610 000 habitants en 1866 dont environ un tiers de protestants, en légère régression relative et une vingtaine de milliers de juifs, plus nombreux qu'en 1801. Avec un taux de natalité oscillant autour de 28 pour mille au milieu du siècle, mais en baisse depuis 1830, le Bas-Rhin figure parmi les premiers départements pour la fécondité. Notons que cette réalité est encore très mal appréhendée par l'administration, faute de recours au taux de fécondité générale. Un taux de mortalité infantile parmi les plus élevés de France (190 pour mille contre 180 pour mille en moyenne) explique la présence du Bas-Rhin parmi les départements de forte mortalité.

La population rurale atteint son seuil maximum entre 1830 et 1860 et l'exode rural s'amorce en même temps que l'émigration, pour laquelle le département se situe au sixième rang en 1853; ce qui ne l'empêche pas de se maintenir en quatrième position pour la densité. Par contre, les villes semblent stagner et Strasbourg n'atteint que 85 654 habitants en 1871.

Après 1871 interviennent de profondes mutations. C'est d'abord le départ de 40 000 habitants jusqu'à la fin de 1872: les «Français de l'intérieur» et des optants. Jusqu'en 1910, le taux de natalité se situe dans une zone intermédiaire entre celui, moins élevé, de France et celui d'outre-Rhin, plus élevé. En 1910, le Bas-Rhin aurait dû compter 820 976 habitants grâce à un excédent des naissances de 220 570 au lieu de seulement 700 938 habitants. Ainsi le bilan migratoire se monte-t-il à - 120 038. Sachant que plus de 120 000

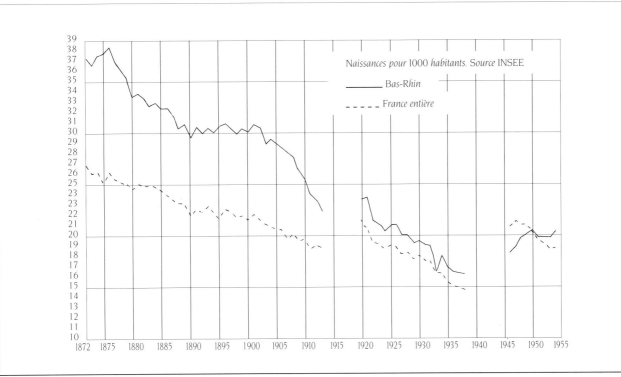

7 LA SOCIETE BAS-RHINOISE

Les émigrants, gravure de Lix, vers 1872. Départ d'une famille du Bas-Rhin ayant opté pour la nationalité française après le traité de Francfort en 1871. Cabinet des estampes, Strasbourg. ▶

Paysans se rendant à la ville vers 1900. BNU Strasbourg. ▼

Allemands de souche étaient alors installés sur place, le nombre des Bas-Rhinois ayant émigré se monte à près de 250 000: les jeunes recrues cherchant à se soustraire au service militaire allemand et le surplus des campagnes qui, tous, rejoignent, soit la France, soit l'Amérique, à raison de 6 000 par an.

L'immigration allemande a modifié sensiblement l'équilibre confessionnel. Tombés à environ 30%, les protestants atteignent le taux de 36% à la veille de la guerre de 1914-1918 malgré un taux de natalité moindre, compensé il est vrai par un taux de mortalité infantile plus réduit et l'arrivée des Allemands. Ces derniers sont nombreux à Strasbourg qui connaît une réelle expansion, passant à 178 891 habitants en 1910. Désormais repliés dans les villes, les juifs ne sont plus que 15 779 à cette date.

Avec le début de la guerre s'amorce une période de dépression. La natalité connaît une baisse plus sensible qu'en France. Après une brève période de dynamisme démographique compensatoire, le taux brut de natalité se stabilise autour de 20 pour mille jusqu'en 1930, soit un tiers de moins qu'à la fin du siècle précédent. Une accentuation du phénomène se produit ensuite. Au total, l'excédent des naissances tombe au-dessous de 3 pour mille par an à partir de 1934, car le taux brut de mortalité baisse peu, signe d'un vieillissement de la population. Plus grave sans doute est la stagnation du taux de mortalité infantile qui se situe encore à 65 pour mille en 1938, contre, il est vrai, 150 pour mille avant la guerre.

La baisse de la population enclenchée par le conflit se poursuit avec le départ de 70 000 Allemands, bientôt compensé par une recrudescence de l'émigration italienne, déjà ancienne et relayée par celle de Pologne (plus de 3 000 dès 1926). Le Bas-Rhin confirme sa vocation de terre d'immigration. Finalement ce n'est qu'en 1936 que la population retrouve son niveau de 1910. La nouvelle guerre provoque encore des pertes avec les évacués, les expulsés, les déportés et surtout les incorporés de force non rentrés. A ce déficit, s'ajoute celui des naissances. En 1946, le département compte 50 000 habitants de moins qu'avant la guerre. Comme le révèle la pyramide des âges, le déficit est plus sensible que dans les autres départements.

▼ *La cité «HLM» du Wihrel à Ostwald.* Ph. *Mairie d'Ostwald.*

7 LA SOCIETE BAS-RHINOISE

Population du département lors des recensements de 1700 à 1982

Source: recensements de la population, S.G.F. et I.N.S.E.E.   Unité: millier

Année de recensement	Population	Année de recensement	Population	Année de recensement	Population
1700	166,5	1851	608,3	1910	700,9
1762	200,2	1856	583,9	1921	652,0
1784	404,6	1861	599,1	1926	671,0
		1866	610,0	1931	688,2
1801	406,7	1871	600,4	1936	711,8
1806	517,6	1875	598,2	1946	673,3
1821	521,4	1880	612,0	1954	707,9
1826	553,7	1885	612,1	1962 A	764,4
1831	560,0	1890	621,5	1962 B	770,1
1836	582,8	1895	638,6	1968	827,3
1841	581,2	1900	659,4	1975	882,1
1846	601,1	1905	686,7	1982	915,6

Note: *pour le XVIIIe s., évaluations par l'I.N.S.E.E. de la population du Bas-Rhin dans ses limites actuelles d'après des documents de l'époque.*

Dès le lendemain de la seconde guerre mondiale, la fécondité entame une vive remontée, signe d'un nouveau dynamisme de la population, sensible partout dans le pays. Malgré le vieillissement de celle-ci, le taux brut de mortalité ne progresse pas, notamment en raison de la baisse spectaculaire à partir de 1953-1954 de la mortalité infantile. En conséquence, l'excédent des naissances retrouve ses niveaux du début du siècle. L'allure de la pyramide des âges s'élargit à nouveau à la base. Cependant, dès les années 1960, le taux d'accroissement naturel reprend une courbe descendante avec 7,8 pour mille de 1962 à 1968, 5,8 pour mille de 1968 à 1975 et enfin, 3,7 pour mille seulement de 1975 à 1982.

Il n'empêche que la population bas-rhinoise s'accroît encore de près de 100 000 personnes entre 1968 et 1982. Elle passe de 673 281 habitants en 1946 à 915 644 en 1982. Cet accroissement spectaculaire provient d'une part de l'afflux des Français des autres départements ou d'Algérie venus s'installer dans la région strasbourgeoise et d'autre part de l'immigration. On compte, en 1982, 61 152 étrangers contre seulement 17 532 vingt ans auparavant, soit 11 740 Turcs, 8 736 Marocains, 8 088 Portugais, suivis par les Africains du Nord, les Italiens et les Espagnols.

Avec une densité de près de 200 habitants au km^2, le Bas-Rhin reste parmi les départements les plus peuplés du pays (moyenne nationale: 100 habitants au km^2).

ESSAI DE PORTRAIT MORAL

Christian WOLFF

De 1790 à nos jours, la société bas-rhinoise et son évolution présentent bien des analogies avec celles de l'ensemble de la France: les différences s'estompent de plus en plus depuis la dernière guerre; quoi de plus impersonnel et banal par exemple que ces zones d'activités commerciales, artisanales et industrielles qui, tout utiles qu'elles soient, entourent la moindre ville dans ce département comme ailleurs. Tout tend à devenir uniforme, même la nature, l'habitat, le mode de vie, la culture. Ces différences sont pourtant encore sensibles, parce qu'elles sont l'héritage d'une longue histoire et que le Bas-Rhinois, en tant qu'Alsacien, tient consciemment ou non à les maintenir, à la fois comme une partie de son patrimoine et comme des valeurs dans le monde actuel.

Ce qui frappe d'abord le nouveau venu dans le département, c'est peut-être le dialecte ou la manière de prononcer le français. Le dialecte, germanique, varie selon les contrées; plutôt francique au nord et en Alsace Bossue, alémanique vers le sud, il tend à disparaître et s'appauvrit. Langage concret et imagé, il ne s'adapte pas au progrès technique et à l'abstraction, il n'invente plus de mots. La bourgeoisie des villes l'abandonne, mais elle regretterait sa disparition.

C'est ensuite une imprégnation encore vivace de la chrétienté dans la vie courante: églises bien entretenues dont les cloches sonnent plusieurs fois par jour, fermeture des commerces, même alimentaires, les dimanches et aux fêtes carillonnées. Le Bas-Rhin est l'un des trois départements où depuis le concordat de 1801 pour les catholiques et les articles organiques pour les protestants (1802), luthériens et réformés, et pour les israélites (1808), leurs cultes sont reconnus par l'Etat. Depuis plusieurs siècles, cinq confessions religieuses y coexistent. Les catholiques sont les plus nombreux et leur siège épiscopal de Strasbourg a été élevé depuis peu au rang d'archevêché. Les luthériens viennent ensuite: Strasbourg a été de 1802 à 1871 le chef-lieu national de leur administration ecclésiastique et le demeure pour les trois départements concordataires; les réformés et les mennonites représentent les deux autres confessions issues de la Réforme du XVIe s. S'y sont ajoutés à partir du XIXe s., une série d'autres mouvements et Eglises se réclamant

Le Mont Sainte-Odile, haut lieu du catholicisme en Alsace. Ph. J. Lagrange. ▶▶

7 LA SOCIETE BAS-RHINOISE

Les cultes chrétiens ont construit et entretiennent 740 orgues dans leurs églises. Le buffet d'orgue de Saint-Georges de Sarre-Union est l'un des plus parfaits de France. Ph. J. Blosser.
▶

aussi de la Réforme. Le judaïsme, longtemps très campagnard, est à présent citadin ; fortement éprouvé par les persécutions, il a été renfloué par les immigrants sépharades d'Afrique du Nord à partir de 1960. A part deux ou trois communautés orthodoxes, créées à Strasbourg, il faut souligner l'importance de l'Islam, nouveau venu dans la configuration religieuse du Bas-Rhin. Symbole d'une coexistence pas toujours pacifique entre confessions, certaines églises, dites mixtes ou simultanées, servent depuis Louis XIV à l'exercice des cultes catholique et protestant. Richesse et fierté des confessions chrétiennes, les facultés d'Etat de théologie catholique (1903) et de théologie protestante (1538) tiennent une place importante à l'université des sciences humaines de Strasbourg. Certes la diminution de la pratique religieuse, générale en Europe, est aussi sensible dans la population alsacienne. L'Eglise romaine n'a plus le poids politique qu'elle avait encore au lendemain de la guerre de 1939-1945, après avoir connu sous l'épiscopat d'André Raess (1842-1887) une période d'ultramontanisme triomphaliste, traduite notamment dans la pierre de nombreux édifices néo-gothiques ou néo-romans. Depuis le XVIIIe s. aussi, les cultes chrétiens construisent et entretiennent 740 orgues dans leurs églises, presque toutes oeuvres de facteurs installés aujourd'hui surtout dans le Bas-Rhin et dont la réputation est mondiale.

Enfin, une autre source d'étonnement est due à l'ensemble de dispositions légales dont bénéficient l'Alsace et la Moselle à côté des lois françaises. Les habitants y tiennent beaucoup, car la plupart de ces textes ont fait leurs preuves et ont même parfois servi de modèle en vue de leur généralisation en France. Un colloque organisé en 1989 par l'Institut du droit local alsacien-mosellan, fondé en 1985, a souligné leur intérêt pour l'élaboration du futur droit européen. Quelques-unes remontent au droit coutumier (bois d'affouage, chasse), d'autres à la Révolution et au Consulat (biens des fabriques protestantes, régime des cultes), au XIXe s. (loi Falloux sur l'enseignement religieux dans les écoles), les plus nombreuses cependant sont dues à l'administration allemande de 1870 à 1918 (assurances sociales, associations, notariat, etc.) et ont parfois été révisées par la suite par le

7 LA SOCIETE BAS-RHINOISE

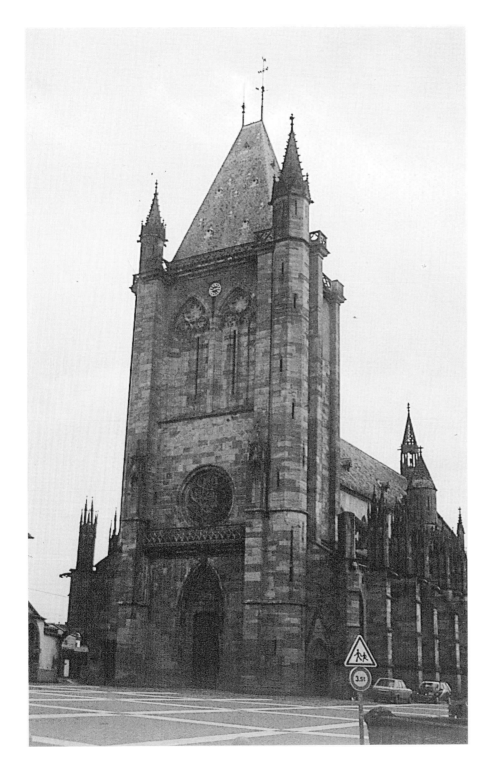

◄◄ *L'église protestante d'Illkirch-Graffenstaden. Le simultaneum y fut pratiqué entre 1722 et 1865. Ph. J.L. Kircher.*

◄ *L'ancienne collégiale Saint-Florent à Niederhaslach. Le christianisme s'est développé le long des voies romaines. Ph. D. Gaymard.*

7 LA SOCIETE BAS-RHINOISE

Dans le Bas-Rhin, comme pour les catholiques (1801) et les protestants (1802), le culte israélite est reconnu par l'Etat depuis 1808. La synagogue, avenue de la Paix à Strasbourg. Ph. J. Blosser. ▶

Elevé au XVIIIe s. au quai Saint-Thomas à Strasbourg, ce bâtiment abrite depuis 1989 tous les services communs aux deux églises protestantes, luthérienne et réformée, d'Alsace et de Moselle. Ph. Erwin Muller. ▶

gouvernement français. Un exemple: les conseils de prud'hommes, institués en 1806, réformés en 1848 et 1853, fonctionnent à présent selon des lois allemandes de 1890, 1901 et 1904 et des décrets français de 1920 et 1982. On s'est attaché à décrire encore en 1954 le visage moral de l'Alsace en soulignant à la fois la diversité et l'unité des tempéraments bien marqués du nord au sud que manifestaient ses habitants d'une contrée à l'autre. Depuis, l'immigration, le brassage et la mobilité de la population, la facilité des déplacements amenuisent ces nuances, même s'il subsiste des contrastes par exemple entre le Vosgien du Ban-de-la-Roche et le villageois de l'Alsace Bossue, pourtant tous deux à demi lorrains. Retenons cependant quelques traits constants de ce caractère, forgé par l'histoire: le goût de l'ordre et le sérieux du travail, le sens des réalités, la méfiance envers les doctrinaires, la fidélité aux traditions, le goût de la satire; il ne résiste pas aux plaisirs de la table (un vieux dicton dit: «le Français mange peu mais bien, l'Allemand beaucoup mais mal, l'Alsacien beaucoup et bien»); il préfère la musique aux beaux discours et montre sa mauvaise humeur quand il se sent trompé, car il a le respect de la parole donnée. On peut compter sur lui quand il s'engage. Il aime le confort de sa maison et veille à la tenir propre et fleurie: son cadre de vie lui importe beaucoup et il se préoccupe de l'environnement.

Il n'est pas exempt de contradictions internes, qu'illustre le célèbre personnage de Hans im Schnokeloch, type du perpétuel insatisfait, et est capable d'obstination. Ces deux défauts se révèlent comme de solides qualités quand il s'agit de construire son avenir et d'accomplir de grandes tâches.

▼ *La synagogue orientalisante de Niederbronn. Ph. M. Rothe.*

SANTE ET HYGIENE DANS LE BAS-RHIN

Denis DURAND DE BOUSINGEN

Le Bas-Rhin peut se vanter d'être, dès le début du XIXe s., un pionnier en matière de santé. Si la Révolution jeta les bases d'une politique sanitaire et sociale sans avoir les moyens de l'appliquer, le département sut, dès 1803 les mettre en oeuvre par le biais des bureaux de bienfaisance puis les compléter par l'institution originale de la «médecine cantonale».

Oeuvre du Préfet Lezay-Marnésia, la médecine cantonale créée en 1810 marque la naissance d'une véritable santé publique. Les acteurs en seront les médecins cantonaux, chargés de soigner gratuitement les indigents et de surveiller l'hygiène du canton: propreté des commerces et des manufactures, alimentation, salubrité des communes. Ils se doivent aussi de «propager la vaccine» et jouent un rôle de premier secours en étant tenus de venir en aide aux «noyés, brûlés, asphyxiés, accidentés et gelés». Derrière ces «fantassins de la santé» mal payés mais dévoués, le département organise sa politique sociale: les bureaux de bienfaisance, gérés par les maires, désignent les malades devant être soignés gratuitement et aident les nécessiteux. Le médecin cantonal lutte aussi contre le charlatanisme et rédige trimestriellement des rapports sur l'état de santé de son canton qu'il adresse au Préfet. La médecine cantonale, admirée dans toute la France, sera reprise par de nombreux départements tandis que le Bas-Rhin ne cessera d'améliorer son système, renforcé en 1835 par des «conseils de salubrité» chargés de coordonner les actions. En 1854, des pharmacies cantonales viendront compléter la médecine cantonale.

Cette vision sociale de la santé, et la certitude qu'une médecine efficace ne peut se faire qu'en luttant contre le paupérisme et la misère est l'une des spécificités bas-rhinoise de la première moitié du XIXe s., et se retrouve dans l'engagement social et libéral du corps médical dans la révolution de 1848. De mars à décembre 1848 celui-ci crée un éphémère «comité médical» libéré de toute tutelle, tandis qu'un médecin, Edouard Eissen, devient Préfet intérimaire.

Mais les médecins ne sont pas encore les seuls maîtres de la santé dans le département: si à Strasbourg «leur nombre est fort considérable et surpasse

Le baron Adrien de Lezay-Marnésia, Préfet du Bas-Rhin de 1810 à 1814, créateur de la médecine cantonale dans le Bas-Rhin et en France. Il est le seul préfet du Bas-Rhin à avoir sa statue. Ph. Cabinet des Estampes, Strasbourg. ▼

◄ L'hôpital de Hautepierre, une des réalisations les plus ambitieuses de France. Ph. R. Mallo.

les besoins de la population» écrit le Dr Graffenauer en 1816, ils restent encore sous-représentés à la campagne où règnent les officiers de santé et les sages-femmes, mais aussi de nombreux illégaux.

Rétablis dans leurs biens par la loi du 16 vendémiaire An V (7.10.1796), les hôpitaux du Bas-Rhin ont moins souffert de la Révolution que ceux des autres départements français; à Strasbourg, l'hôpital retrouve vite sa prospérité, mais l'opulence y côtoie le dénuement; les aliénés de l'hôpital sont enchaînés dans des cages en bois, jusqu'à ce que le Dr Ristelhuber crée, en 1835, l'hospice départemental de Stéphansfeld dans les locaux d'un ancien orphelinat.

A côté de la bienfaisance publique, une importante bienfaisance privée se développe après la Révolution. Elle favorise l'éclosion de cliniques et d'hôpitaux, mais aussi de refuges ou de maisons de protection maternelles, infantiles et juvéniles.

L'annexion de l'Alsace à l'Allemagne, de 1871 à 1918, marque un essor sans précédent des institutions sanitaires, même si les anciennes structures, comme la médecine cantonale, sont maintenues par les nouvelles autorités. L'oeuvre majeure de la période est sans conteste l'agrandissement de l'hôpital de Strasbourg, vieilli et exigu en 1870, et qui devient en 1914 une «ville dans la ville» de 32 hectares disposant dans toutes les disciplines de cliniques somptueuses et modernes.

D'abord placé sous le contrôle quasi exclusif de l'Université, l'hôpital voit après 1900 son influence grandir dans tout le département. Ses capacités et sa technicité font indiscutablement de l'ombre aux autres hôpitaux en raison de sa forte attractivité.

L'extension de l'hôpital de Strasbourg n'empêche pas toutefois la modernisation ou la construction de plusieurs autres hôpitaux, dont celui de Bischwiller, achevé en 1888 et destiné à 500 personnes âgées, malades ou indigentes, mais aussi aux malades mentaux légers; cet établissement devient, en 1918, «l'asile départemental de vieillards et incurables». L'hôpital départemental de Stéphansfeld est considérablement agrandi jusqu'en 1914 tandis qu'un nouvel établissement psychiatrique voit le jour à Hoerdt en 1878 pour recevoir notamment les malades incurables et dangereux. Il convient de rappeler aussi la création d'un hôpital à Bouxwiller (1896), l'agrandissement des hôpitaux de Wissembourg (1875) et de Saverne (1886) ainsi que la construction du Centre de Traumatologie à Strasbourg en 1901 et de l'Institut de puériculture en 1914. Les réalisations privées fleurissent dans le département, avec de nombreux établissements confessionnels, comme la superbe clinique israélite Adassa à Strasbourg (1885).

L'oeuvre médicale et sanitaire du Reichsland est stimulée par une université de haut niveau, qui forme des praticiens nombreux et compétents. La création de services de désinfection et d'établissements de bains, tels ceux du boulevard de la Victoire à Strasbourg (1908) sont aussi des actes de santé et d'hygiène, au même titre que la réalisation de cités ouvrières (Reichshoffen par De Dietrich vers 1880) ou que la destruction de logements jugés insalubres (Grande Percée, 1910) et leur remplacement par des cités jardins. Cette politique mise en place avant 1914 sera largement poursuivie dans les décennies suivantes.

◄ Les établissements hospitaliers départementaux de Bischwiller, construits à partir de 1888. Ph. A. Dott.

◄ Service de nourrissons vers 1920 à la Clinique Infantile de Strasbourg, ouverte en 1910.

Enfin, l'Alsace et la Moselle bénéficient, bien avant le reste de la France des lois sur la Sécurité Sociale promulguées par Bismarck: assurance maladie en 1883, accidents du travail l'année suivante, assurance invalidité en 1889.

Regroupées dans le «Code des assurances sociales» de 1911, ces lois serviront de base au «régime local d'assurance maladie» encore en vigueur actuellement dans les trois départements.

Après 1918, la politique départementale se développe particulièrement dans trois directions: la pédiatrie, la vénérologie et la lutte contre la tuberculose, avec la création de dispensaires et de centres de prévention. L'essor de la puériculture représente la grande spécificité du département, qui joue une fois encore un rôle de modèle en France. L'association alsacienne de puériculture, créée en 1920 sous l'égide du Professeur Paul Rohmer permet, en collaboration avec le département, de mettre en place 32 centres de puériculture dans le Bas-Rhin, tandis que les consultations prénatales sont inaugurées la même année à la clinique infantile. En 1921, le Conseil Général crée un service de «protection maternelle départementale» destiné à recevoir les accouchées démunies de ressources; les crèches, les «gouttes-de-lait» et les pouponnières se multiplient, pendant que le département développe les services de médecine scolaire. Toutes ces mesures font largement reculer la mortalité infantile dans le Bas-Rhin, par rapport à la France et à l'Allemagne. Treize orphelinats et un «hospice dépositaire départemental» (1921) accueillent les enfants les plus défavorisés.

Les médecins libéraux restent, comme en Allemagne, des «médecins de caisse» travaillant en tiers-payant; ils assurent aussi la surveillance des grossesses dans leurs cabinets.

L'hôpital de Strasbourg est complété par une clinique dermatologique d'avant-garde (1930) mais aussi par un centre régional de lutte contre le cancer (1923); en 1937, Saverne inaugure son nouvel hôpital présenté comme un modèle du genre.

Les municipalités et le département développent largement l'aide sociale et les oeuvres d'hygiène, telles que bains municipaux, offices d'habitation à bon marché pour remplacer les taudis ou prévention anti-alcoolique. Le principe de la cité-jardin inauguré en 1912 avec la cité du Stockfeld à Strasbourg-Neuhof, est repris avec la réalisation, après 1919, de la cité Ungemach, non loin du Wacken.

◀ *La Gazette médicale de Strasbourg*, organe des médecins strasbourgeois depuis 1841: le manifeste des médecins publié en mars 1848.

HUITIÈME ANNÉE.   N° 3.   20 MARS 1848.

GAZETTE MÉDICALE
DE STRASBOURG.

SOMMAIRE. Adresse de la Société de médecine aux membres du gouvernement provisoire. — TRAVAUX ORIGINAUX. HISTOIRE DE LA MÉDECINE. Fragments d'études sur les écoles pathologiques modernes de l'Allemagne. — CLINIQUE MÉDICO-LÉGALE de 1846 à 1847. — PATHOLOGIE CHIRURGICALE. Amputation tibio-tarsienne. Cancer du pied. — CLINIQUE MÉDICALE. Résumé de la clinique médicale de la faculté de Strasbourg, du 1er avril au 13 août 1847. (Troisième article.) — SOCIÉTÉ DE MÉDECINE. — VARIÉTÉS. — BULLETINS. — MÉTÉOROLOGIE. — ANNONCES. — *Ce numéro est accompagné d'une feuille de supplément.*

RÉPUBLIQUE FRANÇAISE.

La République est proclamée

Médecins, mettons-nous à l'œuvre. Liberté, égalité, fraternité, cette sublime devise nous indique nos devoirs.

Amélioration physique et morale de l'espèce humaine, tel doit être le but, telle sera la gloire du gouvernement républicain.

Qui peut mieux que le médecin aider à résoudre ces questions sociales qui s'agitent sous les discussions ardentes de la politique? Qui connaît mieux que nous les misères humaines? C'est l'honneur du médecin de les voir de près, et d'avoir pour but unique le bonheur de ses semblables.

Organiser la profession médicale de telle sorte qu'elle puisse répondre à ce que la société attend d'elle, tel est le premier de nos devoirs.

C'est aux lois de la République que la médecine doit son organisation actuelle; la République complétera son œuvre.

Toutes les questions sont mûres; l'opinion est préparée, jamais moment n'a été plus favorable pour fonder une œuvre grande et durable, en rapport avec les besoins de l'humanité.

La Société de médecine de Strasbourg s'est associée à ces glorieuses espérances.

Voici l'adresse qu'elle a adoptée d'un vote unanime:

RÉPUBLIQUE FRANÇAISE.
AUX MEMBRES DU GOUVERNEMENT PROVISOIRE.

« Citoyens,

« La Société de médecine de Strasbourg s'est associée avec enthousiasme aux grands principes de reconstitution politique, dont vous êtes aujourd'hui les représentants glorieux.

« La République était un des degrés de l'évolution sociale et humanitaire, et en la proclamant, vous avez montré la plus haute intelligence, unie à la force et au courage.

« Un gouvernement de réelle égalité doit assurer à tous les citoyens les mêmes droits et les mêmes perfectionnements physiques et moraux.

« La santé publique devient dès ce moment l'un des principaux objets de la sollicitude du pouvoir.

« La force et la vertu sont les caractères symboliques d'une race libre. Aux médecins civils et militaires le devoir et la puissance de veiller à tous les intérêts de l'hygiène.

« La création d'un ministère de la santé publique serait une mesure d'une incontestable utilité.

« Nous vous soumettons cette proposition avec confiance, citoyens, certains de rencontrer en vous des cœurs sympathiques à toutes les causes de prospérité et de grandeur nationales.

« Agréez, citoyens, notre concours et nos vœux.

« Salut et fraternité. »

HISTOIRE DE LA MÉDECINE.

FRAGMENTS D'ÉTUDES SUR LES ÉCOLES PATHOLOGIQUES MODERNES DE L'ALLEMAGNE, lus à la Société de médecine de Strasbourg, par CH. SCHÜTZENBERGER, professeur de clinique médicale.

La science est *une* comme la vérité. En tant qu'expression de la réalité des choses, elle ne doit être, elle ne peut être que la même pour tous. Tant qu'un corps de doctrine varie selon les pays, selon les villes, les principales phases de son développement ne sont pas accomplies. Il n'y a qu'une chimie: la même à Saint-Pétersbourg, à Londres, à Paris. La médecine n'en est pas encore là; mais elle aussi tend à l'unité, elle y marche, elle y arrivera. Chaque progrès réalisé rapproche les écoles, efface une des distinctions qui les séparent. Chaque progrès réel est un pas vers l'unité de la science. C'est de ce point de vue que, placés sur les confins de la France et de l'Allemagne, nous allons jeter un coup d'œil sur l'évolution de la science pathologique chez nos voisins d'au delà du Rhin. Établir les différences qui longtemps

6

Après 1945, la réalisation de nouveaux hôpitaux (Sélestat en 1960, Wissembourg en 1970, Strasbourg Hautepierre en 1980 et Haguenau en 1983) et l'ouverture d'un nouvel hôpital psychiatrique départemental à Erstein en

Certificat de vaccination établi par le docteur Sultzer, médecin cantonal à Barr, en 1845. ▶

L'hospice départemental d'aliénés de Stephansfeld, en 1841. Acquis en 1832, il fut transformé et ouvert en 1835. Ph. BNUS. ▶

1974 contribuent à moderniser des infrastructures déjà performantes; s'y ajoutent le Centre Médico-Chirurgical et Obstétrical de Schiltigheim (1972) et le nouveau Centre de Traumatologie à Illkirch (1975). Comme partout en France, la médecine libérale a connu un important développement (3 133 médecins dont 1900 libéraux dans le Bas-Rhin en 1989) et le département s'est ouvert à de nouvelles formes de soins, comme les hôpitaux de jour ou l'hospitalisation à domicile. Le régime local continue d'assurer à la population un meilleur remboursement des soins médicaux ambulatoires et hospitaliers et des dépenses pharmaceutiques que dans le reste de la France. Une politique en faveur des personnes âgées, tant par le biais de maisons médicalisées ou de «long séjour» que par le maintien à domicile a été mise en place ces dernières années.

Les Bas-Rhinois disposent aujourd'hui d'une vaste gamme de soins publics et privés de qualité, cet atout étant toutefois tempéré par une morbidité et une mortalité excessive par rapport à la moyenne française. Conséquence d'un niveau de vie élevé mais aussi d'une alimentation riche et d'une forte consommation d'alcool et de tabac, les Bas-Rhinois payent leurs excès par une nette surmortalité observée tant pour les maladies cardio-vasculaires et digestives que pour les cancers.

La réaction a été, ces dernières années, le développement des campagnes de dépistage et de prévention. Le Bas-Rhin a vu se multiplier les actions d'hygiène bucco-dentaire et des campagnes de dépistage des cancers colo-rectaux et du cancer du col de l'utérus. Le département a été choisi en 1989 parmi les «sites-pilotes» de la Communauté Européenne pour la mise en place d'une campagne de dépistage du cancer du sein à laquelle collaborent tant les médecins libéraux et hospitaliers que l'ensemble des acteurs régionaux, départementaux et municipaux.

Enfin, la spécificité et la performance du système sanitaire et social dans le Bas-Rhin ne sont sans doute pas étrangers à la nomination de trois Bas-Rhinois comme Secrétaires d'Etat chargés de ces questions au cours de ces dernières années: Daniel Hoeffel de 1978 à 1980, Adrien Zeller de 1986 à 1988 et Théo Braun depuis 1988.

▲ *Affiche pour la campagne de dépistage du cancer du sein dans le Bas-Rhin, destinée aux femmes âgées de 50 à 65 ans et organisée par «l'Association pour le dépistage des maladies du sein» à Strasbourg. Le département a été choisi en 1989 parmi les «sites-pilotes» de la Communauté Européenne pour cette campagne.*

Les paysages attrayants

Gabriel WACKERMANN

8

ATOUTS CULTURELS ET DEFIS TOURISTIQUES

Blottie dans l'un des écrins rhénans les plus attractifs, l'Alsace dispose d'une richesse paysagère exceptionnelle. Après l'explosion industrielle et la croissance urbaine, excès desquels le département du Bas-Rhin a été somme toute relativement préservé, une tradition déjà solidement enracinée tend à pratiquer une action fortement teintée de soucis de protection ou de conservation. Le paysage apparaît toutefois essentiellement comme un produit social qui, selon Y. Luginbuhl, « n'a pas été élaboré avec une recherche d'esthétique, mais avec de l'économique et des conflits sociaux. Vouloir protéger des paysages, c'est affirmer leur beauté tout en oubliant qu'ils ont été également construits par des processus socio-économiques ».

Il a fallu quitter les sentiers battus et s'orienter résolument vers la gestion paysagère en emboîtant le pas à celle des ressources naturelles et de l'environnement en général. Notre département s'est engagé assez tôt vers des conceptions modernes aux applications certes difficiles, mais non pas impossibles, à la faveur d'une dialectique renforcée par le mouvement scientifique et associatif. Dans cet élan les préoccupations centrées sur une esthétique du naturel, elle-même fondée sur une philosophie de l'aménagement du paysage conduisent à une recherche du bien-être tant pour la population autochtone que pour les visiteurs habituels ou occasionnels. « Quel beau jardin! » L'expression d'émerveillement de Louis XIV à l'entrée de l'Alsace - ce fut par le Bas-Rhin -, montre à quel point cette province fut appréciée depuis fort longtemps. Goethe, durant ses études à l'université de Strasbourg, consacra ses promenades dominicales à de longues randonnées en calèche en Basse-Alsace; l'idylle de Sessenheim immortalisée par le poème « Sah ein Knab ein Röslein stehn » en est une illustration. Le cadre importait autant que son contenu. Plus tard Victor Hugo, traversant les pays du Rhin, a su goûter à son tour aux charmes d'une nature spécifique. Durant le dernier quart du XIXe s. le tourisme des classes aisées naissant de façon collective, à la faveur du déploiement du chemin de fer, sous l'impulsion de la

◀ Paysage d'hiver dans les Vosges. Le massif vosgien se prête parfaitement à la pratique du ski de fond tout en permettant également celle du ski alpin. Ph. Zvardon.

8 ATOUTS CULTURELS ET DEFIS TOURISTIQUES

Des communes importantes, telle Ostwald, ont su préserver un environnement agréable. Ph. Mattes. ▶

« propagande » et à l'initiative des centres de villégiature ou de thermalisme, sous l'effet du Club Vosgien, a déclenché une première mise en valeur systématique du patrimoine naturel et culturel du département. Dans « Saisons d'Alsace » (1931, 1969), Claude Vigée sait aussi évoquer son paysage natal moins pittoresque, quoique typé: « La région de Bischwiller est couverte de forêts de hêtres et de pins. La brume du fleuve couvre presque toute l'année les marais peuplés de grenouilles, infestés de moustiques, dont les bords sont plantés de saules géants, de trembles et de roseaux. Cette bande riveraine s'appelle le Ried ». Dans son ouvrage sur « L'Alsace » (Lausanne, 1968), Henri Schwamm analyse les multiples facettes d'une région naturelle métamorphosée: le paradoxe ethnique, le carrefour culturel, le génie du terroir affleurant dans la littérature, le destin rhénan, la quête de l'authenticité et de la liberté.

▲ *Paysage de neige dans les «collines de Brumath», près de Ringendorf. Ph. Mattes.*

C'est notamment à partir du milieu des années soixante que la capitale de l'Alsace fut incitée à se préoccuper de façon plus systématique de son patrimoine paysager. Lorsque, en 1964, André Malraux, ministre d'Etat chargé des affaires culturelles, créa les archives artistiques de la France, l'Alsace et la Bretagne furent les premières régions désignées pour cette entreprise. Le préfet de région d'alors, Jean Verdier, ne manqua pas de relever la « sollicitude nouvelle, passionnée... déployée... pour ce passé ». En 1973 une petite brochure illustrée intitulée « N'abîmons pas l'Alsace », éditée sous l'égide des conseils généraux de notre province, précisa quelques règles élémentaires d'un savoir-vivre architectural en conformité avec les paysages naturels alentour; elle mit l'accent sur la nécessité de l'intégration de la construction dans son site: elle affirma à l'appui de cas significatifs que la nature commandait; elle relevait sans hésitation la prééminence « des champs, des prés, des forêts, des pâturages, des chemins, des arbres, des bancs, des calvaires, des villages où depuis des siècles vivent ceux qui ont modelé la nature sans rompre son équilibre, sans altérer son visage ». L'Institut Qualité Alsace commença par réaliser un important et déterminant travail d'approche paysagère, en liaison avec les administrations et instituts universitaires concernés, contribuant à ouvrir les horizons, à parfaire l'inventaire, à nourrir la réflexion environnementale. S'appuyant sur des législations existantes, souvent depuis fort longtemps - loi de 1913 sur les monuments historiques, de 1930 sur les sites ou sur le code de l'urbanisme pour ce qui était des secteurs sauvegardés -, l'imagination et de nouvelles réglementations s'entrecroisèrent.

Sous l'égide des administrations de l'équipement et de l'environnement - l'OEDA-Alsace ayant été l'une des institutions-clés - les instruments de protection à caractère global ou spécifique serviront de base à des actions de promotion: schémas directeurs d'aménagement et d'urbanisme, plans d'occupation des sols, plans d'aménagement rural, zones d'environnement protégé, espaces boisés protégés permirent d'affiner les représentations paysagères.

Les géographes ont mis en relief les nombreuses variantes, distinguant notamment les unités naturelles suivantes: massif et piémont vosgiens, plateaux, plaine avec ses terrasses et Rieds. Les paysages humanisés furent, entre autres, cartographiés par l'OEDA-Alsace: la trame verte distingua entre forêts, vallées humides, espaces de liaison et endroits à qualité exceptionnelle de paysage mettant l'accent sur les aires à intérêt écologique particulier; l'analyse de la perception des unités de paysage continua à distinguer entre masses forestières vosgiennes visibles de loin, paysages sous-vosgiens semi-transparents, paysages de collines semi-transparents, paysages ouverts de la plaine et paysages de liaison (vallées des affluents de l'Ill, voire directement du Rhin). En 1989 la Direction régionale à l'architecture et à l'environnement (DRAE) a cartographié la localisation des espaces protégés aménagés ou en voie d'aménagement; le chemin parcouru depuis l'époque pionnière fut très important: le Bas-Rhin bénéficia, au titre de la loi du 10 juillet 1976, de réserves naturelles, de biotopes protégés et d'espaces de protection de la flore. Signalons par exemple, dans le nord du département, le marais d'Altenstadt, le cours inférieur de la Lauter, la héronnière de Beinheim, le Bastberg, les anciennes carrières de Stambach, le cours inférieur de la Moder, la forêt d'Offendorf, la forêt d'Erstein, le Bruch de l'Andlau, l'étang de Rustloch, le Ried de la Lutter, le site biologique de l'Ortenbourg...

◀ Dambach-la-Ville, cité pittoresque au riche passé, une étape indispensable sur la Route du Vin. Ph. J. Lagrange.

◀ Le plan d'eau de Plobsheim, qui admet dans son bief les crues de l'Ill, est aussi une base de loisirs très appréciée, réalisée conjointement par le Département, la Communauté Urbaine de Strasbourg et le Ministère de la Jeunesse et des Sports. Ph. Zvardon.

203 LES PAYSAGES ATTRAYANTS ▶

8 ATOUTS CULTURELS ET DEFIS TOURISTIQUES

Le fleurissement des maisons très répandu dans le Bas-Rhin rend le Département d'autant plus attrayant. Ph. Mattes. ▶

Un des aspects de la région de Wissembourg. Ph. Zvardon. ▶

Le Parc naturel régional des Vosges du Nord, créé en 1976, forme évidemment la réalisation la plus spectaculaire. Son succès biologique et touristique — deux facettes souvent contradictoires — témoigne de l'adhésion de l'opinion publique aux choix opérés.

A Strasbourg même, à l'occasion de la copie du plan relief de 1836, le LIRIS (Laboratoire d'informatique et de recherche infographique sur Strasbourg) a réalisé un logiciel qui pourra être utilisé pour d'autres documents urbanistiques.

Le vignoble, fleuron particulier, a donné lieu à des soins redoublés. En 1982 l'OEDA-Alsace a diffusé une plaquette attirant l'attention sur la fragilisation de cette portion d'espace pourtant plus résistante que d'autres. La publication expose une première série d'éléments de promotion « des paysages de pays » relatifs au vignoble alsacien; ses auteurs ne manquent pas de souligner que le vignoble forme une entité ne tolérant aucune atteinte ponctuelle, qu'il exprime une certaine culture et qu'il n'est pas extensible. Si un bon zonage s'avère être indispensable, il ne peut être suffisant lorsque l'environnement routier, le réaménagement des carrières, les nuisances inhérentes à l'urbanisation ne trouvent pas de solution positive.

Un récent sondage des Dernières Nouvelles d'Alsace-ISERCO (novembre-décembre 1989) confirme la première place de l'Alsace parmi les régions françaises en matière de conscience écologique. Il est vrai que, même dans cette province au patrimoine encore solidement maintenu, les mutations en cours suscitent des inquiétudes. Ici les revendications sont d'autant plus acerbes que l'on ne tient pas à renoncer en quoi que ce soit aux avantages paysagers, sachant que chaque pan arraché à l'édifice fragilise celui-ci. La spéculation foncière confirme la propension à la vigilance: dans le secteur de Reichshoffen-Niederbronn le prix de l'are, viabilité non comprise, a vingtuplé en 10 ans, grimpant de 1000-1500F à 20000-25000F. L'Association fédérative régionale pour la protection de la nature discute les projets de nouveaux tracés TGV et routier. Les paysages sont en quelque sorte désormais sous haute surveillance par les mouvements environnementaux. Par là-même ils participent étroitement au devenir du département et de la région en général.

Des monuments prestigieux
Dominique TOURSEL-HARSTER

Une des grandes créations romanes en Alsace: l'église Saints-Pierre-et-Paul de Rosheim, dont la construction est située entre 1140 et 1190. Ph. Inventaire Général. ▶▶

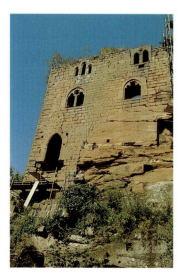

Le palais gothique du nouveau Windstein. Ph. D. Gaymard. ▼

Même si l'architecture bas-rhinoise se réclame de racines plus lointaines, la première époque à présenter une production cohérente, encore saisissable dans ses expressions multiples est bien le Moyen Age, alors que la région est intégrée à la sphère germanique.

Les implantations militaires amorcées par Frédéric le Borgne qui «traînait toujours un château à la queue de son cheval» culminent sous Frédéric II. Ses ministériels continueront d'édifier leur résidence fortifiée sur des sites de hauteur en éperon, d'où l'irrégularité des plans et une forte proportion de châteaux semi-troglodytiques (Vieux-Windstein, Fleckenstein). L'essentiel de la défense y repose sur le concept de «bouclier» destiné à renforcer le flanc le plus vulnérable. Vers 1200, le donjon lui-même devient bouclier, technique que l'on observe au château vieux de Landsberg, au Bernstein et plus tardivement à l'Ortenbourg, ce vaisseau castral dressé en sentinelle au-dessus du Val de Villé, avec cette particularité d'une chemise haute doublant extérieurement le donjon pentagonal. Vers 1250, on réduit la défense à un simple mur-bouclier: on en voit une manifestation spectaculaire car conservée sur une hauteur de 18 m à la Wasenbourg. A l'arrière s'abritent les palais, découpés de belles baies gothiques (Spesbourg, Nouveau-Windstein, Rathsamhausen). La fonction militaire du château fort s'accentue au détriment de son rôle résidentiel dès le XIVe s. On lui préfère la ville ou les châteaux de plaine dont certains laissent toujours entrevoir le tracé quadrangulaire flanqué de tours de la «Wasserburg» primitive (Thanvillé, Osthouse), voire un volume assez proche de l'aspect médiéval (Breuschwickersheim, Lorentzen). Quant au château de montagne, il évolue en «machine de guerre» aux XVe et XVIe s. Sous les Thierstein, le Haut-Koenigsbourg devient une forteresse équipée de redoutables bastions. Un siècle plus tard, Daniel Specklin remodèle le vieux château de Lichtenberg, ce qui lui permettra de traverser sans grand dommage la guerre de Trente ans, fatale à la plupart des châteaux de montagne.

La première floraison de l'art chrétien demeure très lacunaire avant le XIe s. Un art roman assez primitif se manifeste alors dans les basiliques charpentées d'Eschau, Surbourg et Dompeter, d'une grande variété de plans; les croix grecques d'Epfig et Avolsheim attestent la persistance d'une forme

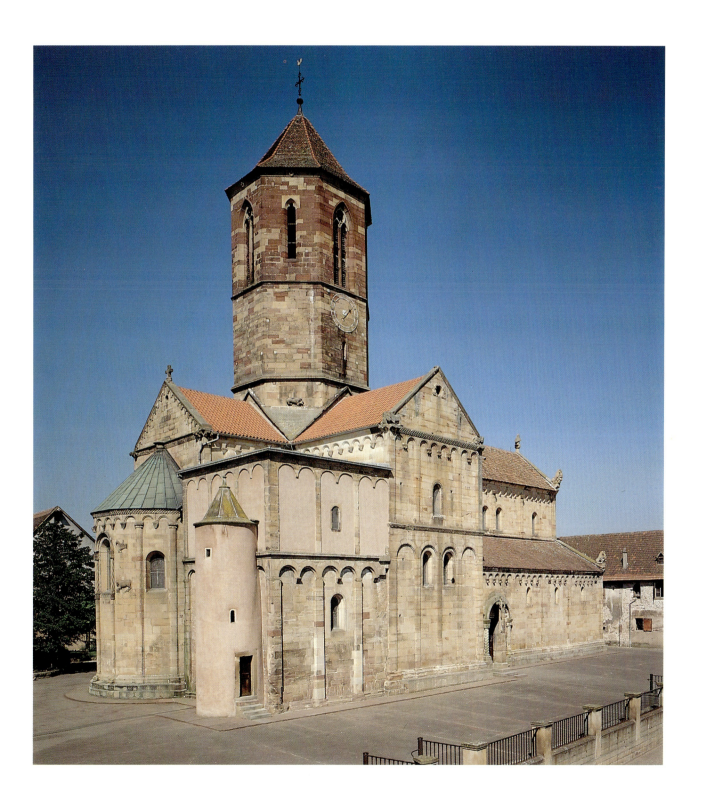

8 ATOUTS CULTURELS ET DEFIS TOURISTIQUES

Le Dompeter, consacré vers 1049-1053 par le pape Léon IX, conserve de cette époque la nef centrale, les grandes arcades et des linteaux sculptés. Ph. D. Gaymard. ▶

Le Haut-Koenigsbourg, Palais National, d'une envergure sans précédent parmi les châteaux forts vosgiens, a été reconstruit au début de ce siècle par l'empereur Guillaume II Hohenzollern. Ph. Zvardon. ▶

dérivée de l'architecture byzantine. De la cathédrale élevée par l'évêque Wernher à Strasbourg, on conserve la crypte voûtée d'arêtes qui s'inscrit dans une série bien représentée par la crypte-halle d'Andlau et la crypte hors-oeuvre de Neuwiller (Saints-Pierre-et-Paul), en relation avec l'antique «confessio» de saint Adelphe.

La période la plus brillante de l'art roman coïncide avec la prospérité du «siècle des Hohenstaufen» (XIIe s.). A Marmoutier survit le dispositif du massif occidental à trois tours, d'une perfection plastique inégalée, alors que Sainte-Foy de Sélestat propose l'une des premières façades harmoniques. Ici comme à Rosheim, l'étagement des masses orientales du chevet est dominé par la tour de croisée; celle de Sainte-Foy, une flèche bombée, passe pour un chef-d'oeuvre de stéréotomie.

Tours-porches ou tours-choeurs adoptent habituellement le plan carré (Notre-Dame de Saverne, Altenstadt), de même que ces nombreux clochers en bâtière (Willgottheim, Kuttolsheim), depuis lors une composante si attachante des campagnes alsaciennes. A Weyer et au Kirchberg, proches de la Lorraine, l'Alsace Bossue développe une variante originale de clocher circulaire. Du Mont-Sainte-Odile, ce haut lieu de la foi qui connut un tel essor au XIIe s., on retiendra comme un raccourci de son histoire cette stèle historiée où le duc Attich remet à sa fille Odile la charte de fondation du monastère, en la présence symbolique des abbesses Relinde et Herrade de Landsberg.

Timidement annoncé à Obersteigen, l'art gothique fait irruption au transept sud de la cathédrale de Strasbourg, achevée par un maître issu des chantiers d'Ile-de-France. Le gothique rayonnant s'épanouit dans la nef, niant la muralité romane au profit d'un ajourement optimal qu'autorisent désormais la croisée d'ogive et l'arc-boutant. Un siècle sera nécessaire pour élever la façade ouest focalisée sur la grande rose de maître Erwin, comme sertie dans un écrin de dentelle. Les nefs de Marmoutier et Wissembourg se révèlent les plus perméables au modèle strasbourgeois diffusé aussi dans les roses lancéolées des transepts de Wissembourg et Saint-Georges de Sélestat. Si le tracé polygonal s'impose pour les choeurs gothiques, une plus

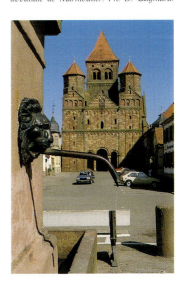

▼ *Le massif occidental de l'ancienne église abbatiale de Marmoutier. Ph. D. Gaymard.*

La façade occidentale de l'église Saint-Adelphe à Neuwiller-lès-Saverne. Ph. D. Gaymard. ▼

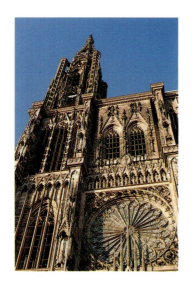

La cathédrale de Strasbourg, l'un des plus beaux monuments du gothique européen. Ph. Zvardon. ▲

grande diversité règne dans les façades occidentales où perdurent de puissantes tours-porches d'ascendance carolingienne (Saint-Thomas de Strasbourg, Niederhaslach, Saint-Georges de Sélestat), parfois concurrencées par la magnificence des tours de croisée (Wissembourg). Par idéal de pauvreté, les ordres mendiants renoncent à ces tours orgueilleuses et aussi aux transepts, peu adaptés à la prédication; leurs églises se réduisent à un choeur profond (Franciscains de Sélestat) souvent prolongé par une nef-halle, sans qu'il s'agisse d'une exclusive des frères prêcheurs: Reinacker, halle à 5 nefs de Saint-Thomas; à Saint-Adelphe de Neuwiller, le petit chevet polygonal était même précédé d'un choeur-halle, démoli depuis.

Il est rarement nécessaire d'entreprendre de nouveaux chantiers à la fin du Moyen Age (Walbourg, Bischenberg); on se borne à moderniser l'existant (voûtes en résille à Notre-Dame de Saverne), à greffer des chapelles latérales entre les contreforts (Saint-Georges de Haguenau). L'architecture gothique en passe de s'épuiser brille d'un dernier éclat dans les spéculations flamboyantes du portail Saint-Laurent: ainsi achevée par des maîtres d'oeuvre venus de l'Empire depuis le XIVe s., la cathédrale de Strasbourg, consommant la synthèse des influences françaises et germaniques, peut se compter au nombre des créations les plus singulières du gothique européen.

Alors qu'elle s'épanouissait dans l'Humanisme, la Renaissance fut longue à s'acclimater dans l'architecture alsacienne. Dans le domaine religieux, toute innovation se heurte au gothique, perçu comme le style de la tradition et du sacré, et cela d'autant plus que la Contre-Réforme l'utilise comme fer de lance, notamment à Molsheim devenu un véritable bastion de la résistance catholique. Les Jésuites y élèvent le seul sanctuaire important de l'époque, l'actuelle église Saint-Georges où se fait jour, en dépit du vocabulaire gothique, une perception renouvelée de l'espace. Mais c'est surtout dans l'architecture civile que la Renaissance trouve son champ d'action propre, encore que l'absence de grands commanditaires la colore d'une tonalité bourgeoise qui n'est pas son moindre attrait. Les bâtiments publics se multiplient en adoptant la formule médiévale de la grande salle d'étage reposant sur un rez-de-chaussée percé d'arcades (Molsheim, Oermingen); on y accède soit par une tourelle d'escalier (Châtenois, Boersch, Benfeld), soit par un escalier extérieur à double volée convergeant vers une loggia qui signale le bâtiment public (Mittelbergheim). Le mur-pignon à volutes détrône le pignon crénelé: l'évolution est nette à l'Oeuvre Notre-Dame de Strasbourg où les deux coexistent. Il faut mettre à part le «Neue Bau» de Strasbourg (Chambre de Commerce et d'Industrie), seul à tirer parti des enseignements de Vitruve: l'horizontalité s'y affirme par le biais d'une structure logique, scandée par les ordres antiques dans leur superposition canonique. Cet élan novateur va tourner court car les temps troublés contraignent à l'exil les architectes les plus talentueux. Faute de commanditaires d'envergure, l'équivalent résidentiel du Neue Bau n'existe pas; même des édifices considérables comme l'hôtel des Boecklin à Strasbourg ou celui de l'abbaye d'Ebersmunster à Sélestat abordent essentiellement la Renaissance par le truchement d'un décor concentré sur les portails ou les oriels (commanderie de Sélestat). Dans ses terres, la noblesse se donne rarement les moyens d'un manoir ex nihilo comme celui des Zorn de Plobsheim ou de Birkenwald; on modernise ici d'un pignon (Osthoffen), là d'un oriel frappé du médaillon sculpté de ses propriétaires (Woerth). La polychromie des façades traduisait un goût maniériste du trompe-l'oeil manifesté une première fois dans les architectures feintes de l'ancienne prison Sainte-Marguerite à Strasbourg. Ces décors fragiles ont moins bien résisté au temps que les pans-de-bois sculptés, une page si attachante de la Renaissance alsacienne (maison Katz à Saverne, Kammerzell à Strasbourg).

Une fois la Basse-Alsace rattachée à la France, le classicisme français y pénètre d'abord par le biais de l'architecture militaire. A l'instigation de Vauban, les frontières s'équipent d'une chaîne de places fortes réduites aujourd'hui à quelques portes d'une sobre monumentalité (Sélestat). Pourtant les liens avec la tradition germanique ne sont pas complètement distendus: P. Thumb n'importe-t-il pas à l'abbatiale d'Ebersmunster l'écho assagi des fastueuses abbayes baroques d'Allemagne et d'Europe centrale? Une architecture «française» ne s'impose véritablement qu'après 1720,

▲ Détail de la Maison Kammerzell, qui présente toute la diversité et la subtilité de l'ornementation strasbourgeoise des poutrages. Ph. Zvardon.

▼ L'ancienne abbatiale baroque d'Ebersmunster. Ph. D. Gaymard.

Le palais épiscopal de Rohan, à Strasbourg, construit vers 1727 par Robert de Cotte. Ph. Monuments Historiques - Beck. ▲

L'église de Berg, née de la collaboration de Bockel et Stengel est une «Breitsaalkirche», avec une nef-transept tout en largeur. Ph. J. Blosser. ▼

suscitée par l'installation d'une nouvelle aristocratie; alors Strasbourg voit sortir de terre une pléiade de grands hôtels particuliers alliant l'ardoise au grès rose local et concentrés dans le voisinage de la place Broglie (actuels évêché, hôtel du préfet, hôtel de ville); R. de Cotte allait pourtant les éclipser encore par les fastes du palais épiscopal de Rohan, le plus important chantier de l'époque. La province emboîte le pas à la métropole dans ses édifices publics (hôpital de Haguenau, hôtel de ville de Mutzig), ses demeures («Folie» Marco à Barr, château de Bischheim).

A l'autre extrémité du siècle, le néo-classicisme, entravé par les événements révolutionnaires, rencontrera peu d'échos. Les Rohan, mécènes quasi royaux, se distinguent une dernière fois dans la grandiose séquence versaillaise de leur palais savernois par l'architecte Salins, actif aussi à Saint-Etienne de Rosheim ou à Weyersheim. Dans l'ancien comté de Sarrewerden passé aux Nassau, le directeur des Bâtiments Stengel supervise une série homogène d'églises baroques autour de Harskirchen tout en innovant dans les «Breitsaalkirche» de Berg et de Sarre-Union, remarquablement adaptées à la liturgie réformée.

Un classicisme dépouillé persiste sous l'Empire (Strasbourg: Orangerie Joséphine, théâtre), bientôt relayé par la montée de l'éclectisme. A la faveur du mouvement romantique, l'architecture religieuse marque un retour persistant au gothique (chapelle des chanoinesses de Molsheim) à l'exception des synagogues orientalisantes qui renouent avec des origines plus lointaines (Niederbronn, Westhoffen). L'historicisme international va trouver son expression la plus éclatante sous l'annexion allemande après 1871: Strasbourg promue capitale du Reichsland Alsace-Lorraine se transforme en vitrine du IIe Reich fondé par les Hohenzollern; une nouvelle ville s'élève, vouée à tous les «ismes», avec une prédilection pour la Renaissance (palais et campus universitaire), les perspectives «haussmanniennes» bordées d'arbres, ponctuées d'espaces verts et de monuments-phares (Saint-Paul, tribunal). Il faut mettre à part le palais impérial (palais du Rhin), recomposition délibérément unique de styles variés destinée à désigner le monument fondateur de la dynastie, à l'inverse du musée néo-médiéval de Haguenau où le désir de légitimation s'enracine dans l'âge d'or des Staufen. La restitution du Haut-Koenigsbourg en lequel s'incarnent les nostalgies féodales de Guillaume II procède d'une démarche analogue. Ce déferlement d'éclectisme «wilhelmien» largement propagé dans les bâtiments publics (postes, écoles, tribunaux...) cantonnera le Jugendstil dans les strictes limites de l'architecture privée, non sans quelques brillantes citations strasbourgeoises (22, rue de Castelnau, 56 et 76, allée de la Robertsau).

En dépit de conditions peu favorables, l'habitat social dans la première moitié du XXe s. connaît de discrètes réussites comme la cité-jardin du Stockfeld à Strasbourg. Mais c'est surtout depuis les dernières décennies que le Bas-Rhin pénètre de plain-pied dans le concert de l'architecture contemporaine, à la fois dans les réalisations publiques (palais de l'Europe) ou le secteur industriel, ce nouveau lieu de la modernité (usine Alcatel B.S. à Illkirch). L'inauguration cette année de l'hôtel du Département (Vasconi), amarré aux berges de l'Ill, prélude aux grands projets du palais des Droits de l'Homme (Rogers) et d'un prestigieux musée d'Art Moderne (Fainsilber). Confiées à des équipes issues de consultations internationales, ces réalisations conforteront dans l'avenir l'image européenne qu'entend se donner le département du Bas-Rhin à travers sa métropole.

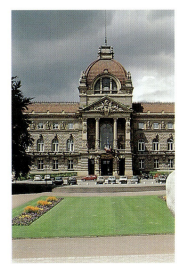

▲ *Le Palais du Rhin, ancien palais impérial, domine la Place de la République à Strasbourg. Ph. Zvardon.*

◀ *Inauguré en 1990, le nouvel hôtel du Département, dû à l'architecte Vasconi. Ph. Zvardon.*

Des circuits touristiques

Gabriel WACKERMANN

Le tourisme exprime à sa façon la dynamique économique et les ambitions socioculturelles d'une société: il reflète le degré d'insertion d'un espace au mouvement de son temps et participe étroitement au façonnement de l'image de marque du territoire considéré. Le département du Bas-Rhin n'a pas échappé à cette règle ni à l'époque pionnière de sa vocation touristique ni depuis l'après-guerre où le tourisme a commencé par se hisser au rang d'une activité industrialo-tertiaire. A présent il ne saurait, moins que jamais, se singulariser par un attachement aux pratiques d'accueil traditionnelles: la rapidité de l'évolution technologique et psychologique, la succession constante de nouvelles aspirations et de comportements induisant parfois des changements de « générations » tous les 7 à 10 ans, ont suscité des impératifs d'adaptation permanente, sous peine de déclin. Cette gymnastique s'avère être toutefois d'autant plus commode qu'elle a pu se déployer tôt. Dans le Bas-Rhin le passé rejoint aisément le devenir dans ce domaine: les circuits touristiques mis en place ou en gestation témoignent de cette aptitude à l'ouverture aux sollicitations extérieures.

Trait caractéristique dominant de la société contemporaine, la mobilité a marqué constamment et de manière directe le temps de loisir des familles et des individus, du monde des affaires et des particuliers. D'abord modérée et principalement réservée aux privilégiés durant l'ère industrielle, puis engagée dans un processus de démocratisation croissant à l'époque postindustrielle, elle tend à se généraliser aujourd'hui jusqu'à en faire un attrait prioritaire au moment des congés et vacances vécus en notre temps. La mode s'y rajoute et la publicité s'en empare à tel point que la marginalisation guette les espaces aux responsables imprudents.

Les circuits et surtout les circuits à thèmes s'imposent aux organisateurs du tourisme qui sont appelés à offrir à une clientèle croissante des associations de produits, souvent à forfait, en vue de conférer au temps libre des visiteurs un optimum de sensations, de « grands moments » ou de « sommets », parallèlement à une détente qui, pour bien des touristes, ne saurait plus être déterminante dans son statisme. Même le touriste fatigué tient à refaire sa forme par le dépaysement actif, ne serait-ce que par le recours aux sentiers

Le Haut-Andlau domine les vallées d'Andlau et de la Kirneck. Ph. Mattes. ▼

◀ La Volerie des Aigles implantée au château de Kintzheim attire de nombreux visiteurs. La Montagne des Singes et le Centre de réintroduction des cigognes en sont très proches. Ph. J. Lagrange.

◀ Le Champ du Feu (1100 mètres), à moins de 50 kilomètres de Strasbourg, est fréquenté toute l'année par les promeneurs et l'hiver par les skieurs. La tour d'observation permet de découvrir les Vosges, la plaine et la Forêt Noire. Ph. J. Lagrange.

DES CIRCUITS TOURISTIQUES ▶

pédestres ou aux pistes cyclables. Le circuit apparaît comme une forme plus sophistiquée de cette orientation: appuyé sur un thème porteur, il conduit le visiteur le long d'un itinéraire agréable, commenté et animé, doté d'apports culturels et festifs, agrémenté gastronomiquement, offrant aussi détente et heures de lèche-vitrine.

Les espaces à grande variété de l'offre sont évidemment bien placés, d'autant plus qu'il convient désormais de viser un public international de plus en plus nombreux. Le Bas-Rhin, par sa position rhénane et son rôle de Porte de France, dispose d'atouts sérieux. Il réunit de façon percutante les conditions indispensables au bon fonctionnement des circuits: une riche variété de sites hautement attractifs, valorisés touristiquement en conséquence, suffisamment proches les uns des autres pour agrémenter des itinéraires à la fois pittoresques et ouverts à un vécu qui demeurera une séquence forte dans la mémoire des visiteurs. La ressource fondamentale de l'Alsace est fondée dans cette optique sur les paysages naturels auxquels viennent s'ajouter les multiples paysages humanisés façonnés au fil des siècles par une intense activité socio-économique qu'est venue bouleverser une série d'ouragans politico-militaires transformant la région en pays souffre-douleur de l'Europe dont les marques la rendent d'autant plus attrayante aujourd'hui.

La ville de Barr, située dans le vignoble, abrite de nombreuses portes cochères, cours, ordonnances et maisons, témoins d'un long passé historique. Ph. Mattes. ▼

Le « produit » circuit est sous-tendu par des offres qui visent à s'insérer tant dans des entités touristiques homogènes - Outre-Forêt, Alsace Bossue, Vosges du Nord, Route du Vin... - que dans des unités complémentaires associant les richesses du patrimoine naturel ou culturel, le savoir-faire et la qualité de l'accueil. Il convient aux types de formules actuellement recherchées: séjour prolongé, passage, court séjour, proximité et affaires. Une enquête permanente conduite dans notre laboratoire révèle que depuis quatre ou cinq ans les circuits sont particulièrement appréciés ou recherchés par les touristes étrangers qui jettent leur dévolu sur notre département. Alors que vers 1983-84 un cinquième à peine d'entre eux visait systématiquement le circuit organisé, ils sont à présent 47% à préférer ce type d'exploration, quitte à revenir une autre saison pour goûter à un autre

◀ Tarte aux questsches
▼ Baeckeofe
La gastronomie est partie intégrante des circuits touristiques. Ph. Lagrange.

◀ Obernai: les nombreux édifices, notamment Renaissance, forment une «vieille ville» très pittoresque. Mais Obernai a su également s'entourer d'un remarquable tissu industriel. Ph. J. Lagrange.

L'étang du coucou dans la Haute Vallée de la Bruche. Ph. G. et M.T. Fischer. ▲

Louis XIV fit de Lauterbourg une petite fortification. La ville est un pôle d'emploi attractif. Ph. Mairie Lauterbourg. ▼

thème; Allemands, Néerlandais et Scandinaves sont particulièrement friands de cette pratique.

Les hauts-lieux, véritables passages obligés, constituent des sites centraux pour les circuits et leur confèrent les lettres de noblesse: Strasbourg, les villes de l'ancienne Décapole, les cités qui, avec une extraordinaire densité s'égrènent dans la plaine et le massif vosgien, les grands monuments-témoins, tels que le Haut-Koenigsbourg...

Le Parc naturel régional des Vosges du Nord constitue à lui tout seul un espace de parcours privilégié, jouxtant celui du Palatinat méridional et couvrant une aire marquée par la légende, l'histoire ou la géographie; véritable conservatoire naturel et ethnologique, il est aussi un trait d'union entre l'Alsace et la Lorraine. D'une superficie de 117500 hectares, créé en 1976, il offre à la fois des paysages naturels originaux et une grande variété de paysages humanisés. La grande faune est marquée par le cerf et le chevreuil, la flore comporte des espèces uniques en Europe occidentale; le parc vient d'ailleurs d'être classé en 1989 «réserve mondiale de la biosphère». Blotti dans un écrin densément «cultivé», aux 94 villages et six petits centres urbains regroupant 85000 habitants, sa trentaine de ruines de châteaux forts rappelle un passé prestigieux - le Waltharilied des Nibelungen s'y déroule - dont le souvenir actif est aussi entretenu par 16 musées, sans parler du patrimoine architectural riche en établissements religieux, civils, militaires, industriels. C'est ici que se réalise ce qu'un ancien président de la République a pu nommer «la gestion fine d'un territoire sensible».

Parallèlement à cet espace qui forme à lui seul un ensemble cohérent de choix touristiques itinérants, de multiples «routes» devenues classiques et internationalement réputées, sous-tendues par un riche folklore et une table autant savoureuse qu'accueillante, facilitent la pénétration du département: route du vin, de l'histoire (châteaux forts, églises romanes...), du Rhin, des sanctuaires, du tabac...; routes de « pays », telles que du chou, du Kirsch, des princes, des feux, des vallons et thermes, des villages pittoresques, des cinq vallées, du Pays de Hanau, de l'Alsace Bossue, des potiers, du Kochersberg... Depuis quelques années les projets foisonnent, le tourisme étant devenu

◀ Les forêts près de La Petite Pierre invitent à la promenade. Ph. Mattes.

8 ATOUTS CULTURELS ET DEFIS TOURISTIQUES

La Tour des Sorcières à Châtenois, dont la partie inférieure date de 1432, a été peinte par Bernard Buffet. Ph. J. Lagrange. ▶

Woerth a transformé en musée son château à donjon gothique et à logis Renaissance. Ph. J. Haller. ▼

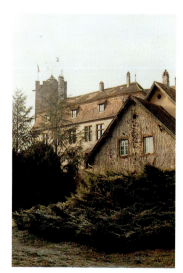

une préoccupation fondamentale tant du côté de la demande que de celle de l'offre. Département et communes ne cessent de dynamiser le mouvement en cours, aiguillonnés par l'intense vie associative et le renouveau commercial bas-rhinois. Un effort particulier porte sur l'amélioration des structures d'hébergement, sur le projet Cybèle de développement du thermalisme dans le nord de la circonscription, sur la naissance d'une entité touristique transfrontalière franco-allemande, tellement souhaitée par les amateurs de culture et d'impressions européennes - nos enquêtes en font de plus en plus foi touchant les pays industrialisés du Globe -; source nouvelle de circuits originaux, cette formule s'inscrit dans une ouverture indispensable. La route appelée «transvosgienne», interrégionale, destinée aux randonnées pédestres en toute liberté, sans bagages d'hôtel à hôtel, avec les variantes «crêtes et piémont», «forêts» ou «d'un sommet à l'autre», complète ce souci de desserrement départemental.

Les créations «internes» demeurent toutefois intenses: circuits de découvertes au fil de l'eau, randonnées pédestres, pistes cyclables et randonnées à bicyclette sans bagages, visite des monuments et sites napoléoniens, route Goethe, route des châteaux... Un effort spécial porte sur les rencontres avec le monde rural sous l'égide du Relais du tourisme rural qui tente de doter ce milieu de points forts susceptibles de favoriser la multiplication de circuits de qualité, que ce soit par la route, les sentiers ou l'eau. Dans le cadre du IXe Plan, outre le développement des Gîtes de France en village, le principe du passeport-vacances a été retenu de façon à asseoir un vrai produit touristique. Rien d'étonnant que face à toutes ces initiatives, l'Alsace soit devenue l'une des trois régions-pilotes du tourisme rural français, par une convention avec TER (Tourisme en espace rural), en même temps que la Bourgogne et le Cotentin.

▼ *Le Grand Géroldseck veille sur la trouée de Saverne.* Ph. Mattes.

Arts et traditions populaires

Freddy SARG

Les dix dernières années du XIXe s. sont marquées par l'émergence d'un mouvement régional alsacien qui traduit une forte résistance face à la volonté assimilatrice de l'Allemagne prussienne.

Faute de pouvoir le faire sur la scène politique, la conscience alsacienne s'exprime surtout dans le Bas-Rhin par la création de cercles littéraires et artistiques dont le plus connu est «le groupe de Saint-Léonard».

D'autre part, sous l'impulsion d'un mécène francophile nommé Michel, fabricant de foie gras à Schiltigheim, des hommes comme Gustave Stoskopf, Ferdinand Bastian, Jules Greber, Charles Hauss comprirent toute la puissance contestatrice qu'il pouvait y avoir par la ranimation d'un théâtre populaire languissant. A Strasbourg, le 27 novembre 1898 est donnée pour la première fois la pièce de Gustave Stoskopf «D' Herr Maire» (Monsieur le maire). Par la suite, Stoskopf donna d'autres pièces politico-satiriques. A côté du théâtre, il y a aussi la publication de la «Revue alsacienne illustrée» à partir de 1898 et qui prend le relais des «Images alsaciennes». En 1902, Anselme Laugel et Charles Spindler, les deux fondateurs du cercle de Saint-Léonard, éditent les «Costumes et coutumes d'Alsace». Enfin en 1904 est créé par Pierre Bucher, Léon et Ferdinand Dollinger le Musée alsacien de Strasbourg. Ce musée était le symbole dans lequel se reconnaissaient les paysans, les ouvriers et les petits bourgeois alsaciens désireux de s'opposer à l'Allemagne.

Après 1918, quand l'Alsace retourne à la France, cette prise de conscience alsacienne sert notre région face à un Etat centralisateur qui a du mal à accepter les spécificités de chacune de ses provinces.

Pour comprendre le «Sitz im Leben» des objets exposés au Musée alsacien, nous vous proposons d'accompagner, à la fin du siècle dernier, un jeune Alsacien du nom de Hans Lux dans les grandes étapes de sa vie et de celles de sa famille. La ferme de ses ancêtres se trouve dans un village du Kochersberg, non loin de Truchtersheim. C'est une grande ferme à colombage, à plusieurs étages, en forme d'U, entourant une cour intérieure.

La mère de Hans Lux a accouché à domicile comme le veut la tradition. C'est la sage-femme catholique du village qui est venue à la maison pour la

«Goettelbrief», souhait de baptême (Musée Alsacien). Ph. Musées de Strasbourg. ▶▶

Siège d'accouchée (Musée Alsacien). Ph. Musées de Strasbourg. ▼

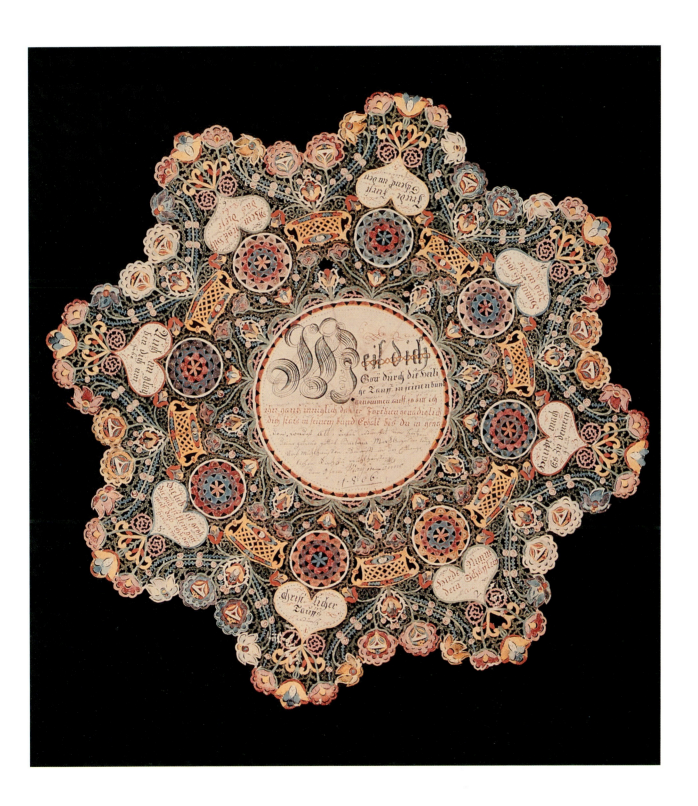

délivrer. La parturiente avait pris place dans une des dernières chaises d'accouchement de la région. La naissance de Hans Lux, premier enfant du couple, avait été saluée par de nombreux cris de joie dans la famille. Enfin les Lux avait un nouveau «Stammhalder» (porteur de la lignée).

Cinq jours après cet heureux événement, c'est le baptême, un dimanche matin. A cette occasion, les habits de fête ont été sortis des armoires. Beaucoup d'éléments peuvent se lire à partir de ces costumes: l'appartenance au village, la situation sociale, la religion, l'âge et même parfois l'orientation politique.

La sage-femme porte l'enfant à l'église. Chez les protestants, il était couché dans un berceau de baptême. Tout au long du chemin entre la maison Lux et l'église, des amis de la famille saluent le cortège en faisant beaucoup de bruit avec des pétards et des casseroles entrechoquées pour chasser les mauvais esprits. A la sortie de l'église, la marraine jette des «Zuckerbohnen» (bonbons en mousse de sucre) aux enfants du village qui attendaient avec impatience ce moment. Comme les Lux sont aisés, on jette aussi quelques pièces de monnaie dans la mêlée.

A la maison, la marraine et le parrain, ainsi que les autres invités déballent leurs cadeaux pour le jeune baptisé. La marraine a fait réaliser par un peintre d'un village voisin, un magnifique «Goettelbrief» (lettre de la marraine) avec des dessins polychromes. En plus du nom de l'enfant et de ses premières dates, ce souvenir comprend un texte où s'exprime le désir que l'enfant soit élevé en chrétien.

A cette occasion, les parents Lux montrent à leur famille et à leurs amis, leurs cadeaux de mariage qui sont exposés dans les pièces de la maison: il y a le «Hochzeitsspruch» (souvenir de mariage), l'armoire polychrome qui servira à ranger les affaires du bébé, les chaises sculptées dans du bois noble («Laehnestuehl»), le coffret en bois sculpté pour les bijoux et autres objets précieux («Schmuckkaeschtel»), une pierre chauffe-lit («Bettstein»), plusieurs aunes richement sculptées («Elle»), des moules à pâtisserie («Springerleform»), etc.

«Bettstein», pierres chauffe-lit décorées (Musée Alsacien). Ph. Musées de Strasbourg. ▲

◀ Berceau alsacien (Musée Alsacien). Ph. Musées de Strasbourg.

▼ Feu de la Saint-Jean à Otterswiller. Ph. D. Peter.

Coffret de courtoisie polychromé, «Schmuckkaeschtel» (Musée Alsacien). Ph. Musées de Strasbourg.

Un très bon repas attend les convives. A midi il y a bouillon de viande avec quenelles à la moelle, viande de pot-au-feu avec crudités et raifort, bouchées à la reine, saumon en sauce blanche, rôti avec jardinière de légumes, poulets rôtis, vacherin et crème fouettée, café et «Schnaps». Le tout arrosé d'un très bon Riesling de Traenheim. Le soir, c'est plus simple. Mais on peut être étonné que les convives aient encore faim. Il y a du potage, du jambon en croûte avec de la salade et de la crème à la vanille.

Les repas ont été servis dans des assiettes en faïence de Sarreguemines. Le «Schnaps» qui était dans une cruche en poterie de Betschdorf est servi dans de petits verres, les «Rutscherle», fabriqués à Meisenthal. La poterie de Betschdorf qui est grise, est plus résistante que celle de Soufflenheim de couleur jaune-orange. Plus agréable à l'oeil, cette dernière sert à faire des moules à «Kougelhopf», des assiettes, des gobelets et surtout des terrines pour cuire le «Baeckeofe» du lundi matin, jour de lessive.

▲ *Pot à crème de 1899, provenant de Soufflenheim (Musée Alsacien). Ph. Musées de Strasbourg.*

Lorsque Hans Lux a huit ans, il participe pleinement aux fêtes qui rythment le calendrier alsacien. Deux grands événements s'imposent durant l'année: Noël et Pâques. Ce ne sont pas deux événements ponctuels, mais deux grandes périodes. Dans chacune de ces fêtes on peut observer trois grands éléments: la période de préparation, la fête proprement dite qui s'étend généralement sur une semaine et la période après la fête.

Le calendrier liturgique commence quatre dimanches avant Noël, c'est la période de l'Avent. A l'époque de Hans Lux, c'est le temps clos où il est interdit de se marier ou de faire de grands repas de baptême. Le thème d'un dieu venant sur terre pour inspecter ses sujets se retrouve en Alsace avec le «Christkindel», le 24 décembre au soir. Dans de nombreux villages une jeune fille déguisée en fée, portant un voile sur le visage, se rend dans les familles où les enfants de la maison et du voisinage lui chantent quelques comptines. Elle demande à Hans Lux et à ses petits camarades s'ils ont été sages. Elle leur fait promettre d'avoir une conduite exemplaire pour éviter d'avoir à les livrer au «Hans Trapp» (Père Fouettard), qui l'accompagne.

A noter que l'usage chrétien du sapin est attesté pour la première fois à Sélestat au XVIe s.

Le premier de l'An, Hans Lux est allé chanter et souhaiter une bonne année à sa marraine et à son parrain. Il a reçu en compensation un grand sachet rempli de petits gâteaux, les «Bredele», et une pièce d'argent pour sa tirelire. Avant la mi-carême, dans le Kochersberg, il y a plusieurs fêtes villageoises où sont lancés des disques enflammés, «Schieweschlawe».

Les fêtes du Carnaval marquent le début du cycle de Pâques. Pour Hans Lux deux événements attirent particulièrement son attention. Le dimanche des Rameaux, où il y a une grande procession dans le village pour rappeler l'entrée triomphante de Jésus de Nazareth à Jérusalem. A la sortie de la messe, le prêtre bénit des rameaux qui sont conservés, dans chaque famille, dans les pièces d'habitation et dans les étables afin d'éloigner les maladies et les puissances démoniaques. On met aussi quelques branches dans le coin consacré de la maison, le coin de Dieu («Herrgottseck»), ou encore au-dessus du linteau des portes.

Entre le vendredi saint et le samedi saint au soir, Hans Lux est associé aux jeunes garçons du village («Ratschbube») qui passent plusieurs fois par jour dans les rues du village pour annoncer l'heure avec des chants, des bruits de crécelles («Ratsche») et des clochettes.

Hans Lux se souvient aussi de la Fête-Dieu, quinze jours après la Pentecôte. Pour le «Lieber Herrgottstag» ou «Fronleichnam», ses parents ont assisté à la magnifique procession qui se déroule à Geispolsheim, invités qu'ils étaient par des cousins habitant ce village et soucieux de maintenir vivante la tradition léguée par les anciens.

Avec l'avènement des «Trente glorieuses» après la deuxième guerre mondiale, les descendants de Hans Lux ont du mal à maintenir vivante la tradition alsacienne. Jamais, en l'espace d'une génération, une société aura connu tant de bouleversements et de mutations. Au départ assez passifs à ces changements, les descendants de Hans Lux militent maintenant dans différentes associations s'inscrivant dans la mouvance écologique et ayant pour but de préserver la langue alsacienne, la culture, les terres et tout ce qui fait le cadre de vie en Alsace.

◀◀ *Armoire polychrome (Musée Alsacien). Ph. Musées de Strasbourg.*

▲ *Poteries en grès de 1862, provenant de Betschdorf (Musée Alsacien). Ph. Musées de Strasbourg.*

Le sport

Bertrand MERLE

Le sport, tel que nous le connaissons en cette fin de millénaire, n'est âgé que d'un bon siècle et demi. Et pourtant, à sa manière, il a contribué à façonner le paysage du Bas-Rhin. Les terrains de football fleurissent dans presque toutes les communes; les salles de sport et les courts de tennis se multiplient. Loisirs ou compétition, «l'exercice» s'est installé dans les emplois du temps.

L'activité sportive est riche d'exploits, de personnages picaresques, d'échecs, mais aussi d'espoirs. Exemple: le football professionnel à Strasbourg. Il vit depuis plus de dix ans dans la nostalgie du titre de champion de France acquis en 1979. Le phénomène Racing est à coup sûr le vecteur émotionnel par excellence.

Tour à tour adulé, critiqué, le club strasbourgeois est pourtant le seul à drainer la grande foule vers son stade de la Meinau. Cette arène sportive, l'une des plus belles du continent depuis sa réfection à l'orée de l'Euro 84, rassemble 20 à 30000 spectateurs lorsque le foot tourne à plein régime. Le club professionnel chapeaute le sommet de la pyramide du ballon rond. Avec 28886 licenciés, les footballeurs sont les plus nombreux, talonnés depuis quelques années par les tennismen (26 729) dont la discipline a connu un essor fantastique.

Au total, la direction départementale de la jeunesse et des sports recense 150756 licenciés auxquels il faut ajouter 32240 scolaires.

Mais au-delà des chiffres, le sport, par le biais du suspense qu'il engendre, contribue à alimenter la légende. Il est impossible de citer tous ceux qui ont participé à l'histoire sportive du département. Relevons une pléiade de noms qui ne sauraient en aucun cas être exhaustifs.

Ainsi du côté des footballeurs, Oscar Heisserer qui fut le capitaine de l'équipe de France, Raymond Kaelbel (coupe du monde 1958 en Suède), Lucien Muller et Jean Wendling surnommés les «Jumeaux», ou plus près de nous, Gemmrich, Huck, Hausser, Molitor, ou encore Gress, Specht et Wenger qui poursuivent une carrière d'entraîneur. Chez les basketteurs, il faut citer les internationaux de la SIG, Jérôme Christ (66 sélections de 57 à 64), Carlo Wilm (26 sélections de 69 à 73), sans oublier les frères Occansey, Eric (Antibes),

---

LES SIX DU SOMMET.
Six sportifs bas-rhinois sont classés en élite selon les termes de la loi: Michel Bury (tir - RC Strasbourg), Christophe Clevenot (voile - ACAL), Maurice Eisenblaetter (voile - ACAL), Martial Mischler (lutte - Olympia Schiltigheim), André Panza (boxe française - Panzagymnothèque), et Eric Unbekand (tir à l'arc - Archers d'Obernai). Un cran en dessous, neuf sont classés en «élite A», et vingt-quatre en «espoirs internationaux».
On dénombre 1360 clubs (omnisports et autres) pour 55 fédérations différentes, plus le sport scolaire. Les plus nombreux sont: le football (28886); le tennis (26729); le ski (12120); la FSCF (9574); le judo (7657); le basket-ball (6534).

◀ Football des villes et football des villages. Pros et amateurs sont nourris d'une même passion, encouragés par un public chaleureux. Ph. B. Meyer - DNA.

◀ Le Tour de France passant en Alsace. Ph. Mattes.

Le tir est un sport traditionnel en Alsace. Michel Bury fut médaillé olympique (argent à Los Angeles), Jean-Michel Weber déjà champion d'Europe en 86 vient de participer à une deuxième campagne. Annette Sattel (ci-dessus) est l'espoir numéro un de la discipline dans le Bas-Rhin. Ph. B. Meyer-DNA. ▲

Hugues qui remporta la coupe des coupes avec Limoges, et Francis Jordane, l'entraîneur de l'équipe nationale, qui fit ses classes dans le Bas-Rhin où il occupa, pendant dix ans, le poste de conseiller technique départemental. Les athlètes eurent également leurs héros avec Ignace Heinrich, vice-champion olympique du décathlon en 48 à Londres, Pierre Haarhoff, champion d'Europe de 4 x 400 en 54, le discobole Paul Winter, Micheline Ostermeyer, championne olympique du disque et du poids à Londres également, et plus près de nous, Fernand Kolbeck. La boxe eut son heure de gloire avec la médaille d'argent d'Armand Appel en 1928 à Amsterdam (poids mouches). Les coureurs cyclistes, Charly Grosskost, maillot jaune du Tour, René Bittinger et Alain Vigneron, le fidèle coéquipier de Bernard Hinault, avalèrent quant à eux des kilomètres de bitume.

Et puis, il y a tous les autres, connus ou inconnus, qui s'entraînent dur, qui pratiquent en famille, qui partent marcher dans les Vosges, qui s'oxygènent, qui défendent chaque semaine les couleurs de leurs clubs. Certains ont déjà le regard braqué sur Barcelone, siège des Jeux Olympiques de 92.

On aménage de plus en plus de terrains de golf en Alsace. ▶

LES ARTS ET LES LETTRES
Victor BEYER

Au temps de la Révolution, l'art souffre d'être l'héritier d'un siècle chatoyant et créatif qui s'achève avec elle et d'être marginalisé du fait des troubles profonds qui ébranlent la société. Ces deux facteurs interfèrent dans tous les arts, y compris la littérature, mais comme celle-ci participe à la dialectique de la pensée, elle prête voix aux remises en cause de l'Ancien Régime et elle les véhicule.

Le Bas-Rhin se trouve donc associé à l'esprit des Lumières («Aufklärung» et «Sturm und Drang»); l'université de Strasbourg n'a-t-elle pas attiré nombre de bons esprits slaves, latins et germaniques (Goethe, Herder et leurs amis), conférant au milieu alsacien qu'ils hantent une atmosphère incomparable? Beaumarchais n'était pas loin, qui éditait à Kehl les oeuvres de Voltaire. Mais peu d'artistes et d'écrivains du terroir émergent alors — avec des hôtes de passage comme Büchner et Ramon de Carbonnières.

La sculpture est peu originale: Antoine Ketterer et surtout Landolin Ohmacht livreront d'estimables oeuvres: épitaphes à Saint-Thomas, les Muses du théâtre de Villot (1801/21) et le très antiquisant monument Desaix. D'André Friedrich, qui fait oeuvre de restaurateur à la cathédrale, relevons la fontaine à la Licorne de Saverne (1835).

Les meilleurs peintres de la fin du siècle sont formés dans les ateliers strasbourgeois. Loutherbourg (1740-1814), après Paris, ira s'établir en Angleterre. Ses paysages mouvementés doivent beaucoup à l'Alsace. Il établit magistralement la transition entre un XVIIIe s. très «hollandais» et le romantisme. De délicieux miniaturistes, comme Weyler, les Guérin, ont légué de nombreux portraits. Pour sa part Benjamin Zix (1792-1811) devient le véritable reporter des aventures et des fastes de l'Empire. Des Drolling père, fils et fille sont à leur façon des représentants sensibles et attentifs du temps de Louis XVI à Louis-Philippe. Quant à J.F. Schall, l'habitué des garden-parties érotiques, il sentira le vent en devenant révolutionnaire, pour retrouver dans un XIXe s. jouisseur ses anciennes amours.

La musique s'inscrit peu ou prou dans ces perspectives. Pfeffinger, Jacobi et Pleyel s'évertuent, mais ce dernier, tout comme les facteurs d'instruments Erard et Edelmann, va gagner Paris. Deux points d'orgue cependant:

▲ *Portraits de Gaspard Noisette, payeur général à Strasbourg et de sa femme Fanny Noisette, par Jean-Urbain Guérin. Miniature sur ivoire (Musée des Beaux-Arts). Ph. Musées de Strasbourg.*

l'audition du «Tocsin allégorique» (1793) de Pleyel en l'honneur de la Révolution du 10 août (repris l'été 1989!) et le chant de la Marseillaise mis au point par Rouget de l'Isle. Mais le XIXe s. rétablira la série des concerts, multipliera les formations chorales, publiques et privées. 1830 verra le premier festival de musique, 1855 la création du Conservatoire, suivie de celle de la Société de musique de chambre (1855/56) et, dix ans après, de la Société du Conservatoire. Le sommet de ces manifestations sera fourni en 1863 par un festival animé par Berlioz.

En littérature, le début du XIXe s. voit se dessiner un renouveau que le «Pfingstmontag» de G. Arnold illustre. Si Edouard Schuré, le «Celte d'Alsace», Louis Spach, «romancier alsacien», et Auguste Lamey parlent et chantent l'Alsace, de préférence à Paris, si Erckmann et Chatrian s'expriment dans ce sens «sur les marches de Lorraine», le Cercle Stoeber demeure bien implanté dans le Bas-Rhin. Mais tous, ou presque, manifestent leur double attachement au pays, la France, et à celui, en face, dont ils maîtrisent la langue.

Il faut y joindre la verve théâtrale, dramatique parfois, comique le plus souvent qui, des «Fraubasengespräche» du début, à travers les oeuvres d'Arnold, de D. Hirtz et d'E. Stoeber vont rejoindre le Théâtre alsacien de Gustave Stoskopf en 1899 et ses émules, et jusqu'au «Barabli», le cabaret de Germain Muller.

Le XIXe s. romantique a légué au Bas-Rhin un patrimoine artistique d'une grande fidélité à la réalité poétique autant que prosaïque. G. Brion, E. Beyer, Th. Schuler, F. Th. Lix, E. Stahl, peintres, Muller, Simon, Wentzel de Wissembourg, graveurs et lithographes évoquent le pays, ses atmosphères, ses pratiques, égayées par l'anecdote. Assurément la sculpture guidée par les «académies» a plus de mal à trouver cette veine-là. Pour s'en convaincre il n'est que de comparer une sculpture de Gustave Doré avec nombre de ses dessins, qui frisent le fantastique et qui demeurent cependant si fidèles à nos escarpements vosgiens. Mais avec son «Kléber», Philippe Grass connaît son plus grand bonheur de sculpteur, réaliste, mais avec panache.

Portrait de sa fille Adéone par Martin Drolling, présenté au Salon de 1817 (Musée des Beaux-Arts). Ph. Musées de Strasbourg. ▶▶

8 ATOUTS CULTURELS ET DEFIS TOURISTIQUES

Statue du Général Kléber, par Philippe Grass, 1840. Ph. J. Blosser. ▶

Après le désastre de 1870, l'Alsace devenue allemande panse ses plaies, que la littérature va exprimer d'abord dans le thrène protestataire, puis par le repli sur soi et dans sa langue, l'alsacien. Il convient ici de relever ceux qui font office de symbole: Friedrich Lienhart, l'auteur d'«Oberlin» (1910) et de «Westmark» (1922), d'une lyre plutôt allemande, et René Schickele, éminemment fédérateur avant l'heure et pour cela déchiré et incompris, l'auteur de «Maria Capponi» et de «Hans im Schnockeloch».

Les beaux-arts se nourrissent désormais non seulement à Paris, mais aussi à Munich, Düsseldorf, Berlin et Vienne. Si Schnug fait revivre, comme Sattler, un passé germanique, Braunagel et Carabin regardent du côté de chez Degas. Le Mouvement de Saint-Léonard, qui agite tout le milieu artistique et culturel du Bas-Rhin, mènera à la fondation de la Maison d'art alsacienne. Y seront accueillis les artistes de tous horizons, de Stoskopf à Marzolf le sculpteur, de Seebach à Blumer et à Spindler.

Après la guerre de 14-18, et avec des retards compréhensibles, les artistes alsaciens recueillent les formules du renouveau: impressionnistes, fauves, celles de l'Ecole de Paris et de l'Ecole de Munich. Ils s'unissent selon les affinités au sein du Groupe de Mai (1919), inspiré par Cézanne, et de la Barque (1930) que mène Daniel Schoen. Quelques sculpteurs, A. Schultz («Gänseliesel»), R. Hetzel se joignent à ces phalanges qui, avec les artistes lyonnais, sont les seules en France à constituer une véritable école régionale. L'architecture est moins glorieuse. Bien qu'éphémère, l'Aubette de Theo van Doesburg, Hans Arp et Sophie Taeuber constituera en 1928 un phare de l'architecture intérieure moderne.

Sous l'Occupation, les arts du spectacle et de la musique ne seront pas négligés. Prétendant faire de Strasbourg une place-forte de la culture germanique, les Nazis feront venir de grands artistes qui, à voir de près, comme anguille sous roche, se révéleront contestataires: Hans Rosbaud, le Generalmusikdirektor, A. Julius Kaufmann («Die Geschichte der schönen Annerl») et Jürgen Fehling. Ne parlons pas des arts plastiques: le réalisme héroïsant, frère du réalisme socialiste, y sera prôné. De grandioses projets de voie triomphale du Rhin à la cathédrale seront conçus et heureusement, avortés.

8 ATOUTS CULTURELS ET DEFIS TOURISTIQUES

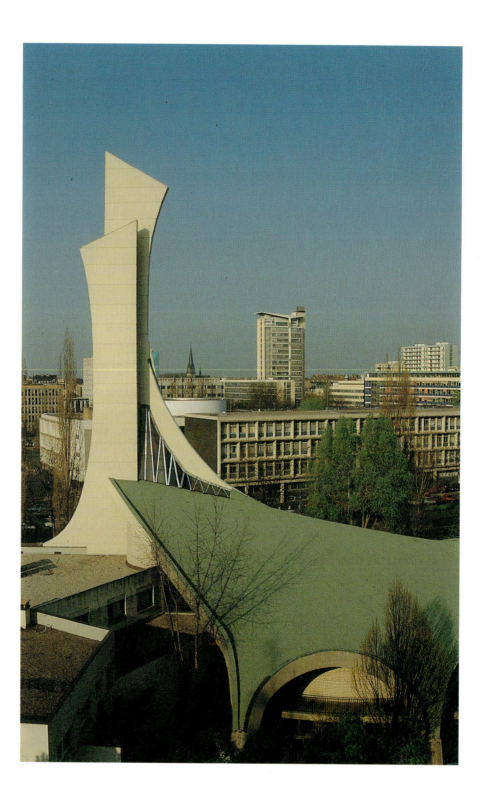

L'église du Christ ressuscité, rue de Palerme à l'Esplanade (Strasbourg), par Adrian, Lévy et Prévot, 1968-1972. Ph. J. Blosser. ▶

◀ Aménagements intérieurs de l'Aubette: ciné-dancing, réalisés par Théo van Doesburg en collaboration avec Jean Hans Arp et Sophie Taeuber, 1926-1928, Cabinet des Estampes. Ph. Musées de Strasbourg.

Que dire des décennies d'après guerre? Les arts plastiques vivent, pour une part, de la tradition, notamment dans le groupe de l'Oeuf, pour une autre de mouvements avant-gardistes, lesquels, Europ'art à Saverne, Sélest'art et le FRAC (Fonds Régional d'Art Contemporain) aidant, sont en passe de constituer l'art officiel du XXe s. Les expositions nombreuses et diverses (dont les expositions européennes à l'Ancienne Douane, de 1965 à 1972) motivent de plus en plus le public.

Dans le domaine de la musique, les choeurs de Saint-Guillaume et de la Cathédrale, ainsi que les Percussionnistes de Strasbourg donnent du lustre au pays. Lustre que la pérennité du plus ancien Festival de France et les manifestations annuelles de «Musica» viennent renforcer.

La littérature marque quelques temps forts. Incontestablement Jean-Paul de Dadelsen, ce «Claudel» qui serait protestant et tolérant! s'impose en tête des écrivains alsaciens. Une belle phalange devrait être citée à sa suite, que le parisianisme du système ambiant ne cesse d'ignorer. Cette couverture d'indifférence, quelques-uns ont réussi à la forcer: Jean Hans Arp, bien sûr, mais aussi Alfred Kern, Prix Renaudot 1960, Claude Vigée, le «juif errant» entre Alsace et Israël, André Weckmann, le trilingue convaincu, J.Cl. Walter, auteur d'une «épopée rhénane».

Les perspectives européennes ouvrent toutefois de plus vastes horizons et stimulent la création. Acceptons-en l'augure.

8 ATOUTS CULTURELS ET DEFIS TOURISTIQUES

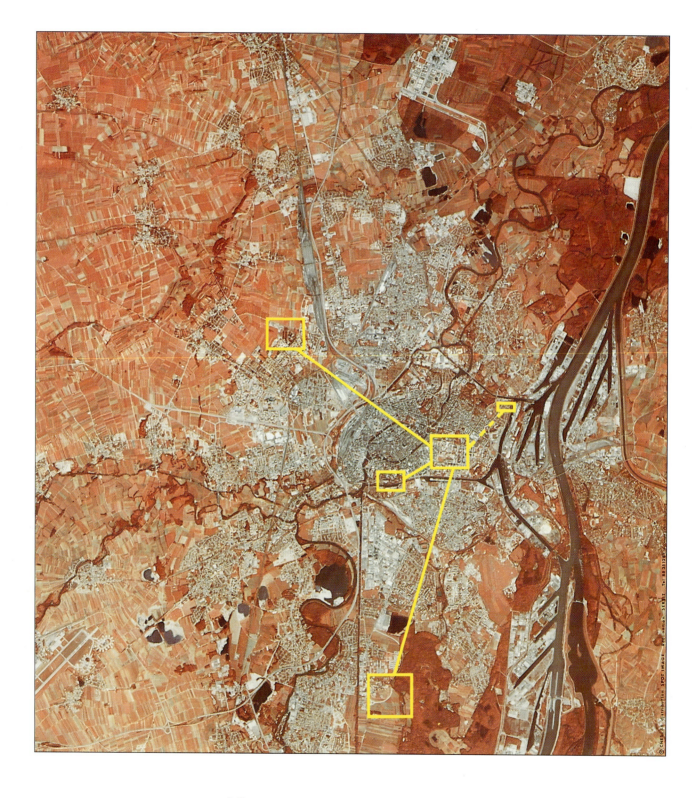

Sciences exactes et recherche

Henri DURANTON

L'Université de Strasbourg, fondée en 1538, compte depuis 1968 trois établissements: l'Université Louis Pasteur à dominante scientifique, l'Université des sciences humaines, l'Université Robert Schuman à dominante juridique, mais comprenant également un Institut universitaire de technologie (IUT-Sud).

L'Université Louis Pasteur (ULP) regroupe les disciplines suivantes: la médecine, la pharmacie, l'odontologie, les mathématiques, les sciences de la matière (physique et chimie), les sciences de la vie (zoologie, botanique, physiologie, biochimie), les sciences de la terre, les sciences du comportement, la géographie, les sciences économiques et de gestion.

Elle comprend quatre écoles: l'Ecole d'application des hauts polymères, l'Ecole d'ingénieurs géophysiciens, l'Ecole d'ingénieurs en biotechnologie, l'Ecole nationale supérieure de physique. Trois établissements strasbourgeois sont liés à l'ULP par des conventions qui permettent une coordination de ces établissements avec les formations à la recherche de l'Université: l'Ecole nationale supérieure des arts et industries, l'Ecole européenne des hautes industries chimiques, l'Ecole nationale des ingénieurs des travaux ruraux et des techniques sanitaires. Enfin l'ULP comprend un Institut universitaire de technologie (IUT-Nord).

Vivent dans cette Université 15 000 étudiants, 1500 enseignants-chercheurs ou chercheurs à plein temps, 1800 ingénieurs, techniciens, administratifs et personnels de service, répartis dans 74 bâtiments disséminés dans la ville ainsi qu'à Schiltigheim, Illkirch-Graffenstaden, Niederhausbergen.

Il faut y ajouter le Centre National de la Recherche Scientifique (CNRS) dont les laboratoires sont le Centre nucléaire de Cronenbourg, le Centre Charles Sadron qui se consacre à la recherche sur les macromolécules, le Centre de neurochimie, l'Institut de biologie moléculaire et cellulaire, le Centre de sédimentologie et de géochimie de la surface, le Laboratoire de génétique des eucaryotes, l'Institut de biologie moléculaire des plantes. Cet ensemble bénéficie de plus de 1400 chercheurs, ingénieurs, techniciens et administratifs. L'ULP a été la première université française à signer une convention de collaboration avec le CNRS en 1984.

◄◄ *L'agglomération strasbourgeoise vue par le satellite Spot avec les sites d'implantation de l'Université Louis Pasteur. Doc. CNES, distribution Spot Image, réalisation SERTIT.*

8 ATOUTS CULTURELS ET DEFIS TOURISTIQUES

Vue aérienne du Palais universitaire et des constructions de l'Université wilhelmienne. Ph. J. Trautmann et M. Perrier ▶
1 Palais universitaire
2 Bâtiment abritant les sciences du comportement et de l'environnement ainsi que la géographie humaine
3 Institut de botanique
4 Observatoire
5 Ecole nationale supérieure de physique
6 Institut de physique
7 Institut de zoologie
8 Institut de géologie

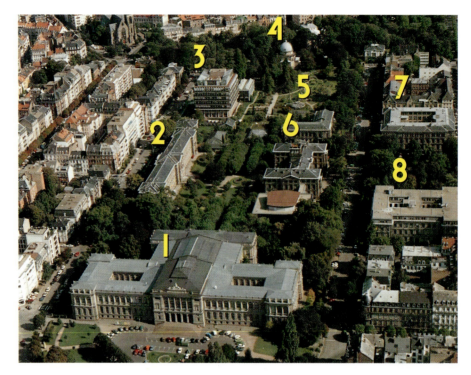

Vue aérienne du nouveau quartier universitaire de l'Esplanade. Ph. J. Trautmann et M. Perrier. ▶
1 Observatoire
2 Ecole nationale supérieure des arts et industries de Strasbourg
3 Restaurant universitaire
4 Bibliothèque nationale et universitaire - section sciences
5 Institut Le Bel
6 Institut de chimie et Ecole européenne des hautes industries chimiques
7 Centre de neurochimie - CNRS
8 Institut de biologie moléculaire des plantes - CNRS
9 Centre sportif universitaire
10 Institut de recherche mathématique avancée
11 Institut de mathématiques
12 Institut de biologie cellulaire et moléculaire - CNRS
13 Institut de biochimie et de physiologie animale
14 Institut de physique du globe

◀ Vue aérienne de la Faculté de Pharmacie à Illkirch-Graffenstaden. Ph. J. Trautmann et M. Perrier.

◀ Vue aérienne du Centre Nucléaire de Cronenbourg. Ph. J. Trautmann et M. Perrier.

La recherche dans le Bas-Rhin bénéficie également de l'appui de l'Institut national de la santé et de la recherche médicale (INSERM) et des conventions de collaboration signées entre l'Université et l'Institut national de la recherche agronomique (INRA).

Je renvoie à l'ouvrage «Les sciences en Alsace de 1938 à 1988» (Strasbourg, 1989) le lecteur désireux de découvrir la vie scientifique à l'Université de Strasbourg, où 18 titulaires d'un prix Nobel ont travaillé, le plus récent étant en 1987 Jean-Marie Lehn pour ses découvertes en chimie.

L'ULP est l'université médicale et scientifique française qui possède le plus large éventail de disciplines. Avec le CNRS, l'INSERM et l'INRA, elle possède une recherche fondamentale de très haut niveau dans toutes les disciplines, comme le soulignent les indicateurs d'excellence traditionnellement utilisés pour évaluer la recherche scientifique.

La recherche finalisée est très développée dans le Bas-Rhin, attestée par ses écoles d'ingénieurs, ses IUT.

L'ULP en particulier a une volonté d'ouverture sur le monde industriel et socio-économique, illustrée par la création de son département ULP-industrie. Celui-ci est chargé de gérer quelque 180 contrats de recherche publics et privés et de contribuer à promouvoir les relations entre laboratoires et entreprises.

En collaboration avec les autres organismes de recherche, l'ULP développe plus particulièrement certains pôles interdisciplinaires soutenus par la Région Alsace: biotechnologie, médicament, ingénierie moléculaire, traitement d'images, matériaux; organise des actions intégrées soutenues au plan national: télédétection, neurosciences, environnement; développe de puissants services communs: résonance magnétique nucléaire (RMN), microscopie électronique, spectrométrie de masse, animaleries, cryogénie...; se dote d'un réseau informatique à fibre optique donnant aux laboratoires accès aux grands calculateurs français et étrangers.

Il faut rappeler que les laboratoires de recherche sont essentiellement implantés sur trois grands sites présentant tous des possibilités d'extension:

a) le site de Schiltigheim-Cronenbourg avec l'IUT-Nord et le Centre de recherche nucléaire où existent de grandes surfaces disponibles;

b) le site d'Illkirch-Graffenstaden où se trouvent l'IUT-Sud, et la Faculté de pharmacie qui peut encore accueillir l'extension de locaux universitaires, des créations de nouveaux laboratoires publics, des implantations de firmes ou de grands laboratoires privés;

c) un site central (Esplanade et Hôpital) abritant les disciplines scientifiques et médicales et où des surfaces importantes vont se trouver libérées en 1990-1991 par le départ de deux écoles d'ingénieurs à Illkirch et de laboratoires à Cronenbourg.

La recherche à Strasbourg est dans une situation géographique privilégiée, véritablement «stratégique». Située sur le Rhin Supérieur, au contact du Land de Bade-Wurtemberg (où se trouve plus du tiers du potentiel technologique allemand) et de la région de Bâle (où est concentrée plus de la moitié du potentiel technologique suisse), elle est placée au coeur de l'ensemble universitaire et scientifique le plus dense d'Europe.

Avec les universités les plus voisines (Freiburg, Karlsruhe, Bâle et Mulhouse), l'ULP a constitué depuis plusieurs années (1984) la «Conférence des Universités du Rhin Supérieur», au sein de laquelle enseignants, chercheurs et étudiants tissent des liens et forment des groupes de travail communs. Un Institut franco-allemand sur les applications de la recherche (I.A.R.), dont le siège est à l'ULP (Ecole de physique) a été créé: il coordonne, sur des projets communs, les activités de 25 laboratoires des Universités de Strasbourg, Mulhouse, Karlsruhe et Duisbourg.

Quelques données suffiront à souligner l'importance de la recherche pour le département. Enseignement et recherche allant de pair, si les universités et les organismes de recherches étaient déplacés géographiquement, c'est l'équivalent d'une population supérieure à celles cumulées des villes de Haguenau et de Sélestat qui quitterait le département. Le budget de fonctionnement de la seule ULP est de l'ordre de 330 millions et la masse salariale de 300 millions de francs. Quant au CNRS, c'est une somme de 600 millions de francs qu'il affecte essentiellement à des laboratoires bas-rhinois.

C'est parce qu'à Strasbourg il existe une recherche scientifique internationalement reconnue que de grandes entreprises s'y implantent. Enfin si la ville de Strasbourg est, après Paris, la ville de France où se déroulent le plus de congrès, c'est que la majorité d'entre eux sont organisés par des scientifiques. Leurs participants ont tous regagné leur foyer avec l'image de la capitale de l'Europe dans leur coeur.

Ces quelques chiffres et ces quelques réflexions montrent que sciences exactes et recherche sont des atouts majeurs pour le département du Bas-Rhin, les ferments de l'innovation.

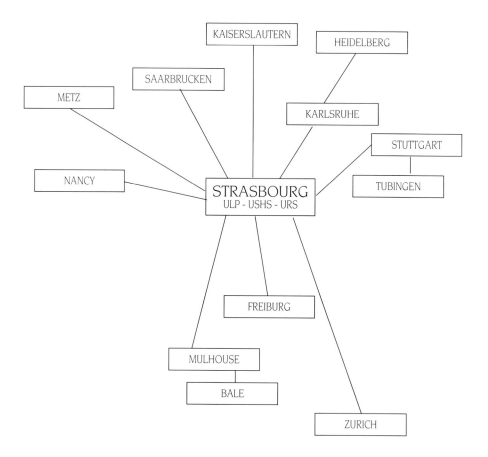

Les autres universités au voisinage des universités strasbourgeoises (Louis Pasteur, Sciences Humaines, et Sociales, Robert Schuman). Celles de Mulhouse, Bâle, Freiburg et Karlsruhe font partie de la Conférence des Universités du Rhin Supérieur au sein de laquelle enseignants, chercheurs et étudiants tissent des liens et forment des groupes de travail communs. ▶

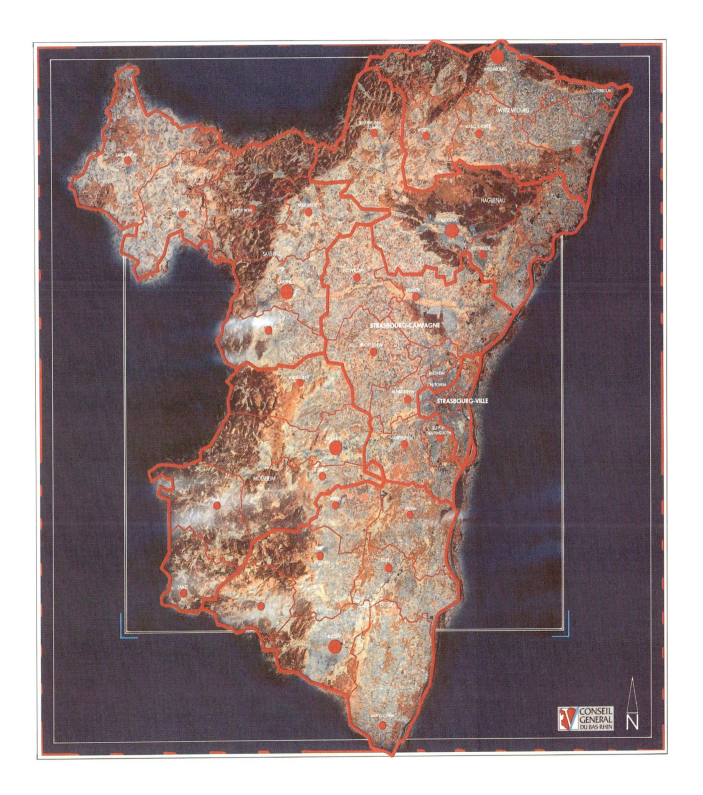

9 LE DEPARTEMENT AUJOURD'HUI ET DEMAIN

◀◀ *Page précédente. Le département du Bas-Rhin en 1990. Il est divisé en 6 arrondissements regroupant 522 communes. Source: Image Satellite Landsat - Données GDTA, Service Régional de Traitement d'image et de Télédétection (SERTIT). Conception Gerhardt, Titeux & Ginther.*

CHIFFRES SUR UN DEPARTEMENT FRONTALIER...

■ *Superficie: 4755 km²*

■ *522 communes réparties en 44 cantons, eux-mêmes regroupés en 7 arrondissements*

■ *Population du département:*
882 121 habitants en 1975
915 676 habitants en 1982 (58,5% de la population de l'Alsace)
953 000 habitants en 1989 (estimation INSEE)

■ *Population des arrondissements (1982):*
HAGUENAU — 108.600 habitants (chef-lieu: 29.700)
MOLSHEIM — 75.900 habitants (chef-lieu: 7.000)
SAVERNE — 85.000 habitants (chef-lieu: 10.400)
SELESTAT-ERSTEIN — 119.600 habitants (chef-lieu: 15.500)
STRASBOURG-CAMPAGNE — 219.700 habitants
STRASBOURG-VILLE — 248.700 habitants
WISSEMBOURG — 58.000 habitants (chef-lieu: 7.300)

■ *Densité (habitants/km²): 198 (1988); + 6,5% entre 1975 et 1988*

■ *Population active par secteur d'activité (1987):*
agriculture — 3,4%
industrie — 27,3%
B.T.P. — 7,2%
Tertiaire — 62,1%

■ *Taux de chômage: 6% (fin 1989) contre 9,5% au niveau national*

... ET SA REGION

■ *Au total, l'Alsace concentre 4% des effectifs industriels nationaux (8ᵉ rang national). Son PIB par habitant la situe parmi les plus riches régions de France, derrière l'Ile-de-France et à égalité avec la Haute Normandie.*
Après la Franche-Comté et la Picardie, elle constitue l'une des régions où le secteur industriel pèse, en nombre d'emplois, le plus lourd (32% de la population active). 37% des salariés alsaciens travaillent dans des entreprises à participation étrangère (record de France). Ce qui n'empêche pas la région de remporter la troisième place (après Paris et Rhône-Alpes) en matière d'autonomie de décision: 75% des effectifs industriels sont en effet employés dans des sociétés dont le siège social est alsacien.

Le souffle de la croissance

Pouvait-on rêver meilleur gage de performance? De plus en plus d'investisseurs étrangers à la recherche d'un site d'implantation en Europe choisissent le Bas-Rhin. Vitalité économique (1er PIB par habitant des départements de province...) puissance industrielle et bancaire, ouverture internationale séduisent en effet un nombre grandissant d'industriels japonais, américains et bien sûr allemands et hollandais. Coeur géographique de la Communauté européenne, le département est devenu de surcroît le centre névralgique d'un bassin économique qui, dans un rayon de 500 km, concentre les deux tiers du pouvoir d'achat des Douze.

Les baromètres économiques et sociaux en apportent régulièrement la confirmation: le tissu industriel et commercial ne cesse dans le Bas-Rhin de gagner du poids. Dense (près de 22 000 établissements sont recensés de Wissembourg à Sélestat), varié (la palette des activités va de l'agro-alimentaire à la construction mécanique,) avec une percée des technologies de pointe.

Ce maillage de PME accrocheuses et de grands groupes industriels favorise, depuis des décennies déjà, l'intégration de l'Alsace dans l'espace économique européen.

1993? Dans la plaine rhénane, l'échéance ne parvient guère à effrayer les chefs d'entreprises. Sur les grands axes de communication européens, le Bas-Rhin tient depuis belle lurette «usine ouverte» pour les investisseurs mondiaux. Pour s'en convaincre, il suffit de passer en revue les quelque 300 entreprises allemandes, américaines, japonaises, belges, canadiennes, finlandaises, hollandaises, italiennes, suédoises et suisses qui ont déjà investi en terre bas-rhinoise.

Lilly, Squibb, Mars, Grace et demain Hoffmann Laroche, font notamment partie des sociétés qui ont décidé de consolider leurs positions dans le département.

A la bourse des atouts économiques du Bas-Rhin, la main-d'oeuvre «formée, sérieuse, bilingue», les facilités de circulation et la qualité de vie

– 9 –
LE DEPARTEMENT AUJOURD'HUI ET DEMAIN

▼ *Vue aérienne de Millipore à Molsheim. Ph. Millipore.*

tiennent le haut de la cote. Ces points forts expliquent sans doute, pour une large part, le succès et l'attachement des «grands» de l'industrie au département. Le palmarès bas-rhinois rassemble ainsi Kronenbourg (fleuron de groupe BSN et brasserie leader en France), Steelcase Strafor (premier fabricant mondial de mobilier de bureau), De Dietrich (second producteur mondial d'appareils en acier vitrifié), Haemmerlin (numéro un international de la brouette), Vestra Union (premier habilleur français), Adidas (connue sur les cinq continents), Lohr (dans le peloton de tête des fabricants français de remorques), Ferdinand Braun (l'une des toutes premières scieries d'Europe), Alcatel Business Systems (médaille d'or de la communication d'entreprise en Europe), Brucker (leader mondial en appareillage médical).

La liste ne s'achève pas là. Car, dans le voisinage de ces têtes d'affiche, d'autres entreprises s'attachent à développer des savoir-faire spécifiques. Messier Hispano Bugatti (aéronautique), Millipore (leader mondial des ultrafiltrations), Togum (pôle position dans le domaine des machines d'extrusion pour chewing gum), PBS Organics, Transgène et Appligène (biotechnologies), Biostructure (modélisation moléculaire), Schroff (habillage informatique), Wolf (outils), Titex plus (forets de précision), ou encore X-IAL (holographie) excellent à ce titre sur les marchés internationaux.

Strasbourg, métropole rhénane, constitue un joker de taille dans le jeu bas-rhinois. Première place bancaire de France (hors Paris), première ville de congrès de province (dixième mondiale), pôle de recherche scientifique (plus de 4 000 chercheurs sont répartis dans 250 laboratoires publics et privés), le siège du Parlement européen séduit hommes d'affaires et visiteurs.

Dressée dans la plaine rhénane, en bordure du Rhin, la flèche en grès de la cathédrale semble appeler, depuis le Moyen Age, la prospérité sur l'Alsace. Message apparemment reçu, en cette fin de siècle, par des chefs d'entreprise qui contribuent largement à la croissance économique du département. Plutôt béni des décideurs, le Bas-Rhin est, en 1990, l'un des départements français où le taux de chômage est le plus faible: 6% environ fin 1989, contre 9,5% au niveau national.

◀ Brasserie Kronenbourg. Vue aérienne de K2 à Obernai. Ph. Kronenbourg.

◀ Hall d'exposition de l'entreprise Kuhn à Saverne. Au premier plan, le quai de chargement SNCF. Ph. Kuhn S.A.

Des organismes tels que l'ADIRA (Association de développement du Bas-Rhin) ne ménagent pas leurs efforts pour que le département reste sur la lancée. Mais la prudence s'impose car en matière d'emploi, rien n'est jamais acquis définitivement. L'Alsace éprouverait sans doute bien des difficultés à assumer un retour massif de la main-d'oeuvre employée outre-Rhin. D'ores et déjà, une fraction importante (4,6%) de la population active bas-rhinoise traverse quotidiennement la frontière pour travailler essentiellement en Allemagne. En pleine accélération (+ 17,5% de frontaliers entre 1988 et 1989), ce phénomène concerne désormais plus de 17000 Bas-Rhinois.

Résidant surtout dans le Nord du département, notamment dans les arrondissements de Wissembourg et Haguenau (62% des effectifs), les transfrontaliers sont en majorité des hommes (dans 72% des cas), plutôt jeunes (45,4%), fréquemment célibataires (53,5%), et le plus souvent qualifiés. Si aujourd'hui ils gagnent plus qu'en France il est exact aussi qu'ils ont pour nombre d'entre eux pris un emploi en RFA au moment où le marché de l'emploi français offrait peu de perspectives.

Bénéfique pour l'emploi, cette situation soulève cependant d'importants problèmes. Tension sur le marché du travail, voire pénurie de main-d'oeuvre qualifiée handicapent par exemple certaines entreprises du département situées à proximité de la frontière. A Lauterbourg, où 39% de la population en activité est frontalière, le taux de chômage masculin avoisine 1%. Les recrutements n'en deviennent que plus difficiles.

Atelier d'Etesia (Outils Wolf) à Wissembourg. Ph. Etesia.

Afin précisément d'éviter que la région prenne des allures de «zone dortoir», une réaction se prépare, sous la forme d'«opération pilote». Limitée à une aire géographique restreinte, cette action concertée devrait se développer autour de trois axes: développer l'emploi des femmes à des postes habituellement masculins; faciliter la mobilité de la main-d'oeuvre locale en améliorant les transports publics; permettre l'appel à la main-d'oeuvre d'autres régions en renforçant le logement social et locatif. Dans l'intérêt des entreprises bas-rhinoises et des communes, il importe désormais d'atténuer les effets de l'hémorragie que les migrations frontalières entraînent pour l'économie locale.

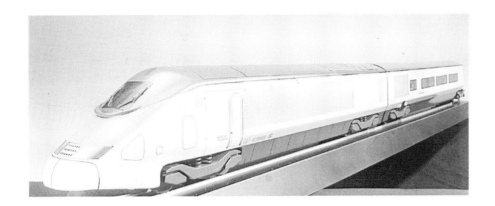

◀ *Maquette du Transmanche dont certaines voitures sont fabriquées par De Dietrich à Reichshoffen. Ph. De Dietrich.*

Les voies de l'emploi

Redéploiement des effectifs et surtout recul du chômage: le marché de l'emploi est dans le Bas-Rhin à l'image du paysage économique, multiple et vivant. En chute, la courbe du chômage subit les effets bénéfiques d'une forte reprise industrielle. De plus, le Bas-Rhin a connu en moins d'une génération un renouvellement important de son bataillon d'entreprises. Sur la dernière décennie, par exemple, la construction électrique et électronique a gagné 3500 personnes, le commerce de gros 2500 personnes et l'hôtellerie-restauration 3500 personnes. Dans leur ensemble, les services ont créé pas moins de... 19 000 emplois.

Alors que le secteur tertiaire ne cesse de prendre du poids sur le marché de l'emploi (62% de la population active), le secondaire (34% des effectifs) conserve ses valeurs sûres. Parmi elles, la traditionnelle industrie mécanique, l'agro-alimentaire et le bâtiment-travaux publics. Les technologies de pointe, favorisées par d'importantes implantations étrangères, occupent un créneau qui va en s'élargissant.

Pour sa part, le Conseil général s'attache à aider les créateurs d'emplois par des aides aux infrastructures, à l'aménagement de zones, d'ateliers relais, mais surtout par un soutien à l'environnement des investisseurs (participation par exemple au capital d'Alsabail spécialisée dans le financement de l'immobilier industriel et dans celui de la SADE, société de développement régional). Il épaule la prospection économique à l'étranger grâce à l'ADIRA.

Des campagnes en mutation

Campagne près d'Obernai. Ph. Mattes. ▶▶

Terre de contrastes, le Bas-Rhin possède logiquement l'une des agricultures les plus diversifiées de France. L'une des plus performantes également. Privilégiée par des terres riches, portée par des débouchés locaux et internationaux assurés, l'agriculture bas-rhinoise tient le haut du panier national. Développement raisonné des filières agricoles et gestion concertée de l'espace rural prennent peu à peu racine dans des campagnes en pleine mutation économique.

Médaille d'or en France de la culture de houblon, de choux, de tabac, 9e producteur national d'asperges, grand récoltant de petits fruits, champion des rendements affichés en culture de maïs, le Bas-Rhin fait bien souvent figure de référence dans la profession agricole. Si la surface occupée par les 13 000 exploitations du département (dont 6 600 à temps complet) s'avère plus faible que dans la moyenne française (41% des espaces contre 57%), ce secteur de production fait la différence en pratiquant «une agriculture diversifiée et très intensive, de plus en plus orientée vers les filières végétales».

Certes, l'agriculture bas-rhinoise n'a pas échappé à la lame de fond qui a frappé la profession. 20% des exploitations ont en effet disparu en une décennie, alors que la population agricole familiale a chuté de 30%, pour s'établir à environ 46 600 personnes en 1988. Toutefois, cet exode vers d'autres activités économiques tend à se ralentir, tout comme les pertes de terres agricoles «stabilisées» si l'on peut dire à 500 ha par an. Mieux, la famille des exploitants départementaux se rajeunit très progressivement, grâce à des reprises d'exploitations plus précoces. Aujourd'hui, un agriculteur bas-rhinois sur cinq est âgé de moins de 40 ans, contre un sur sept, il y a quinze ans.

En pleine évolution structurelle, comme dans toute la France, le secteur agricole a recueilli dans le Bas-Rhin les fruits d'une profonde refonte foncière. Ainsi les actions de restructuration des terres agricoles et rurales, largement aidées par le Conseil général, ont-elles permis le remembrement de quelque 132 000 ha. Rythme de ces opérations dans le département, l'un des premiers à être presque totalement remembré: 3 500 ha par an.

Cultures

		Bas-Rhin
• Blé tendre	Superficie	32,1
	Nb exploitations	8 263
• Orge	Superficie	11,1
	Nb exploitations	6 230
• Maïs-grain	Superficie	43,0
	Nb exploitations	6 415
• Céréales	Superficie	88,7
	Nb exploitations	9 276
• Oléagineux	Superficie	11,4
	Nb exploitations	2 598
• Fourrages en culture princip.	Superficie	19,2
	Nb exploitations	5 813
• S.T.H.	Superficie	57,3
	Nb exploitations	9 371
• Vigne	Superficie	5,6
	Nb exploitations	5 166
• S.A. Utilisée	Superficie	193,1
	Nb exploitations	13 048

Superficie en milliers d'hectares
Source: Insee

Cheptel

Catégorie d'animaux		Bas-Rhin
• Vaches laitières	Têtes	46,8
	Nb exploitations	2 999
• Vaches Nourrices	Têtes	11,7
	Nb exploitations	2 168
• Bovins	Têtes	155,1
	Nb exploitations	5 492
• Porcins	Têtes	70,1
	Nb exploitations	3 262
• Ovins	Têtes	34,3
	Nb exploitations	1 145

Unité têtes: en milliers
Source: Insee

Composition de la population agricole

	Population agricole familiale							
	Actifs familiaux			Autres membres de la famille	Population agricole familiale	Salariés permanents	Population agricole active	Population agricole totale
	Chefs d'exploi- tation	Aides familiaux	Total actifs familiaux					
• Bas-Rhin Hommes	10 834	5 531	16 365	7 965	24 330	695	17 060	25 025
Femmes	2 248	8 172	10 420	11 883	22 303	227	10 647	22 530
Ensemble	13 082	13 703	26 785	19 848	46 633	922	27 707	47 555

Source: Insee

Evidemment, de telles améliorations n'ont pas manqué, dans un paysage aux allures de patchwork, de favoriser l'adaptation des exploitations aux nouvelles normes de culture et d'élevage. Les agriculteurs bas-rhinois ont d'ailleurs mis largement la main au portefeuille afin de se doter de techniques modernes de production telle l'irrigation (7 500 ha contre... 980 ha en 1979) et le drainage (9 200 ha avec un soutien annuel régulier du département pour le traitement de plus de 300 ha).

Variée? L'agriculture bas-rhinoise l'est du plateau lorrain (élevage) au vignoble et de la montagne vosgienne (forêt) à la plaine (tabac, betteraves, choux, céréales, houblon, légumes, fruits, etc). Les exploitations rhénanes cultivent indéniablement la diversité. Cette polyculture trahit cependant, sous la pression de la concurrence européenne et des directives communautaires, une tendance à la spécialisation.

La palme de la rentabilité revient plus que jamais à la viticulture (5600 ha), qui représente à elle seule 21% du produit agricole départemental. Mais dans le sillage du vignoble se profile de plus en plus précisément l'ombre des productions céréalières (19% du produit brut pour 120 000 ha). Le maïs, en plein «boom» (43 000 ha à lui seul) tient incontestablement la vedette dans la plaine. Dynamisée par des rendements excellents, cette culture a relégué vers d'autres terres blé, orge et avoine. Seuls le colza, le tournesol et le soja (11400 ha au total) ont résisté à l'irrésistible progression du maïs et ont vu leurs surfaces multipliées par dix en une décennie.

Reste l'élevage, secteur de production difficile. Quotas laitiers et prix en dents de scie n'ont pas épargné les producteurs bas-rhinois. La production laitière, si elle est en régression, possède pourtant des atouts avec la nouvelle usine d'Alsace Lait à Hoerdt. Toutefois il est exact que le cheptel bovin est en diminution et l'élevage porcin également en réduction ce qui n'incite pas forcément à l'optimisme. Et pourtant, paradoxe du marché, sur sept porcs consommés en Alsace, un seul provient d'exploitations régionales... Aussi la décision de construire un nouvel outil d'abattage régional, privé, plus performant, devrait-elle donner un coup de fouet à une filière viande en cours d'essoufflement.

Champs en patchwork près de Saessolsheim. Ph. Mattes. ▼

LE BAS-RHIN AGRICOLE :
LE TEMPS DES MOISSONS

- Le Département du Bas-Rhin finance en totalité et assure la maîtrise d'ouvrage des travaux de remembrement. Il subventionne les travaux connexes

- **Il reste 9.000 hectares à remembrer pour la totalité du département. Nous sommes parmi les départements les plus avancés**

- Depuis 1983, le Département a mis en place 3 programmes d'équipement pour permettre aux communes rurales de réaliser et d'améliorer l'assainissement et les réseaux d'adduction d'eau

- Le Département aide l'habitat des jeunes agriculteurs, le drainage, l'hydraulique agricole

Au total, plus de 70 Millions de Francs

Sans plus attendre, des exploitants bas-rhinois se sont déjà placés sur les marchés agro-alimentaires du futur. Exemple désormais fameux: les 89 pionniers du maïs doux qui, pour conquérir les consommateurs européens, se sont dotés d'une véritable usine de surgélation. Une politique de filière exemplaire qui ouvre à l'agriculture bas-rhinoise de nouveaux champs de production. Petites (en moyenne 15 ha), diversifiées, les exploitations ont à cet égard entamé de véritables réflexions professionnelles afin de saisir les débouchés que leur ouvre l'Europe de demain.

9 LE DEPARTEMENT AUJOURD'HUI ET DEMAIN

Transports:
l'ouverture a l'Europe

Entre Vosges à l'ouest et Forêt-Noire à l'est, l'Alsace constitue une plaque tournante pour les transports européens. Qu'il s'agisse de trafic routier, fluvial, ferroviaire ou aéronautique, la région est placée au confluent d'importants flux de circulation est-ouest et nord-sud. L'Alsace tire amplement profit de cette position stratégique puisqu'elle vient en tête des régions exportatrices de France par habitant. Ce n'est donc pas un hasard si le Bas-Rhin consacre traditionnellement le quart de son budget aux infrastructures de transport.

A lui seul, le réseau routier bas-rhinois représente plus de 7 000 km de voies, dont la moitié sont départementales. Ce tissu plutôt dense contribue à mettre le département en prise directe avec les régions limitrophes. Mais pour améliorer ses connexions internes et externes, le Département a défini des priorités pour lesquelles il n'hésite pas à investir plus qu'ailleurs sans doute. Ainsi le réseau actuel est-il renforcé par l'aménagement en cours des voies rapides reliant Strasbourg, poumon économique alsacien, à Lauterbourg (au nord), aux Vosges (à l'est) et à Mulhouse (au sud). Partie intégrante du dispositif autoroutier national, le département est également relié à Paris par l'A4 et aux régions méditerranéennes par l'A35. La proximité immédiate des autoroutes européennes, notamment allemandes, permet des relations privilégiées avec les Pays-Bas, la Belgique, la Suisse ou l'Italie. L'épine dorsale, quoique saturée, du bassin rhénan, en l'occurence l'autoroute Hambourg Francfort-Bâle, n'est par exemple qu'à une dizaine de kilomètres de Strasbourg.

Afin d'améliorer ses liaisons avec les réseaux nationaux et internationaux, le département n'a donc pas manqué de s'associer à des opérations d'aménagement de poids et de prix. Parmi elles figurent en particulier l'achèvement de la mise à 2 x 2 voies de l'itinéraire entre Strasbourg et la frontière nord, la réalisation du contournement de Haguenau, la poursuite de la réalisation de l'axe nord-sud, largement souhaité, ou encore l'ouverture d'une rocade au sud de Strasbourg à compléter par un nouveau pont sur le Rhin. Ce programme constitue une riposte attendue de longue date à la forte concurrence des infrastructures allemandes.

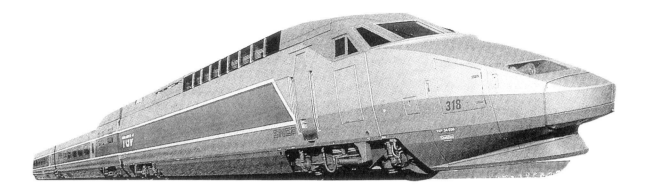

▲ Le TGV *devrait desservir le Bas-Rhin d'ici la fin du siècle.* Ph. SNCF.

Dans cette perspective, l'aéroport international de Strasbourg-Entzheim constitue une pièce intéressante sur l'échiquier économique bas-rhinois. En liaison régulière avec les principales capitales politiques et économiques d'Europe, cet équipement en pleine croissance (1,4 million de passagers) déborde désormais les frontières du Vieux Continent et s'ouvre depuis peu aux Etats-Unis et à l'Afrique.

Le Rhin représente lui aussi un atout important pour le Bas-Rhin. La première voie navigable d'Europe a en effet propulsé le port autonome de Strasbourg parmi les plus grands actuellement opérationnels en France. Grâce aux canaux de la Marne au Rhin et du Rhône au Rhin, le département est connecté aux autres voies navigables françaises. Mais les années à venir lui réservent encore des perspectives de développement. Tant la future liaison Rhin-Main-Danube que le projet Rhin-Rhône devraient en effet constituer des opportunités de consolider la place de Strasbourg au coeur de l'Europe navigable.

Quoi qu'il en soit, l'avenir du Bas-Rhin passe surtout par le chemin de fer. Tout comme dans le domaine routier, le département figure parmi les grands noeuds ferroviaires. Gare d'étoilement la plus importante du réseau Est après Paris, Strasbourg donne accès à Zurich, Bruxelles, Genève, Stuttgart, Francfort, Milan... En outre, avant que ne s'achève ce siècle, le Bas-Rhin devrait voir poindre sur ses lignes le nez profilé du TGV. Juste retour des choses, acquiesceront certains, puisque c'est précisément entre Strasbourg et Mulhouse que des prototypes du TGV-Sud-Est ont accompli dès 1978 leurs premiers galops d'essai. Complétée dans la plaine d'Alsace par une ligne commerciale à 220 km/h (projet V 200-220 de Strasbourg à Mulhouse) et par un programme de suppression des passages à niveau sur les 108 km qui séparent les deux villes, la mise en service du TGV-Est entre Paris et l'Alsace devrait multiplier les chances de développement de la région. Le Conseil général et les autres collectivités alsaciennes ne s'y sont pas trompés et ont accepté de soutenir très significativement les programmes TGV et V200/V220. Et cela aussi est le signe d'une capacité à innover parfois mal comprise de certains décideurs parisiens.

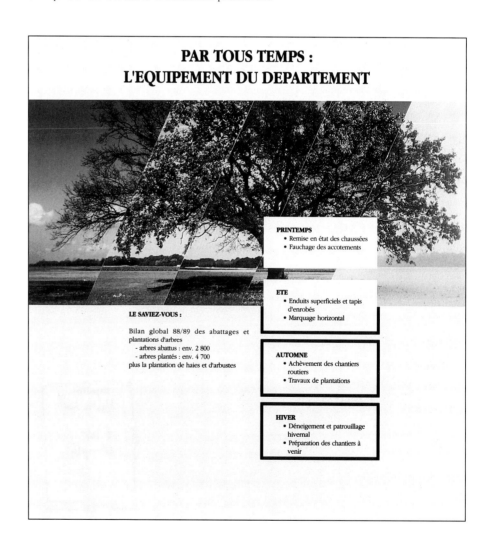

Des gisements touristiques a exploiter

Du haut de son promontoire, le château du Haut-Koenigsbourg domine la plaine d'Alsace. Troisième de France en nombre d'entrées, ce monument incarne à la perfection les attraits d'un département frontalier à forte identité historique. Sur un marché en pleine expansion, le Bas-Rhin abat un à un ses atouts. Autour des «pôles phares» que constituent Strasbourg, la Route du vin et 178 églises, châteaux forts ou édifices classés, l'offre tend à se développer. La tendance est d'ailleurs sensible dans l'ensemble de la région où l'on estime le niveau de fréquentation globale, toutes catégories d'hébergement confondues, à neuf millions de nuitées. En tenant compte des dépenses indirectes effectuées sur place, le chiffre d'affaires de ce secteur en Alsace avoisine les cinq milliards de francs.

Privilégié par d'importantes ressources naturelles, par la proximité d'un grand bassin de clientèle à fort pouvoir d'achat et par sa position économique stratégique, le Bas-Rhin connaît ainsi un essor des séjours touristiques, mais de courte durée. Dans l'hôtellerie, mode d'hébergement privilégié, la durée moyenne de séjour est encore inférieure à deux jours. En revanche, les hôtels connaissent une affluence en toutes saisons, avec des pointes avant et après la période estivale. Le taux moyen d'occupation dans le Bas-Rhin varie entre 50% et 58% (10 000 chambres recensées, dont près de la moitié à Strasbourg et aux environs).

Si, en Alsace, le tourisme emploie environ 22 000 personnes (soit 3% des actifs occupés), près de deux salariés sur trois exercent leur profession dans le Bas-Rhin. Bien évidemment, l'attractivité de Strasbourg, capitale européenne, n'est pas étrangère à cette répartition en faveur du Nord. En effet, un touriste sur trois déposant ses bagages en Alsace vient pour affaires ou dans le cadre d'un congrès.

Alors qu'un touriste sur trois, dans le Bas-Rhin, est étranger, le tourisme rural concentre toujours une clientèle essentiellement d'origine française. Pourtant, à l'écart des pôles urbains et des stations de villégiature, les loisirs «au vert» sont appelés à connaître une forte croissance. Sur un marché touristique en pleine mutation, le Bas-Rhin ne manque pas en effet d'atouts et d'atours pour attirer une clientèle éprise de «grand air». Diversité des sites

▲ *Le château de Lorentzen. Ph. Monuments Historiques - Harster.*

9 LE DEPARTEMENT AUJOURD'HUI ET DEMAIN

Chevet de Saint-Trophime d'Eschau. Ph. D. Gaymard. ▶

Vélo tout terrain dans le Val de Villé. Ph. Zvardon. ▶

et des modes d'hébergement (campings, équipements associatifs, gîtes ruraux, meublés, chambres d'hôtes, etc.), qualité de l'accueil, espaces naturels entretenus et aménagés, parcs régionaux et bonnes tables valent mieux que tous les prospectus et dépliants du monde.

Aussi, afin de mieux répondre à une demande de plus en plus éclatée, particuliers, associations et collectivités du département ont entrepris d'exploiter de nouveaux gisements touristiques. Randonnées, séjours culturels, cyclotourisme, thermalisme, vacances actives en montagne sont à classer parmi ces «filons verts» de demain. Des créneaux jugés jusqu'à présent marginaux mais qui risquent fort de s'avérer très porteurs dans les années à venir. A condition bien sûr de bien vouloir s'y investir. La politique de promotion et de mise en valeur de l'offre touristique menée par le Conseil général du Bas-Rhin, en liaison avec les acteurs régionaux, va en tout cas dans ce sens.

**PATRIMOINE ET CULTURE :
LE BAS-RHIN CHEF D'ORCHESTRE**

Le Conseil Général participe à la conservation, à la restauration et à la réutilisation des monuments historiques, qu'ils appartiennent aux communes, associations ou particuliers

Il a pour objectif de promouvoir l'ensemble des formes d'expression artistique : musique, danse, théâtre, arts plastiques et de développer leur pratique

La Bibliothèque Centrale de Prêt (B.C.P.), c'est la gestion de 370.000 ouvrages à la disposition du public

PASSEPORT POUR LA FORME

Parapente dans la vallée de la Bruche. Ph. Mattes. ▼

Le Nautiland à Haguenau. Ph. Zvardon. ▼▼

Le Bas-Rhin est un département qui bouge. Au sens propre. Un Bas-Rhinois sur cinq est titulaire d'une licence de sport! Favorisées par une solide tradition associative, les activités sportives et socio-éducatives fleurissent dans la plaine rhénane. Le terrain s'y prête à l'évidence: avec une population inférieure à un million d'habitants, le Bas-Rhin dispose au total, en 1990, de plus de 2 100 équipements sportifs de plein air de 750 salles couvertes, de 130 piscines, centres nautiques ou patinoires et de 350 maisons de jeunes ou centres socio-culturels... Un parc suffisamment important pour donner des ailes aux champions en herbe ou confirmés. La preuve? 40 clubs sportifs bas-rhinois évoluent au niveau national.

Le vaste stade de la Meinau, la piste toute neuve de Hautepierre ou la piscine olympique de Schiltigheim ne sont que les mailles les plus spectaculaires de la trame des équipements sportifs couvrant les 4 700 km² du département. 220 000 licenciés sportifs répartis dans 1 373 clubs en 1990 ont ainsi toute latitude pour pratiquer un large éventail de disciplines.

Le vaste stade de la Meinau. Ph. J. Blosser. ▶

▼ *Ski de fond dans les Vosges.* Ph. D. Peter.

▼▼ *Le Centre Régional d'Education Physique et Sportive à Strasbourg.* Ph. D. Fromholtz.

Afin de soutenir la vie associative dans les domaines sportifs et socio-éducatifs, le Conseil général a défini une politique de soutien constant et, cas plutôt rare, coordonnée. Ainsi, le département se préoccupe-t-il d'aider non seulement le sport de masse par la prise en charge de frais de transport aux centres de loisirs ou des subventions généralisées à la souscription de licences, par des interventions importantes en faveur du sport scolaire. Mais il agit en outre de manière décisive en faveur du sport de haut niveau. Débutée en 1984, cette aide à la compétition vient d'être intensifiée par la mise en place de primes d'encouragement aux équipes et athlètes de premier rang et par la revalorisation des indemnités kilométriques attribuées aux sportifs évoluant en Championnat de France.

9 LE DEPARTEMENT AUJOURD'HUI ET DEMAIN

PERSONNES AGEES : AMELIORER LA VIE

CREATION ET MODERNISATION DE MAISONS DE RETRAITE

• CONSTRUCTION ET MODERNISATION : une multiplication des crédits par 4 en 4 ans

• ACCROISSEMENT DES CAPACITES : 863 nouveaux lits pour les 2 années à venir (de fin 1989 à 1991)

• HUMANISATION DES HOSPICES : 450 lits rértovés pour les 2 années à venir (de fin 1989 à 1991)

AIDE AU MAINTIEN A DOMICILE DES PERSONNES AGEES

• Prise en charge par le Conseil Général de l'allocation compensatrice, d'une partie de l'aide ménagère, de la télé-assistance...
• Suivi des placements des personnes agées chez des particuliers

ACCORDS MAJEURS POUR MINEURS EN DIFFICULTE

• 1500 enfants placés
  750 en famille auprès d'assistantes maternelles
  750 en établissements, soit :
  - au Foyer Départemental de l'Enfance
  - dans l'une des 9 maisons d'accueil
  - dans d'autres établissements habilités

• Prise en charge à 100 % par le Conseil Général

• 3000 allocations financières à des familles en difficulté

A cette prise en charge financière s'ajoute un énorme travail de prévention et de conseil

Une tradition de progrès social

Une thèse interrogeait récemment: «L'Alsace-Moselle serait-elle l'eldorado des indigents?». Réagissant à une loi locale de 1908 sur «l'obligation d'assistance aux personnes en détresse», des observateurs n'avaient pas craint en effet, à l'époque, de tomber dans l'outrance en clamant leur opposition à l'instauration d'un «paradis pour démunis». Sans vouloir céder à pareille exagération, il semble que, dans le Bas-Rhin, solidarité n'a jamais été un vain mot. Rentré dans le droit commun de la législation de l'assistance sociale par un décret-loi de 1935, le département s'est largement investi depuis dans sa mission de progrès social. Décentralisation oblige, les crédits départementaux liés à l'action sociale ont sérieusement augmenté ces dernières années. De telle manière que cette aide représente désormais près de la moitié des dépenses de fonctionnement du Conseil général.

Assistantes sociales, conseillères en économie sociale et familiale, médecins de protection maternelle et infantile, puéricultrices ou infirmières, 200 fonctionnaires départementaux et 150 agents de la ville de Strasbourg à la charge financière du département opèrent régulièrement dans les communes bas-rhinoises. Leurs domaines d'intervention sont larges, à l'instar des actions et prestations obligatoires gérées par l'administration départementale. De l'aide sociale (aux enfants, aux handicapés, aux personnes âgées et aux malades) en passant par l'accompagnement des bénéficiaires du Revenu minimum d'insertion, plus de 670 millions de francs d'interventions sont inscrits au budget de fonctionnement 1990. Sans doute est-ce là le prix à payer pour mener une véritable politique de solidarité. Mais, dans une certaine mesure, il s'agit également d'une conséquence des modifications profondes que connaît la population bas-rhinoise.

Phénomène inéluctable, la population des personnes âgées croît ces dernières années fortement. En 1995, le Bas-Rhin devrait ainsi compter 20% de personnes dépassant les 65 ans de plus qu'en 1985. Aussi le département consacre-t-il d'importants efforts au soutien de la création ou de la réhabilitation de maisons de retraite. Les crédits consacrés à la campagne de modernisation en cours ont été multipliés par quatre en quatre ans! Résultat:

9 LE DEPARTEMENT AUJOURD'HUI ET DEMAIN

Le Centre Charles Frey pour l'enfance inadaptée. Ph. D. Fromholtz. ▶

Maison de retraite de Souffelweyersheim. Ph. D. Fromholtz. ▶

860 nouveaux lits en service à l'échéance 1991 et 450 autres rénovés dans le même temps.

Enfin la capacité d'initiative et de nouveauté des Bas-Rhinois dans le domaine social a été récemment confortée par des initiatives de dépistage intensif du cancer du sein ou encore le développement de la recherche sur le SIDA..., autant de preuves d'un passé vivace de solidarité réelle.

> ### L'étendue d'une loi locale
> Les textes qui régissent l'aide sociale sont la loi de 1908 qui institue «l'obligation générale de venir en aide à tous les indigents» et la loi d'éxécution de 1909. Lors de la réorganisation de l'aide sociale, les organisations locales d'assistance ont été expressément maintenues par un décret de 1955.
>
> En fait, la condition nécessaire et suffisante pour qu'il y ait obligation de secourir est la constatation de l'Etat d'indigence. Chaque commune forme par elle-même une organisation locale de secours, qui n'a pas besoin d'être créée spécialement et qui, en principe, doit fournir les fonds nécessaires à l'exercice de l'assistance. C'est une dépense obligatoire dont l'inscription peut être faite d'office au budget communal.
>
> Toutefois, lorsqu'un indigent, provisoirement secouru par une organisation locale d'assistance n'a pas de domicile de secours, il relève de l'organisation régionale d'assistance qui se confond aujourd'hui avec le département. Tout dépend du domicile de secours reconnu. Dans la législation française, le délai d'acquisition de ce domicile est de trois mois. Il est départemental. Les dispositions de la loi locale sont foncièrement différentes. En effet, le délai d'acquisition ou de perte du domicile de secours est d'un an. Il est déterminé à l'échelle communale. Des subventions peuvent êtres accordées aux communes pour atténuer les dépenses d'assistance impliquées par la loi locale sur le domicile de secours.

▼ *Maison de retraite à Brumath.*
Ph. D. Fromholtz.

LA SCENE EN VEDETTE

Les chiffres en témoignent, le Bas-Rhin dispose d'une solide tradition culturelle avec par exemple la seule Bibliothèque nationale de province. Mais à Strasbourg, siège également du seul théâtre national de province, comme dans l'ensemble du département, c'est la scène qui tient la vedette. Le Ballet du Rhin, l'Orchestre Philharmonique, la Saga des Rohan, le Théâtre alsacien, les Percussions de Strasbourg, la Maison des Arts et de la Culture de Bischwiller, les Relais culturels de Wissembourg et de Haguenau font désormais partie du patrimoine culturel de la région et du Bas-Rhin. Les statistiques illustrent elles aussi, à leur manière, la diversité des pratiques recensées dans le département: 6% des Bas-Rhinois par exemple jouent d'un ou plusieurs instruments de musique. En Alsace, sur 42000 choristes, 20000 musiciens de fanfare et 4000 musiciens de jazz répertoriés, la majorité est bas-rhinoise.

Dans le domaine du théâtre, 80% des 340 troupes d'amateurs de la région proviennent du Bas-Rhin. Sur cinq compagnies alsaciennes, quatre sont bas-rhinoises. En matière d'arts plastiques, environ 3/4 des 8000 créateurs recensés en Alsace sont établis à Strasbourg et dans les environs. Malgré un manque de galeries de haut niveau, le département affiche une concentration d'oeuvres comparable à celles des régions Rhône-Alpes et Provence-Côte d'Azur et compte des salons de renom comme le Reg'Art mais surtout comme Selest'Art qui attirent un très large public.

Cette vie culturelle, le Conseil général l'accompagne à sa manière, en finançant des actions entreprises pour la sauvegarde du capital linguistique, historique et architectural de la région. Plus concrètement, il apporte également son soutien à la réalisation et au fonctionnement d'équipements tels que l'imposant Palais de la musique et des congrès de Strasbourg ou de ceux, plus modestes, de certains relais culturels. Sur le terrain, le département cofinance un instrument de conseil, d'animation, de formation et de prêts de matériels à destination des associations, des collectivités et de la plupart des acteurs de la vie culturelle. Baptisé ACTA (Agence culturelle et technique d'Alsace), un tel outil a pris pour objectif de donner aux associations, à divers partenaires, les moyens de leurs ambitions. Mission

◀ L'immeuble de la Comédie à Strasbourg où le TNS produit certains de ses spectacles. Ph. Unité de réalisation pédagogique.

◀ Orchestre Philharmonique de Strasbourg sous la direction de Théodore Guschelbauer. Ph. E. Laemmel.

LA SCENE EN VEDETTE ▶

Le Palais des Congrès. Strasbourg est la deuxième ville de Congrès en France, après Paris. Ph. J. Blosser. ▶

qui passe également par la mise à disposition des associations et des communes d'un animateur pour la culture et d'un autre pour la musique. Mais plus récemment encore a été créé, à l'initiative du département, le Centre européen d'actions artistiques contemporaines (CEAAC). Destinée à promouvoir les arts plastiques, cette association a alterné, depuis sa constitution, implantation d'ateliers pour artistes, expositions, colloques et bourses à des créateurs. D'autres «projets pour l'Alsace» sont prévus pour l'avenir.

Du théâtre à la danse, en passant par les arts et traditions populaires, les manifestations se succèdent à longueur d'années du nord au sud du département. Certaines accèdent au rang d'opérations culturelles d'envergure, comme le Carrefour des littératures européennes, Musica ou le Festival de musique de Strasbourg.

Pour prestigieuses qu'elles soient, de telles actions n'empêchent pas le département de travailler à d'autres initiatives et projets. Parmi ces derniers figurent en priorité le développement d'un réseau assez unique de lieux de lecture publique (bibliothèques municipales et antennes de la Bibliothèque centrale de prêt), la mise en place d'une politique départementale pour les musées ainsi que la promotion de la musique et la pratique musicale. Il est vrai qu'en l'espèce, le Bas-Rhin affiche de sérieuses prédispositions puisqu'il possède, avec 740 orgues dont 61 classés, près de 8% de l'ensemble de ces instruments recensés en France.

Un capital environnement

Quel est le département de France qui bat tous les records de participation aux concours des communes fleuries? Vous avez deviné, c'est le Bas-Rhin. Sur 522 communes recensées dans le département, 340 se sont disputé en 1989 la palme de la meilleure décoration florale. La moyenne nationale (22% de communes inscrites) est pulvérisée. Cet engouement n'est pas un hasard. Dans le Bas-Rhin, le terroir est véritablement un capital. Forêts du Rhin, Rieds, Kochersberg, Outre-Forêt, massif vosgien ou vignoble constituent un patrimoine à préserver et à faire fructifier. Avant même que le débat ne soit à la mode, le Bas-Rhin s'était engagé dans la confection de schémas départementaux et dans l'élaboration d'opérations pilotes en faveur de ses paysages. Le catalogue des mesures destinées à sauvegarder l'environnement est souvent cité en exemple et ainsi s'explique en partie le plus que doublement du budget départemental dans ce domaine entre 1987 et 1990. Mot d'ordre pour le Bas-Rhin: valoriser sites et paysages.

Un exemple mérite d'être rappelé en matière de gestion des espaces naturels. Un schéma départemental de protection - le premier de France - a été approuvé en 1985. Il dresse l'inventaire des zones d'intérêt exceptionnel. Nombreux tout au long de l'Ill, ces territoires bénéficient de mesures concrètes de protection accompagnées de financements.

Toutefois, la grande menace pour l'environnement restent les déchets. Aussi un programme de collecte et de traitement des ordures ménagères prévoit-il la fermeture de décharges municipales largement décriées. Si 47 communes ont déjà été soutenues, le Conseil général a décidé de développer ses interventions en favorisant la construction de deux unités de traitement des déchets, l'une à Schweighouse au nord, l'autre au sud du Département.

Un schéma directeur d'élimination des déchets encombrants prévoit également d'installer 38 déchetteries dans le département. Cette «chasse aux déchets» devrait se solder par la disparition de 300 anciennes décharges dont 75 - tout de même - sauvages.

A l'évidence, la nature joue un rôle de premier plan dans la qualité de vie bas-rhinoise. Parc naturel régional des Vosges du Nord, forêt de Haguenau (la 5e de France en superficie), Rieds et Champ du Feu contribuent en effet à la diversité de l'environnement alsacien. Encore faut-il les préserver des phénomènes de pollution.

En 1989, ce sont 340 communes sur 522 qui ont participé au concours de la meilleure décoration florale. ▶

Une action exemplaire a été approuvée en 1989 dans le domaine de l'eau. Le «Contrat de rivière propre» prévoit d'effectuer en cinq ans 200 MF de travaux tout au long de la Moder. Nettoyage et réhabilitation des berges devraient ainsi aboutir à une réduction par huit du taux de pollution constaté et permettre, pourquoi pas, un retour à la pratique de la pêche au saumon. Dans la foulée sera bientôt adoptée une «charte de l'environnement». Ce document fera l'inventaire des acquis et des efforts déjà consentis et dressera aussi un catalogue des projets d'action future. Protection des espaces naturels, reconquête des paysages, maintien des ressources en eau, entre autres, figurent à la table des matières de ce document original. Plus que jamais, associations, communes et collectivités du Bas-Rhin semblent décidées à soigner l'image de marque d'un département qui, en dépit du spectre de la pollution, se veut nature.

**LES TECHNICIENS DU RISQUE
PRIORITE A LA SECURITE**

- 11000 sapeurs-pompiers dont 340 professionnels. L'effectif le plus important de France
- Construction de 25 nouveaux centres de secours en 11 ans
- Un plan d'équipement et d'acquisition de matériels sur 8 ans
- Une école départementale, des écoles d'arrondissement pour assurer une formation adaptée à la technicité des nouveaux risques
- Centralisation du 18
- Et aussi ...
  80 médecins, 14 pharmaciens, 1 vétérinaire

LE CHEMIN DE L'ECOLE

De la maternelle au baccalauréat, quelque 223 000 élèves prennent à chaque rentrée le chemin de l'école dans le Bas-Rhin. Un contingent en faible progression auquel il convient d'ajouter près de 36 000 étudiants inscrits dans les filières post-bac de l'Académie de Strasbourg. La palme de la fréquentation revient sans aucun doute à l'Université Louis Pasteur qui, avec 14 000 étudiants à elle seule, représente l'une des plus importantes unités scientifiques françaises.

Indéniablement, le système éducatif bas-rhinois se distingue par ses taux de réussite dans le second cycle. En 1988 par exemple, 84% des candidats présentés par l'Académie de Strasbourg ont décroché leur baccalauréat de l'enseignement général. Cette performance, l'une des meilleures en France (taux moyen de réussite au niveau national: 75%) se retrouve également dans les résultats obtenus au baccalauréat technologique (74% de reçus contre 68% en France) ou, plus simplement, au brevet (72% de lauréats). Mais jusqu'à récemment, l'Alsace souffrait pourtant d'une insuffisance flagrante du taux de scolarisation des jeunes de 16 à 19 ans. Conséquence: un accroissement des flux en fin de 3e vers les BEP et l'apprentissage. Les Alsaciens s'engageaient apparemment plus tôt dans la vie active, au point que l'Alsace accusait, il y a encore dix ans, un retard du niveau global de scolarisation par rapport à d'autres régions françaises.

Une évolution se dessine néanmoins puisque les grandes écoles basées à Strasbourg ne cessent de gagner en attractivité. L'Ecole de management européen, l'Ecole européenne des hautes industries chimiques, l'Ecole nationale des arts et industries de Strasbourg, l'Ecole de l'institut de physique du globe, l'Ecole d'application des hauts polymères, l'Ecole nationale supérieure de Physique de Strasbourg, l'Ecole Nationale des Ingénieurs des Travaux ruraux, l'Institut des Hautes Etudes Européennes... méritent en effet de figurer sur la carte française des établissements de formation de très haut niveau.

Parce que les lois de décentralisation lui ont conféré cette compétence, le département intervient dans la gestion et le fonctionnement d'un gros maillon du système éducatif départemental: les collèges. Construction,

Salle polyvalente à Erstein. Ph. D. Fromholtz.

◀ L'internat pour filles de Barr. Ph. D. Fromholtz.

◀ Le collège Freppel à Obernai. Le département construit, répare les collèges, et intervient par des actions ponctuelles. Ph. D. Fromholtz.

EDUCATION : PRIORITE A L'AVENIR

La décentralisation a confié au Département la charge des collèges

- 100 Millions de Francs pour la construction, l'extension, la rénovation, l'équipement, le fonctionnement de 85 collèges publics et leurs 42 000 élèves

- 4,5 Millions de Francs pour le fonctionnement de 12 collèges privés

Mais aussi, à titre facultatif, le Conseil Général oeuvre pour :

- L'ENSEIGNEMENT PRIMAIRE :
l'apprentissage des langues étrangères, les classes de découvertes, la sécurité aux abords des établissements...

- L'ENSEIGNEMENT UNIVERSITAIRE :
- extension de l'Université Robert Schuman
- pôle universitaire d'Illkirch-Graffenstaden
- Institut de Physique-Chimie des matériaux...
Subventions diverses de fonctionnement et d'investissement pour la création d'un pôle universitaire européen à Strasbourg
Plus de 31 Millions de Francs en 1990

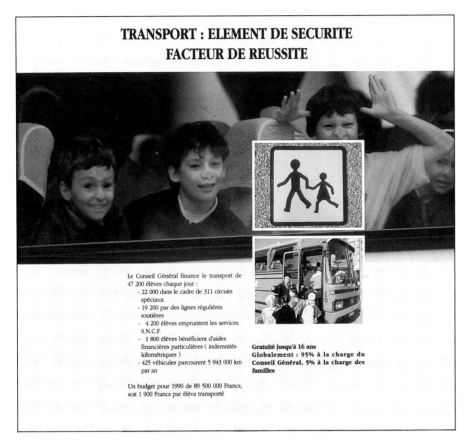

extension, réparation des 85 collèges publics existants dans le Bas-Rhin (41 500 élèves), mais aussi actions ponctuelles en faveur des classes de découverte, de la sécurité aux abords des collèges et de l'enseignement de l'allemand caractérisent la politique du Conseil général.

En aval, dans l'enseignement supérieur, le département s'associe au projet d'extension de l'Université Robert Schuman, à la création d'un pôle universitaire biotechnologique à Illkirch ou encore à l'équipement d'un laboratoire de recherche sur le SIDA. Enfin, dans une région marquée par la pratique du dialecte (les deux tiers des Bas-Rhinois disent l'utiliser), un soutien financier a été apporté au programme académique «Langue et culture régionale» visant notamment à développer l'enseignement trilingue et à promouvoir l'enseignement précoce de l'allemand à l'école élémentaire, tout comme celui de la connaissance de l'histoire et de la littérature alsaciennes.

9 LE DEPARTEMENT AUJOURD'HUI ET DEMAIN

L'habitant du Bas-Rhin est surtout recommandable par un esprit de sagesse et de justice qui le porte à exécuter les lois et à subvenir aux besoins de l'Etat, sans murmure et sans contrainte, à condition que vous écartiez de votre demande toute idée d'arbitraire.

Jean-Charles-Joseph Laumond Premier Préfet du Bas-Rhin (1800-1801).

10 ANNEXES

Sessions et commissions

La variation du nombre des sessions et des titres des commissions permet de suivre l'évolution des tâches incombant au conseil général et de ses préoccupations.

Nombre de sessions annuelles du Conseil général du Bas-Rhin.

1834 : une, du 14 au 25 juillet

1869 : une, ordinaire, du 23 août au 1er septembre plus une extraordinaire en janvier, convoquée sur décret impérial: chemins vicinaux et autres affaires urgentes proposées par le préfet de chaque département.

1920 : deux, ordinaires

1956 : deux, ordinaires

1988 : cinq

Attributions des bureaux ou commissions du Conseil général du Bas-Rhin

1. Commission intermédiaire,

1787 : 4 bureaux (impositions; travaux publics; bien public; comptabilité et règlement).

2. Conseil général,

1790 : 8 bureaux (comptabilité; bien public; forêts; travaux publics; impositions; relations avec l'Assemblée nationale et avec le Directoire du district de Strasbourg; biens nationaux).

3. Conseil général.

   1800: 3 bureaux (contributions; comptabilité; vues générales d'amélioration et emploi de centimes additionnels).

   1834: 4 bureaux (comptabilité; contributions et cadastre; travaux publics, ponts et chaussées; bien public).

   1869: 4 bureaux (finances; travaux publics; administration générale, agriculture, commerce, industrie; instruction publique, assistance publique, établissements pénitentiaires) et commission des voeux.

   1920 et 1946: 3 commissions (finances, budget, administration générale; travaux publics, agriculture, commerce et industrie; assistance, hygiène, enseignement, cultes); commission départementale.

   1960: 3 commissions (administration générale, départementale et communale, dommages de guerre, construction et reconstruction; affaires économiques et agricoles, travaux publics, équipement rural; éducation nationale, santé, aide sociale); commission départementale.

   1975: 4 commissions (finances; économie et équipement; action sociale et environnement; culture, jeunesse et sports, créée en 1974); 18 sous-commissions; commission départementale.

   1976: sur proposition du président A. Bord (17.3.1976), 8 commissions (finances; économie et emploi; équipements; progrès social; environnement; culture; sports et jeunesse; éducation et formation); 10 sous-commissions; commission départementale.

   1989: 9 commissions (finances; agriculture, créée en 1982; économie, emploi et tourisme; éducation et formation; environnement; équipements; jeunesse et sports; progrès social; culture); 7 sous-commissions; commission départementale. A noter que la notion d'environnement apparaît en 1970 dans l'intitulé d'une nouvelle sous-commission: protection de l'homme et de la nature.

Les cantons et leurs conseillers generaux en 1990

Arrondissement de Haguenau

Bischwiller: Paul Kauss

Haguenau: Jean-Paul Wirth

Niederbronn-les-Bains: Alfred Pfalzgraf

Arrondissement de Molsheim

Molsheim: Pierre Klingenfus

Rosheim: Alphonse Troestler

Saales: Pierre Grandadam

Schirmeck: François Moser

Wasselonne: Joseph Ostermann

Arrondissement de Saverne

Bouxwiller: Jean Westphal

Drulingen: Jean Mathia

La Petite-Pierre: Philippe Richert

Marmoutier: Jacques Felli

Sarre-Union: Marcel Wintzerith

Saverne: Emile Blessig

Arrondissement de Sélestat-Erstein

Barr: Alfred Becker

Benfeld: Gaston Schmitt

Erstein: Francis Grignon

Marckolsheim: Louis Rudloff

Obernai: René Dubs

Sélestat: Gilbert Estève

Villé: Jean Marie Caro

Arrondissement de Strasbourg-Campagne

Bischheim: André Klein-Mosser

Brumath: Bernard Schreiner

Geispolsheim: Marcel Geistel

Hochfelden: Albert Schott

Illkirch-Graffenstaden: André Durr

Mundolsheim: † Jean Jacques Rohfritsch, décédé le 10 mars 1990; désignation du successeur en cours

Schiltigheim: Alfred Muller

Truchtersheim: Eugène Scherbeck

Arrondissement de Strasbourg-Ville

Strasbourg-1: Joseph Reiffsteck

Strasbourg-2: Gilbert Jost

Strasbourg-3: Jean Marie Lorentz

Strasbourg-4: Jean Waline

Strasbourg-5: Robert Grossmann

Strasbourg-6: Ernest Rickert

Strasbourg-7: Daniel Hoeffel

Strasbourg-8: Hervé Bussé

Strasbourg-9: Armand Jung

Strasbourg-10: Alphonse Beck

Arrondissement de Wissembourg

Lauterbourg: Joseph Fritz

Seltz: Marcel Schmitt

Soultz-sous-Forêts: Jean Laurent Vonau

Wissembourg: Pierre Bertrand

Woerth: François Grussenmeyer

LA GALERIE DES PRESIDENTS DU CONSEIL GENERAL

1790-1793

François Xavier Alexis Poirot 1790-1791.

Victor prince de Broglie 1791-1792 (démissionnaire 21.7). Portrait, Nouveau dictionnaire de biographie alsacienne, p. 367.

Jean Daniel Braun 1792-1793 (destitué 3.10).

François Rosière oct-nov. 1793.

1800 – 1870

François Laurent Levrault Portrait, 1800-1802. Cab. des estampes.

Bernard Frédéric baron de Turckheim, sénateur 1803, 1805-1809. Portrait, Cab. des estampes.

Louis baron de Wangen de Geroldseck, maire de Strasbourg, député, 1804-1817. Portrait, Arch. mun. de Strasbourg.

Jean Georges Thomassin 1810.

Louis Simon de Bernard de Montbrison, député 1811, 1815-1816. Portrait, Cab. des estampes.

Général François Nicolas Mathias Fririon 1812. Portrait, Cab. des estampes.

Marie Antoine Magnier 1813.

Nicolas Betting de Lancastel 1814.

LA GALERIE DES PRESIDENTS DU CONSEIL GENERAL

10 ANNEXES

François Georges Martinez, député 1818. Portrait, Cab. des estampes.

Paul Athanase baron Renouard de Bussierre, député 1819-1830. Portrait, Cab. des estampes.

Jean Georges Humann, ministre, député 1831, 1836-1841. Portrait, Cab. des estampes.

Jean Frédéric baron de Turckheim, maire de Strasbourg, député, 1831-1833. Portrait, BNUS.

Florent Saglio, député, 1834-1835. Portrait (buste), BNUS.

Pierre Rielle baron de Schauenburg, député. Portrait, Cab. des estampes.

Louis Lichtenberger, député 1848-1849. Portrait, Cab. des estampes.

Louis Edouard Gérard, 1848, 1850-1851, 1865-1869. Caricature, Portrait ancien d'Alsace, BNUS.

Maréchal Pierre Magnan, 1852-1864. Portrait, Photo copyright, Musée de l'armée, Paris.

1873 – 1918

De 1873 à 1918, la présidence était assurée par le préfet (Bezirkspräsident).

1919 – 1990

Alphonse Schott 1919-1922. Portrait, Das Elsass von 1870-1932, t. 2, p. 144.

Alfred Oberkirch, ministre, député 1922-1931. Portrait, ibidem, p. 240.

Michel Walter, député 1931-1940. Portrait, ibidem, p. 208.

1940 – 1945

Le Conseil Général n'existait pas.

Albert Bur 1945-1949. Portrait, Nouveau dictionnaire de biographie alsacienne, p. 418.

289 LA GALERIE DES PRESIDENTS DU CONSEIL GENERAL

10 ANNEXES

Rodolphe Thormann 1949-1951. Portrait, Bulletin d'information départementale et communale, 1949, n° 15, p. 130.

Pierre Pflimlin, maire de Strasbourg, président du conseil des ministres, député 1951-1960. Portrait, Cab. des estampes. Photo Alice Bommer.

Henri Meck, député 1960-1966. Portrait, Chr. Baechler, Le parti catholique alsacien 1890-1939, Paris, 1982, hors texte.

Albert Schmitt, député 1967.

André Bord, ministre, député 1967-1979. Portrait, Cab. des estampes.

Daniel Hoeffel, ministre, sénateur 1979-1990... Portrait, Dernières Nouvelles d'Alsace.

La galerie des prefets

1800 – 1870

Jean Charles Joseph Laumond 1800-1802.

Henri Shée 1802-1810.

Paul Adrien Fr. M. baron de Lezay-Marnésia 1810-1814. Portrait, Arch. mun. de Strasbourg.

Joseph François Pierre comte de Kergariou 1814-1815.

Jean baron de Bry mars-août 1815.

Antoine Augustin Engelmann (par intérim) août 1815.

Constantin Marie comte de Bouthillier-Chavigny 1815-1819.

Joseph Léonard vicomte Decazes 1819-1820.

Louis Antoine baron de Malouet 1820-1822.

Louis Simon marquis de Vaulchier de Deschaux 1822-1824.

Claude Esmangart 1824-1930. Portrait, Cab. des estampes.

Claude Elisabeth baron Nau de Champlouis 1830-1831.

Augustin Choppin d'Arnouville 1831-1837.

Louis comte Sers 1837-février 1848.

Louis Lichtenberger, commissaire de la République février-avril 1848. Portrait, Cab. des estampes.

Napoléon Fanjat, commissaire général du Bas-Rhin et du Haut-Rhin, avril-mai 1848.

Edouard Eissen, préfet intérimaire, mai-septembre 1848.

Charles Renauldon, 1848-1849.

Francis Chanal, 1849-1850.

Auguste César West, 1850-1855.

Jean Baptiste Migneret, 1855-1865.

Auguste baron Pron, 1865-1870.

Edmond Valentin, septembre 1870.

Maurice Engelhard, par intérim et par délégation d'E. Valentin, mi-septembre 1870.

1871-1918

Graf von Luxburg, décembre 1870-1871.

Adolf Ernst von Ernsthausen, 1871-1875.

Carl Ledderhose, 1875-1879.

Otto Back, maire de Strasbourg, 1879-1885. Portrait, Histoire de Strasbourg, t. 4, 1982, p. 211.

Joseph von Stichaner, 1885-1889. Portrait, Das Reichsland Elsass-Lothringen 1871-1918, t. 2, 1936, p. 219.

Julius Freiherr von Freyberg-Ensenberg, 1889-1898.

Alexander Halm, 1898-1907. Portrait, Das Reichsland Elsass-Lothringen 1871-1918, t. 2, p. 195.

Otto Pöhlmann, 1907-1918. Portrait, ibidem, p. 225.

1919 - 1990

Henri Juillard, 1919-1920.

Maurice Aliez, 1920-1922.

Henri Borromée, 1922-1930. Portrait, La vie en Alsace, t. 1, 1923, n° 10, p. 7.

Pierre Roland-Marcel, 1930-1935.

Emile Roblot, 1935-1937.

LA GALERIE DES PRÉFETS ▶

10 ANNEXES

André Viguié, 1937-1940.

Gaston Haelling, 1944-1945. Portrait, NDBA, p. 1366.

Bernard Cornut-Gentille, Portrait, 1945-1947. photo DNA.

René Paira, 1947-1951. Portrait, photo DNA.

Paul Demange, 1951-1956. Portrait, photo DNA.

Jean Marie Trémaud, 1956-1957. Portrait, photo DNA.

Maurice Cuttoli, 1957-1967. Portrait, photo DNA.

Jean Verdier, 1967-1971. Portrait, photo DNA.

Jean Sicurani, 1971-1976. Portrait, photo DNA.

Louis Verger, 1976-1978. Portrait, photo DNA.

Jacques Chartron, 1978-1981. Portrait, photo DNA.

Pierre Rouvière, 1981-1984. Portrait, photo DNA.

Christian Dablanc, 1984-1986. Portrait, photo DNA.

Mahdi Hacène, 1986-1989. Portrait, photo DNA.

Jacques Barel, 1989... Portrait, coll. particulière.

Bibliographie sommaire

- ANNUAIRE DE LA SOCIETE D'HISTOIRE DU VAL DE VILLE, depuis 1976;

- Documents et publications de l'INSEE, Strasbourg;

- ENCYCLOPEDIE DE L'ALSACE, Strasbourg 1982-1986;

- INVENTAIRE GENERAL DES MONUMENTS ET RICHESSES DE LA FRANCE: CANTON DE SAVERNE, Paris, 1978;

- L'OUTRE-FORET, revue du Cercle d'histoire de l'Alsace du Nord, depuis 1973;

- LES LETTRES EN ALSACE, Société savante d'Alsace et des régions de l'Est, t. 8, 1962;

- LES SCIENCES EN ALSACE 1538-1988, ouvr. collectif, Strasbourg 1989;

- LA MEDECINE A STRASBOURG, ouvr. collectif à paraître en 1990;

- NOS RIEDS DEMAIN, Bulletin de la Société industrielle de Mulhouse, t. 813, 2, 1989;

- PAYS D'ALSACE, Bulletin de la Société d'histoire et d'archéologie de Saverne et environs, depuis 1938 et 1947;

- M. Barth, DER REBBAU DES ELSASS UND DIE ABSATZGEBIETE SEINER WEINE, Strasbourg, 1958;

- B. Bioulac, J.P. Muret, R. Piérot, LE CONSEIL DEPARTEMENTAL, Paris, 1988;

- J.M. Boehler, D. Lerch, J. Vogt, HISTOIRE DE L'ALSACE RURALE, Strasbourg, 1983;

- A. Bournazel, LE NOUVEAU CONSEIL GENERAL ET L'ADMINISTRATION DU DEPARTEMENT, Paris, 1984;

- J. Burnouf, J.-M. Boehler, H. Callot, LE KOCHERSBERG: HISTOIRE ET PAYSAGES, Strasbourg, 1980;

- R. Descombes, CANAUX ET BATELLERIE EN ALSACE. HISTOIRE ET ANECDOTES. Strasbourg-Illkirch, 1988;

- Ph. Dollinger (direction), HISTOIRE DE L'ALSACE, Toulouse, 1970;

- M. Hau, L'INDUSTRIALISATION DE L'ALSACE, 1803-1939, Strasbourg, 1987;

- H. Haug, L'ART EN ALSACE, Mulhouse, 1962;

- F.-J. Himly, CHRONOLOGIE DE LA BASSE ALSACE, Strasbourg, 1972;

- A. Lieb, Th. Riegert, ALSACE BOSSUE. HISTOIRE DES LIEUX ET DES HOMMES, ART ET ARCHITECTURE, Strasbourg-Illkirch, 1989;

- G. Livet et Fr. Rapp (direction), HISTOIRE DE STRASBOURG DES ORIGINES A NOS JOURS, 4 vol., 1980-1982;

- H. Nonn et R. Schwab, L'ALSACE DES VILLES ET DES CAMPAGNES, Wettolsheim, 1986;

- R. Schwab, DE LA CELLULE RURALE A LA REGION D'ALSACE, 1825-1960, Strasbourg 1980;

- I. Specht-Hoeffel, SOCIETE ET PAYSANNERIE EN ALSACE. LE POUVOIR DE DECISION DES AGRICULTEURS. SON EVOLUTION DANS LE KOCHERSBERG DE 1960 A 1985, Strasbourg, 1988;

- N. Stoskopf, LA PETITE INDUSTRIE DANS LE BAS-RHIN, 1810-1870, Strasbourg, 1987;

- A. Wahl, CONFESSIONS ET COMPORTEMENT DANS LES CAMPAGNES D'ALSACE ET DE BADE DE 1871 A 1938, 1980.

PRESENTATION DES AUTEURS

- Victor Beyer, inspecteur général honoraire des Musées de France
- Jean-Michel Boehler, maître de conférences à l'Université des Sciences humaines, Strasbourg II
- Jean Braun, professeur agrégé d'histoire, président général honoraire du Club Vosgien
- Christian Dirwimmer, président de la Société d'histoire du Val de Villé
- Denis Durand de Bousingen, journaliste
- Henry Duranton, de l'Académie des Sciences, professeur et président honoraire de l'Université Louis Pasteur, Strasbourg I
- Marie-Thérèse et Gérard Fischer, professeurs certifiés de lettres classiques
- Jean-Paul Grasser, professeur d'histoire, vice-président de la Société haguenovienne d'histoire et d'archéologie
- Jean-Georges Guth, professeur agrégé d'histoire
- Michel Hau, professeur d'histoire économique et sociale à l'Université des sciences humaines, Strasbourg II
- Henri Heitz, président de la Société d'histoire et d'archéologie de Saverne et environs
- Maurice Kubler, président de la Société des amis de la Bibliothèque humaniste et ancien maire de Sélestat
- Alain Lieb, géographe, docteur du 3e cycle en aménagement du territoire
- Jean-Yves Mariotte, directeur des Archives municipales de Strasbourg
- Bertrand Merle, journaliste
- Jean-Marie Montavon, professeur agrégé de géographie
- Henri Nonn, professeur à la Faculté des sciences géographiques, Université Louis Pasteur, Strasbourg I
- Roland Oberlé, animateur départemental «Art et histoire»
- Daniel Peter, archiviste départemental
- Freddy Sarg, pasteur, docteur ès sciences religieuses
- Louis Schlaefli, président de la Société d'histoire et d'archéologie de Molsheim
- François Steimer, animateur départemental «Nature et Environnement»
- Dominique Toursel-Harster, chargée de la protection des monuments historiques d'Alsace
- Gérard Traband, professeur d'histoire à l'Ecole normale d'instituteurs de Sélestat
- Jean-Laurent Vonau, président du Cercle d'histoire de l'Alsace du Nord
- Gabriel Wackermann, professeur des universités, directeur de l'Institut international des transports
- Alfred Wahl, professeur à l'Université de Metz
- Bernard Weigel, archiviste de la ville de Wissembourg
- Christian Wolff, conservateur aux Archives du Bas-Rhin

Coordination générale

Roland Oberlé, Daniel Peter et Christian Wolff

PREFACE _____ p. 5

-1- GEOGRAPHIE ET GEOLOGIE
GEOLOGIE _____ p. 8
LES PAYSAGES NATURELS DU BAS-RHIN _____ p. 12

-2- LA BASSE ALSACE DES ORIGINES A 1789
DE L'EPOQUE ROMAINE A L'HUMANISME _____ p. 24
HUMANISME ET REFORME _____ p. 33
DANS LA MOUVANCE FRANÇAISE _____ p. 40

-3- DEUX SIECLES DE DEPARTEMENT 1790-1990
HISTOIRE DE L'INSTITUTION _____ p. 48

-4- LE BAS-RHIN ET SES PAYS
L'ALSACE BOSSUE _____ p. 68
L'OUTRE FORET _____ p. 73
LE PAYS DE HANAU _____ p. 78
LE KOCHERSBERG _____ p. 83
LA VALLEE DE LA BRUCHE _____ p. 88
LA PLAINE D'ERSTEIN _____ p. 92
LE VIGNOBLE _____ p. 96
LES VOSGES BAS-RHINOISES _____ p. 100
LE VAL DE VILLE _____ p. 104
LES ESPACES RHENANS _____ p. 108

-5- LE BAS-RHIN ET SES VILLES
WISSEMBOURG _____ p. 114
HAGUENAU _____ p. 118
SAVERNE _____ p. 122
MOLSHEIM _____ p. 126
SCHILTIGHEIM _____ p. 130
STRASBOURG _____ p. 134
SELESTAT _____ p. 142

-6- VIE ECONOMIQUE
LE MONDE AGRICOLE _____ p. 146
LE DEVELOPPEMENT INDUSTRIEL _____ p. 154

L'ESSOR COMMERCIAL — p. 162
TRANSPORTS ET COMMUNICATIONS — p. 168

LA SOCIETE BAS-RHINOISE
LE DOUBLEMENT DE LA POPULATION — p. 176
ESSAI DE PORTRAIT MORAL — p. 182
SANTE ET HYGIENE DANS LE BAS-RHIN — p. 190

ATOUTS CULTURELS ET DEFIS TOURISTIQUES
LES PAYSAGES ATTRAYANTS — p. 198
DES MONUMENTS PRESTIGIEUX — p. 206
DES CIRCUITS TOURISTIQUES — p. 214
ARTS ET TRADITIONS POPULAIRES — p. 222
LE SPORT — p. 230
LES ARTS ET LES LETTRES — p. 233
SCIENCES EXACTES ET RECHERCHES — p. 241

LE DEPARTEMENT AUJOURD'HUI ET DEMAIN
LE SOUFFLE DE LA CROISSANCE — p. 249
DES CAMPAGNES EN MUTATION — p. 254
TRANSPORTS: L'OUVERTURE A L'EUROPE — p. 258
DES GISEMENTS TOURISTIQUES A EXPLOITER — p. 261
PASSEPORT POUR LA FORME — p. 264
UNE TRADITION DE PROGRES SOCIAL — p. 267
LA SCENE EN VEDETTE — p. 270
UN CAPITAL ENVIRONNEMENT — p. 273
LE CHEMIN DE L'ECOLE — p. 276

ANNEXES
SESSIONS ET COMMISSIONS — p. 282
LES CANTONS ET LEURS CONSEILLERS GENERAUX EN 1990 — p. 284
LA GALERIE DES PRESIDENTS DU CONSEIL GENERAL — p. 286
LA GALERIE DES PREFETS — p. 291
BIBLIOGRAPHIE SOMMAIRE — p. 298
PRESENTATION DES AUTEURS — p. 299

Il a été tiré de cet ouvrage 5000 exemplaires
dont 3000 exemplaires numérotés
de 1 à 3000

Achevé d'imprimer sur les presses
de Valblor Strasbourg, France, le 14 avril 1990

Reliure réalisée dans les ateliers de la Reliure Schmitt, Strasbourg

Photogravure en quadrichromie Sirag, Bischheim

Photogravure en noir et blanc Ben Day, Eckbolsheim

© tous droits réservés, reproduction interdite,
même partielle, sans l'autorisation écrite du Verger éditeur, des auteurs,
et du Conseil Général du Bas-Rhin.

N° d'édition 014

Dépôt légal: 2ᵉ trimestre 1990

ISBN 2-908367-13-0